教育部人文社会科学研究青年基金项目"高职学生工作场所学习的理论与实践研究"（编号：19YJC880146）
江苏省高校哲学社会科学研究课题"江苏省高职学生职场学习的问题及对策探究"（编号：2018SJA0861）

职场学习动机的研究与启示

◎朱 苏 著

南京大学出版社

图书在版编目(CIP)数据

职场学习动机的研究与启示/朱苏著. 一南京：
南京大学出版社，2020.6
ISBN 978-7-305-23026-4

I.①职… II.①朱… III.①企业管理一职工一学习
动机一研究一中国 IV.①F279.23

中国版本图书馆 CIP 数据核字(2020)第 037250 号

出版发行 南京大学出版社
社 址 南京市汉口路 22 号 邮 编 210093
出 版 人 金鑫荣
书 名 职场学习动机的研究与启示
作 者 朱 苏
责任编辑 钱梦菊
照 排 南京开卷文化传媒有限公司
印 刷 虎彩印艺股份有限公司
开 本 787×960 1/16 印张 15.5 字数 255 千
版 次 2020 年 6 月第 1 版 2020 年 6 月第 1 次印刷
ISBN 978-7-305-23026-4
定 价 58.00 元

网 址:http://www.njupco.com
官方微博:http://weibo.com/njupco
官方微信:njupress
销售咨询热线:025-83594756

序

━━━━ ■ ━━━━

在人类教育变革的思潮中,终身学习、终身教育已成为引领教育发展、促进社会进步、富有时代气息的主题。学习型社会的构建正加快学习与工作的融合步伐,职场学习作为一种聚焦于工作场所真实情境的学习活动,既是最为直接、最为有效的人力资源开发途径,也是个人、组织和社会可持续发展的必要保障,是构成学习型社会的重要基石,对实现我国从人力资源大国向人力资源强国转变的战略目标具有重要意义。

随着中国经济进入中高速发展的"新常态"阶段,我国人工、材料、能源、土地等生产要素成本不断上升,人口红利日渐消失,很多企业正面临着转型升级。中国劳动科学研究所在发布的《2010—2020 年我国技能劳动者需求预测研究报告》中指出,我国高技能人才队伍建设将面临着总量矛盾突出、结构性矛盾突出、经济社会发展过程中技能劳动者需求结构和形态特征不断变化等问题,人才短缺已成为企业发展的瓶颈。实现人力资源的合理配置对企业的发展、国家经济竞争力的提升具有重要意义。基于此,企业组织愈来愈重视员工的学习,大力发展企业培训。但是,传统的企业培训制度存在着各种各样的问题,如企业培训课程资源的局限性,企业培训缺乏分层分类的培训体系,企业员工平时工作繁忙,导致员工对培训学习产生抵触情绪等等。所以,尽管企业在培训上投入了大量的人力、财力和物力,但是效果并不是那么明显。21 世纪的今天,传统的企业培训已经难以满足企业对新型人才的要求。国外的经验告诉我们,由传统培训走向职场学习是必然的趋势,是时代发展的结果。因此,作为一种基于工作情境的学习模式,职场学习已成为当下企业员工工作的一部分。但是对于员工个体来说,如果没有学习动机的驱动,职场学习将难以启动。因此,关注企业员工的职场学习动机现状,既有利于从根本上提升其职场学习能力,又对高职教育改革有所启示。

朱苏博士的专著《职场学习动机的研究与启示》正是在此背景下完成的。在这本专著中,作者以企业员工为研究的视角,以情境学习理论、活动理论、自我决定理论等为探究框架,首先论述了职场学习、职场学习动机的概念意涵,对企业员工的特点及工作意义进行系统分析,然后选取四位企业员工为个案,主要采用叙事研究的方法,通过田野观察、深度访谈等方式搜集资料,对其进行日常工作中的职场学习动机叙事并进行相应的理论分析。接着,结合现有文献和叙事研究中的发现,自主设计《企业员工职场学习动机调查问卷》,对苏南地区十三家企业的 800 多名企业员工进行问卷调查,采用 SPSS 统计分析软件分析被调查企业员工的职场学习动机现状,探寻企业员工职场学习动机及各影响因素在性别、婚姻状况、年龄、学历背景、企业类型、岗位类别、职务级别、工作年限、月均收入、工作时间、跳槽次数等因素上的相关性、差异性,对各维度影响因素进行多元回归分析,该数据分析结果对叙事研究的结论进行了验证和补充。然后,综合企业员工职场学习动机的相关研究结果,提出激发企业员工职场学习动机的策略路径。最后,结合企业员工职场学习动机的研究成果,针对当下高职学生职场学习动机的现状,提出高职学生学习动机的激发与培养策略。

粗读该部书稿,我认为朱苏博士的专著具有以下几个方面的特点:第一,研究视角的独特性。作为学习理论重要分支的学习动机理论,已经逐渐成为促进学习者端正学习态度,激发学习兴趣,提高学习效率的重要理论支撑。作者在书中将研究对象确定为企业员工与高职学生,高职学生毕业后绝大部分将成为企业员工,在终身学习理念的背景之下具有一定的借鉴意义。因此,关注企业员工的职场学习动机现状,将之与高职学生学习动机的现状进行比较分析,积极探寻激发高职学生学习动机的有效策略,这样的研究对于职场学习的研究是有价值的。第二,研究方法论的转换。从研究方法上说,已有的学习动机研究更多的是从实验法、问卷调查法等定量研究的角度进行,而朱苏博士的专著采用定性研究为主,定量研究为辅的混合研究方法,呈现一线企业员工的职场学习动机现状,紧紧把握职场学习动机的隐性特征,把关注实践作为研究的灵魂,改变了以往学习动机研究单一使用问卷调查或实验法等定量研究方法之缺陷,赋予了职场学习动机研究更多的人类学意义和审美价值。第三,研究结论的合理性。作者在书中系统梳理了职场学习动机的相关理论,并以此为指导,通过对企业员工的职场学习动机现状进行深入的观察与调查,在发现问题的基础上解决问题。因此,该书得出的研究结论具有绝对的合理性与极强的解释力,对于企业员工的职场学习实践及高职学生的职场学习改进也具有极大的参考价值。

朱苏博士的专著《职场学习动机的研究与启示》选题原型是其博士论文,如今即将出版,作为她的博士生导师,我甚感欣慰!这仅仅是一位青年学子学术征程"起航阶段"的作品,其中自然难免会留下许多稚嫩的痕迹,这本身并不是错误,只是其成长过程的必经阶段。借此机会一并祝愿她在今后的学术研究道路上,永葆学术研究的活力,取得更多、更骄人的成绩!

是为序。

赵蒙成
2020 年 1 月于苏州

目　录

第一章

导　论

本章第一部分通过分析当前时代发展的现实,指出新工业背景下企业要想发展,必须具有更高技能、更职业化、更具创新性和灵活性的劳动力,企业员工要想获得长足发展,职场学习是其必不可少的部分,从而对本书研究的经济社会背景进行阐述。第二部分主要说明本书的研究问题,讨论围绕职场学习动机所产生的相关问题,明确本书的研究目的。第三部分简单讨论本研究主题的理论和现实意义。

一、研究背景

(一)新时代发展的客观需要

1965 年,在巴黎召开的第三届联合国教科文组织成人教育会议上,法国教育家朗格朗首先提出"终身教育"的概念。他在题为《终身教育引论》的报告中指出,个体在其一生的不同发展阶段均应接受不同形式、不同内容的教育。这种教育应该持续人的一生,永不间断。我国伟大的人民教育家陶行知先生也曾说过:"人一出世便是破蒙,进棺材才算毕业"①,这也同样表达了终身教育的思想。美国著名的永恒主义教育思想代表人物赫钦斯首先倡导学习型社会,其目的在于使每一个人的个性能得到最大程度的张扬,自我能力能得到最大限度的发展,并使个人的人格臻于完善。在学习型社会中,对每一个公民而言,教育和学习不仅是一种权利,更是一份义务、一种责任,人人都应当、也必须通过贯穿其生命历程的学习,来体现各自人生的真正价值。

---

① 王炳照等.简明中国教育史[M].北京:北京师范大学出版社,1994:368.

被誉为当代教育思想发展里程碑的著名报告《学会生存——教育世界的今天和明天》,也特别强调终身教育和学习化社会两个概念,把学习化社会作为教育改革与发展的指导思想和基本原则。其中提出的"终身学习"否定了一定要在学校学习、一次性学习的传统教育概念,主张人的价值观念、知识和生活技能的不断发展,是可以通过持续的学习来实现的,这样,不仅能够游刃有余地应付社会急剧的变化,还能跟上社会变化的节奏,与之同步前进。

二十一世纪的今天,新一代信息技术发展推动了知识社会以人为本、用户参与的下一代创新(创新2.0)演进。同时,人们的生活方式、工作方式、组织方式、社会形态正在发生深刻变革,新产业、新技术、新业态和新模式在世界范围内涌现并迅速发展起来,新一轮的工业革命已拉开序幕。新工业革命背景下,人才是建设"中国制造2025"的重要基础,企业要想发展,必须具有更高技能、更职业化、更具创新性和灵活性的劳动力。新时代对企业员工、高职学生都提出了更高要求,只有通过贯穿其生命历程的学习,才能获得个体的价值观念、知识和生活技能的不断发展,才能跟上社会变化的节奏,充分应对社会的急剧变化。因此,本专著以企业员工的职场学习动机作为主要研究内容,正是落实企业人才开发,推进国家人才建设的重要研究课题,也希望以此研究对当前高职院校学生学习动机的培养与激发起到一定的启示作用。

(二)企业人力资源发展的迫切需求

随着中国经济进入中高速发展的"新常态"阶段,全面建设小康社会的关键时期,经济下行压力增大,我国人工、材料、能源、土地等生产要素成本不断上升,人口红利日渐消失,我国在中低端领域的竞争优势不再明显,外来制造业正逐步转移,很多企业尤其是制造业正面临着转型升级。中国劳动科学研究所发布的《2010—2020年我国技能劳动者需求预测研究报告》指出,目前全国技能劳动者总需求量约为11 577.3万人,短缺927.4万人;高技能人才需求为3 067.1万人,短缺为105.8万人。该预测研究报告还指出,我国高技能人才队伍建设将面临总量矛盾突出、结构性矛盾突出、经济社会发展过程中技能劳动者需求结构和形态特征不断变化的三大矛盾[①]。

---

① 朱志敏.技能人才短缺状况为何难以改变[J].中国人才,2013(7):7-9.

可见，当前我国已面临着严重的技能短缺问题，这种技能短缺不仅广泛而持久地存在，而且涉及了技能人才的不同层次。我国劳动力市场中技能人才的供求态势不均衡，一方面是某些企业单位找不到合适的劳动者，另一方面是相当一部分劳动者无业可求，这种结构性失业问题更加反映出我国当前技能短缺问题的严峻性①。人才的短缺已经成为企业发展的瓶颈。因此，实现人力资源的合理配置对企业的发展、国家经济竞争力的提升具有重要意义。

知识经济时代，人力资源是科技进步和企业发展的实践者，也是推动企业进步的动力。一个高素质的员工团队，不仅能够促进企业的生产效率，提高运营的经济效益，还能减少企业资金的投入，降低资源的使用压力。诚然，知识经济的实现需要以人力资源综合素质的提高得以实现，而人力资源的素质提升也要依靠人力资源的开发方可实现。基于此，企业组织愈来愈重视员工的学习，大力发展企业培训。但是，传统的企业培训制度存在着课程资源匮乏、培训体系不系统、培训管理不明确、企业员工抵触情绪严重等各种各样的问题，已经难以满足企业对新型人才的要求。国外的经验告诉我们，由传统培训走向职场学习是必然的趋势，是时代发展的结果。走新型工业化道路，加快产业优化升级，全面提升我国企业核心竞争力，迫切需要大力加强高技能人才队伍建设，企业人力资源开发的创新性刻不容缓。作为人力资源开发的一种理论范式，职场学习理论的发展会进一步催生人力资资源开发中新的实践形式，为人力资源开发注入新的生命与活力。

（三）职场学习自身的特点所趋

人的学习与发展是一个持续终身的过程，正如《西点的进取精神》一书中所言"人在知识面前是十分渺小的"。知识就是宇宙，是永远学不完的；学习是射线，是没有尽头的。如果放弃了"终身学习"的念头，那错过的知识将根本无法计算②。职场中的成人——企业员工更是如此，作为参与国际、社会竞争的主体，如果要想在竞争中立于不败之地，必然要变革传统的学习方

---

① 刘文杰.破解我国技能短缺问题[J].职教论坛,2015(16):10-14.
② ［美］詹姆斯·L.杰克著,李伟译.西点的进取精神[M].北京:中国商业出版社,2014:145.

式,具备较强的职场学习能力是适应社会化生存的必然选择。职场(workplace),对于企业员工个体来说是一个非常重要而有效的学习空间。企业员工基于工作的学习能力的高低已经成为其成功与否的关键因素,而职场学习是其工作能力形成的重要途径。国外相关研究证实,工作中的能力约有70%～80%源自工作中的学习。国内也有学者做过相关调查,224名调查对象中,其中93.3%的被调查者认为自己工作能力的形成主要源于工作中经验积累和自我学习,5.8%的被调查者认为源自工作前的学院教育,0.9%的被调查者认为源自公司各种有组织的培训[①]。可见,职场学习在企业员工提升工作能力方面发挥着重要的作用。

职场学习是处于职场中的成人学习者,在内在学习需要或外在环境的驱动下,与实际工作密切相关,以促进个体效能和组织绩效持续提升为目标而进行的一种学习方式。在企业员工个体的职业生涯中,总是充斥着各种形式的职场学习活动,有意识的,无意识的,正式的,非正式的,如此种种。相对于传统培训和学校教育,企业员工的职场学习具有其自身的优越性,如职场学习的内容与所从事的工作密切相联,职场学习的时间是自由的,形式是灵活多样的,结果是综合的,既包括工作所需要的各种知识与技能,也包括企业员工的文化素养。作为一种基于工作情境的学习模式,学习动机对职场学习特别重要。不同的员工个体,其职场学习的效率也不尽相同,其中除了职场学习的策略有别,究其根源,在很大程度上与企业员工的职场学习动机密不可分。由于其更多地表现为一种非正式学习,如果没有学习动机的驱动,职场学习将难以启动。因此要从根本上提升企业员工的职场学习能力企业员工的职场学习动机不可小觑,这也是学习理论中的普遍真理。

(四)高职教育改革的必然

近年来,高等教育正由"精英化"逐渐转向"大众化",根据《国家中长期教育改革和发展规划纲要(2010—2020年)》和《国家中长期人才发展规划纲要(2010—2020年)》的要求,"十二五"期间,要培养1 600万高素质技能型专门人才,高等职业教育被赋予越来越重要的历史使命,一大批高职院校

---

① 梁欣茹,王勇.基于工作相关学习的类型与能力提高[J].研究与发展管理,2005(3):83-89.

纷纷建立以社会需求为目标,以产业为导向,以产学研结合为关键,加快培养社会紧缺的技能性应用型人才。一方面,高等职业教育的蓬勃发展培养了大量高素质技能型的人才,为我国高等教育的现代化、大众化做出了重要贡献;另一方面,高等职业教育的改革与发展极大地丰富了我国高等教育体系结构,顺应了人民群众接受高等教育的强烈诉求。因此,高等职业教育作为高等教育发展中的一个重要部分,"肩负着培养面向生产、建设、服务和管理第一线需要的高技能人才的使命,在我国加快推进社会主义现代化建设进程中具有不可替代的作用"①。

高等教育的大众化促进了我国高等职业教育规模的不断扩大,引起了社会各界更广泛的关注。但是由于我国高职院校发展的特殊性,办学的多样性,高职学生知识能力和素质参差不齐,学生学习动机普遍较低,在实际的教学活动中则表现为上课迟到早退,无故旷课、玩手机,自我效能感偏低,自主学习意识不强等,要想真正把基础相对薄弱的高职学生培养成企业等用人单位需要的高素质技能型人才,首先就是要激发高职学生的学习动机,这是高等职业教育教学改革与发展的根本所在,具有重要的研究价值与意义。

对于职场学习,研究者也有着自身学习的经历感受。大学毕业后,作为一名教师,在自己的岗位上刻苦钻研,结合自己的教学实践学习相应的教学知识、师德规范,锻炼自己与家长、同事的职场交际能力等等,并且取得了不错的成绩。不得不说,作为一名基层教师兼班主任,工作的烦琐与艰辛自不用说,但是依然能够保持着积极向上、超越自我的求学精神,动机在职场学习中扮演着极其重要的作用。尤其是走上工作岗位之后的成人,面临着多重压力,没有动力,纵使有再好的学习机会与学习内容,职场学习也是无从谈起。于是,职场学习动机研究之旅便在研究者的好奇与迷茫之中出海启航了……正也是基于这样的时代与现实背景,本书选择职场学习动机作为研究主题。

二、研究问题

本书尝试以职场学习动机作为研究的主要内容,探究企业员工职场学

---

① 教育部关于全面提高高等职业教育教学质量的若干意见[EB/OL].http://www.doc88.com/p-360144129387.html.

习动机的现状、影响因素及激发策略,具有拓展、丰富和深化职场学习系统理论的重大理论价值。具体而言,本书的研究问题有如下几个:

第一,通过梳理职场学习动机相关的理论基础、研究成果、国内外的研究现状及趋势,形成对职场学习动机较为客观、系统的认识。采用混合研究模式,通过参与式观察、深度访谈、叙事研究、问卷调查等方法收集数据、资料,深入了解企业员工职场学习动机的现状及其影响因素。

第二,基于以上研究,结合企业员工职场学习动机的现状,寻求激发和培养企业员工职场学习动机的策略。

第三,以企业员工职场学习动机研究成果为启示,针对当前高职院校学生学习动机不足的现象,提出激发高职院校学生学习动机的策略建议,为高职教育改革指出可能的愿景与方向。

三、研究的理论与现实意义

在知识社会与终身学习的时代,职场学习作为一个独立的学术领域日益受到成人教育、职业教育、人力资源管理等领域的关注,只是职场学习作为一种学习理论,无论是在理论层面,还是在实践层面,对其研究的历史并不长。因此,对于职场学习来说,其可待探索的空间较为深广,其可能产生的意义也很多重。基于此,对本研究的意义做一个较合理的定位就显得尤为重要。

近年来,许多研究者从不同的视角对职场学习的概念、内容、学习过程、学习方式、影响因素及提升策略进行了相关研究,并取得了丰富的成果。但是国内学者对职场学习动机的关注较少,而职场学习动机是推动职场中成人学习的一种内部动力,本书正是基于这一点的启发,尝试以职场学习动机作为研究的主要内容,探究企业员工职场学习动机的现状、影响因素及激发策略,具有拓展、丰富和深化职场学习系统理论的重大理论意义。

如上文所言,职场学习动机作为推动成人职场学习的一种内部动力,它能够说明企业员工为什么学习,会受到哪些因素的影响,能学到什么程度。在笔者看来,有着多方面的实践意义:首先,从企业员工个体的角度来说,便于社会和企业能够依循企业员工职场学习动机的特点,创造有利于激发其职场学习动机的环境,开发出有效的培训和学习方式,以促进企业员工自身的学习和职业发展,同时通过相关政策的制定和制度的改革,使一线企业员工获得更多参与学习的机会,提高他们的社会地位和工作待遇等。其次,从企业和社会的角度来说,企业员工职场学习动机的增强,不仅可以提高企业员工的工作效率,使其获得一种归属感和自我实现的内驱力,还能提升企业当前的经济效益,获得具有较高竞争力的人力资源,为企业在将来企业人力资源的开发中提供策略上的支持和操作上的指导,对企业的长远发展具有重要作用。最后,从高职教育改革的角度来说,以企业员工职场学习动机研究为基点,审视当前高职院校学生学习动机存在的各种问题,跳出高职教育研究的思维局限,放眼于高职学生毕业后即将面对的职场环境,更有利于在对比中探寻激发高职学生学习动机的有效策略。

第二章

研究设计

本章第一部分对本书的研究方法做一个详细说明,由于本研究采用了混合研究的方法,故在研究方法上也是多样的,主要有文献研究、田野观察、访谈、问卷调查等。第二部分对本书的研究思路进行了详细的梳理,同时对本书结构内容进行了总体性的呈现。

一、研究方法

针对本研究的研究问题,主要以定性研究为主,辅之以定量研究,即混合研究方法。混合研究方法作为是继定量研究范式和定性研究方式之后的"第三种教育研究范式",已然成为高等教育研究的理想范式之一。目前,该研究方法已被西方学者广泛关注和使用,但国内学者对此探讨较少,在具体研究问题中应用得更少①。关于混合研究方法的概念,不同的学者略有不同。本研究采用了美国学者约翰逊和奥屋格普兹的定义,就是研究者在同一研究中综合调配或混合使用定量研究和定性研究的技术、方法、手段、概念或语言的研究类别②。尤其需要注意的是,混合研究方法并不是定性和定量研究的简单结合,它弥补了单一研究方法的局限性,体现出其独有的优势,实现优势互补,多元交叉,推动了对研究问题的分析。本研究的核心问题是企业员工职场学习动机的现状及影响因素,据此,笔者将采用混合研究方法中的顺序性探究设计策略,其研究可视模型如下图所示:

---

① 高潇仪等.论混合方法在高等教育研究中的具体应用——以顺序性设计为例[J].比较教育研究,2009(3):49-54.

② Johnson R B & Onwuegbuzie A J. Mixed Methods Research: A Research Paradigm Whose Time Has Come. Educational Researcher,2004,33 (7):12-26.

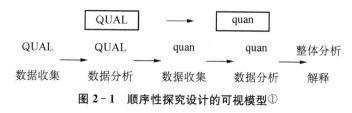

图 2-1 顺序性探究设计的可视模型①

顺序性探究策略中,分两个阶段实施,即第一阶段收集定性数据,第二阶段再收集定量数据,两种数据的结果在解释阶段再进行整合。本研究中,该设计策略的主要目的在于探究企业员工的职场学习动机,通过实地观察、深度访谈、叙事等方式以 GHDL 光缆有限公司员工为个案进行职场学习动机的叙事研究,再以叙事研究中的发现为理论依据编制问卷,进行问卷调查和数据分析统计,以此来检验叙事研究的结果,并对其结果进行验证和补充。因此,本研究中收集定量研究的数据,其主要目的是为了增强和支持定性数据。在解释说明阶段将两种研究得出的结果加以整合,以丰富对企业员工职场学习动机的现状及影响因素的描述。通过不同研究方法得出的结果可以获得更丰富的研究视角②,提高研究的信效度,使研究结论更加合理,更有意义。具体采用的研究方法有以下几种:

（一）文献研究法

文献信息的收集主要采用文献法,文献法是对文献进行查阅、分析、整理,从而找出事物本质属性的一种研究方法。通过文献法,可以全面准确地掌握当前学术界对于职场学习研究的概况,为本研究提供重要的理论依据。本研究将吸收多学科研究的成果,特别需要查询教育学、心理学、管理等与本研究相关的文献资料,在广泛阅读有关资料的基础上,从中择取重要和切实可用的资料,然后根据相关的理论框架,从一定的方法论和价值取向出发,分析、解释这些资料,揭示其蕴含的意义。

① ［美］约翰·W.克雷斯威尔著,崔延强等译.研究设计与写作指导:定性、定量与混合研究的路径[M].重庆:重庆大学出版社,2007:169.
② 安黎黎.混合方法研究的理论与应用[D].华东师范大学,2010:37.

（二）田野观察法

观察是人们认识事物和现象的一种最基本的方法,是研究者根据一定的研究目的,用自己的感觉器官和相应的辅助工具去直接感知事物并在头脑中积极进行意义建构,从而获得研究资料的过程。本研究采用的是参与型观察,即基于人类学民族志的研究视野,研究者以专业训练的素养深入对象社会进行参与观察。在参与型观察过程中,观察者和被观察者一起工作,在密切的相互接触和直接体验中倾听和观看他们的言行①,尤其需要强调观察的科学性和反思精神。对于取样的方式,由于笔者对企业的情况并不是很了解,本研究是深入企业实地调查,对于观察对象的选取只能采用机遇式抽样,因为进入企业后,企业员工都是处于工作状态,灵活性较大,研究者只能根据实际情况随机选择研究对象进行观察,了解他们对职场学习的想法。某些情况下,选择的样本不是因为他们具有代表性,而是因为他们愿意向研究者提供信息。

研究者深入研究对象的工作情境之中,具体的观察内容包括以下几个方面:其一,感官感知。通过听觉感知语言和声音,通过视觉感知自然工作环境、建筑、机器设备、工具、资料和人等非语言信息,通过嗅觉和味觉感知味道、空气质量等。其二,体验情感。如被研究对象在工作中表现出来的喜怒哀乐等。其三,从田野观察衍生出来的观察企业员工的工作场景,了解他们在工作中的困惑,如何解决问题以及其中的反复过程,了解企业员工之间的交往模式、学习动机等。最后,对公司制度和规则的感知,观察、了解企业员工在工作中的具体执行和应对策略,探究其对企业员工职场学习动机的影响。当然,这些内容之间并不存在绝对的先后顺序,观察的难度是逐级升高的,研究者需要用心感受田野情境,找到观察对象,努力和被观察对象缩小心理距离,创建良好的关系,同时保持研究所必需的心理和空间距离。本研究中,笔者以理性的视角认真观察企业员工的职场表现,捕捉工作中职场学习动机的行为表现,为准确客观分析企业员工职场学习动机的现状及影响因素的叙事提供科学的实践保障。

在田野观察中,观察笔记和日志是主要的收集数据方法。观察笔记是

———————————

① 陈向明.质的研究方法与社会科学研究[M].北京:教育科学出版社,2000:228.

通过对现场的观察,记录和描述观察的场景、事件和过程,也可以记录自己在观察中和观察后的感想和反思。研究者以调研者的身份进入企业一线进行观察,记录一般是在观察后立即进行,以防遗忘。在观察过程中,研究者也会根据具体的情况做一些重点记录。记录方式主要以客观描述企业员工职场学习的相关情况,记录的语言力求真实、具体和细致。日志就是按时间顺序排列的一种记事文体。由于本研究是一个漫长而复杂的过程,为了避免遗忘与研究有关的事项、细节,便于了解企业员工职场学习动机研究的系统调研过程,以天为单位,以企业员工职场学习动机这一研究专题为基础,记录研究者的企业调研情况,其目的在于记录调研过程中的思想、观点的变化轨迹,即每天调研的感受与思考。至于日志的格式则没有统一的规定,只是方便研究者本人看懂即可。

（三）访谈法

访谈,也称研究性交谈法,是研究者通过口头谈话的方式,从被研究者那里收集(或者说"建构")第一手资料的一种研究方法。本研究的访谈与参与式观察同步进行,访谈中的问题是在文献分析和专家审查后再通过分析观察资料而提出的。通过与企业员工面对面的直接交流,了解他们的心理和行为,深入挖掘隐藏于语言、行为背后的一些独到的东西,以便于全方位、细致地洞察职场学习动机状况,鼓励受访者通过自己亲身经历的具体事例详细描述其内在原因,从而为叙事提供可靠的现实依据。就研究者对访谈结构的控制程度而言,访谈可以分成封闭型、开放型、半开放型[①]。本研究的访谈采用的是半开放型访谈,即在辅以访谈提纲的基础上,主要围绕被访谈者的讲述思路进行自由访谈。这样,既保证访谈内容不过分偏离研究的主题,也尽可能地降低作为研究者的引导和预设作用,给予研究对象充分回忆和表达的空间,不仅使研究对象感到这一过程是自己经历或经验的意义诠释,获得的资料也更有价值。

（四）叙事研究法

20 世纪 80 年代,北美教育学者康纳利和克莱丁宁率先将"叙事"作为

---

① 陈向明.质的研究方法与社会科学研究［M］.北京:教育科学出版社,2000:165 - 171.

研究方式引进教育领域。它以现象学、人类学、解释学与叙事学等为理论根基,是研究人类体验世界的一种方式。叙事研究是通过研究对象的叙事来描述其个人生活中的重要事件,并将其以故事的形式展现出来,其中蕴含着叙事者个人的实践经验及其实施情形。研究者透过这些故事,运用解释学与现象学的反思,梳理、统整、建构各项经验的性质或意义,并努力探究其缘起与来由①。叙事研究中,强调研究者与研究对象的"移情"和"体验",强调叙事的真实性、故事诠释的开放性。本研究中采用的叙事研究是对企业员工日常工作中的职场学习动机的一种诠释方式,诠释的目标就是理解。诠释是理解的基础,是一种解释实践或经验之内在意义的过程,理解则是指把握、消化作者在诠释过程中所感受、表达的意义,真诚深刻地理解来源于分享彼此的情感与经验,这种理解是带有情感的,它在于研究者真正走入了研究对象的生活、经验、世界,在理解对方的生活感受时,分享对方的内心感受,以经验分享为基础,才可能产生真诚深刻的理解,而不能把自己的理解强加在别人身上,或不愿倾听别人的观点。当然,更要避免误解别人的意思②。本研究中,笔者以实习调研者的身份亲历企业员工的工作情境,与企业员工建立合作的关系,更多的时候扮演的是聆听者、提问者的角色,走入他们的生活世界之中,以故事叙说的形式呈现企业员工职场学习动机的动态生成性,探寻、挖掘其职场学习动机强或弱的缘由。

（五）问卷调查法

问卷调查法是以书面提出问题的方式搜集资料的一种研究方法。本书所采用的问卷设计采取封闭式与开放式相结合的形式。调查对象为企业员工。抽样方式为同质性目的抽样,尽量照顾到不同类型企业,不同岗位类别和不同职位级别。问卷设计主要以职场学习动机为核心要素,在参阅现有文献和叙事研究结果的基础上进行编制。通过问卷调查,以期了解目前企业员工职场学习动机的总体情况,从而对叙事研究的结果进行验证和补充,为探寻企业员工职场学习动机的影响因素提供翔实可靠的实证数据。

① 徐冰鸥.叙事研究方法述要[J].教育理论与实践,2005(8):28-30.
② 丁钢.教育叙事的理论探究[J].高等教育研究,2008(1):32-26.

二、研究思路与研究内容结构

本书以职场学习动机为研究的问题域，以企业环境作为研究的场域，企业员工为研究对象展开。

首先，从职场学习动机的理论辨析入手，鉴于职场学习的已有研究和发现，在文献研究的基础上对职场学习动机意涵进行再认识和再概念化，希望通过对职场学习动机的内涵特征、特点、理论基础的梳理，并进一步探讨企业员工职场学习动机的价值，为企业员工职场学习动机的理论与实践研究提供基础。

其次，根据研究问题，选择合作的企业，以调研实习者的身份进入到公司一线，通过田野观察、访谈、日志等方式收集数据资料，全面深入了解企业员工职场学习动机的现状，重点剖析企业员工职场学习动机的影响因素，探寻激发企业员工职场学习动机的有效策略。

再次，在参考现有文献的基础上，以叙事研究的发现作为理论依据，编制《企业员工职场学习动机调查问卷》，运用 SPSS 统计软件进行数据分析，对叙事研究的结果进行验证和补充，综合得出企业员工职场学习动机的研究结论并探究激发企业员工职场学习动机的相关策略建议。

最后，反观当前高职院校学生的学习动机现状并进行分析，以企业员工职场学习动机研究结果为基础，提出激发高职院校学生学习动机的策略建议，为高职教育改革指出可能的愿景与方向。

本书共分为九章，除了第一章导论和本章讨论研究方法、研究思路及研究框架之外，其他章节都是围绕第一章所提出的问题展开研究的。具体而言，本书其他七章讨论的内容可以概述如下：

第三章是文献梳理和核心概念解析。首先通过梳理国内外关于职场学习、职场学习动机、成人学习动机、大学生学习动机的研究现状，我们发现，国内外对于职场学习和成人学习动机的研究成果较为丰硕，但是对于职场学习动机的研究则显得不够深入和系统，尚未引起相关研究者的足够重视。然而，在复杂的工作情境中，职场学习的启动必须依赖于学习者的职场学习动机，只有全面深入地探明职场学习动机的影响因素，才能有针对性地激发其职场学习动机，推动职场学习的顺利进行。本章第四部分对职场学习、学习动机、企业员工、高职学生等本书涉及的几个核心概念进行了明确的解析。这保证了读者对本书概念解读的正确性。

第四章是本书的重要理论部分,对职场学习动机进行了系统的理论探析。首先是对学习动机的一般理论进行了梳理,其中比较经典的包括强化理论、需要层次理论、归因理论、成就动机理论、期望理论。这些一般的学习动机理论为本书中了解、探析企业员工的职场学习动机提供了重要的理论基础。但是并没有足够的理由作为剖析企业员工职场学习动机的核心支撑理论。因此,接下来本书又对职场学习动机的理论基础进行更进一步的探究。具体来讲,本书中主要涉及的理论基础有情境学习理论、活动理论和自我决定理论等。员工的职场学习动机与其工作的情境性相关。情境学习理论为职场学习的价值、职场学习动机的激发提供了最详尽的证明。活动理论提供了职场学习动机的研究框架,可以用来更好地理解职场学习动机的发生机制,能够解释职场学习活动中不同要素之间的关系,把握住学习者职场学习动机的影响要素。自我决定理论强调人的自主性,强调周围情境对于自主性的支持和自主需要的满足,可以促进内部动机或外部动机的内化。随着自我决定理论的发展,其研究的脉络也逐渐延伸,尤其是将理论发展从意识动机延伸到无意识动机,与企业员工的职场学习现实相吻合。本书的主要研究对象是企业员工,研究内容是其职场学习动机,既然职场学习是镶嵌于工作情景中的学习,因此对企业员工的工作意义分析、特点分析也是本章重要的理论探究内容。

第五、六、七章是对企业员工职场学习动机的调查与分析,这是本书的重点内容。在这三章中,首先,选取了 GHDL 光缆有限公司的部分企业员工,对他们的职场学习动机进行了日常叙事,并从理论角度对企业员工个体职场学习动机的影响因素进行了分析与总结,展示笔者在本叙事研究中的观察和思考。其次,综合研究分析的结果总结企业员工职场学习动机的特点、类型及其影响因素,结果发现,企业员工职场学习动机的特点主要表现为情境性、实用性、复杂性、阶段性等,其职场学习动机主要表现为职业发展取向、和谐关系取向、满足兴趣取向、胜任工作取向、物质报酬取向和逃避学习取向等六种类型。一般来讲,企业员工职场学习动机的来源主要表现为工作任务、学习者个体、单位组织和社会家庭四个层面。再次,通过对苏南地区(涉及南京、苏州、无锡等地)的十多家企业的问卷调查,对叙事研究的研究结论基本相佐证。最后,结合调查研究结果,根据相关理论,从单位组织层面、企业员工个体层面等对企业员工的职场学习动机提出一些激发培养策略建议。

第八章是由企业员工的职场学习动机研究反思当前培养应用技能型人才的高职院校学生的学习动机。当前高职院校学生学习动机水平是不尽如人意的,普遍存在着学习目标模糊、学习动机功利性强、学习信心不足、学习自主性欠缺等方面的问题,受到学生个体、学校、社会家庭等多个层面因素的影响。而要想提升高职院校人才培养质量,为企业输出更多高质量的应用技能型人才,必须高度重视高职学生的学习动机。与企业员工的职场学习动机相比,其总体水平是偏低的,其学习动机也是多元的,随着环境的变化动态发展的。只是更倾向于获得肯定、承担义务、受迫、依附等方面,他们尚未走出校园,没有承担起家庭的经济责任,对物质方面的需求并不是很强烈,更渴望的是得到社会、家庭的认可与接纳。结合企业员工职场学习动机的研究结果,对高职学生职场学习动机提出一些培养策略建议,主要包括学生个体、学校、社会家庭等等层面。

第九章是本书的反思与展望。本书通过混合研究方法探究企业员工职场学习动机的影响机制,寻求激发企业员工职场学习动机的有效策略,为企业人力资源开发和企业员工的个人成长提供理论参考和现实路径,为高职学生的学习动机激发与培养提供思路。但是囿于笔者的理论根基与研究能力,难免存在着各种各样的不完美之处。在这一章中,作者对本书的研究尤其是调查对象选取、样本全面性、研究解释等方面进行了一定的反思。在研究伦理方面,笔者能通过书面协议和口头解释等方式,充分关注到被研究者的安全感问题,严格遵守基本学术研究规范,坚持尊重研究对象的意愿、个人隐私和保密原则。最后针对本研究存在的问题对未来的研究方向进行了展望。期待笔者能够借着教育部青年基金的项目对高职学生职场学习动机方面的研究更进一步地深入下去,为高职教育质量的提升贡献自己的绵薄之力。

第三章

研究回溯及核心概念解析

　　本章为文献回溯及核心概念解析部分。第一、二、三、四部分分别梳理了国内外关于职场学习、职场学习动机、成人学习动机、大学生学习动机的研究现状。结果发现,国内外对于职场学习动机的研究尚不够深入和系统,并未引起相关研究者的足够重视。但是,在复杂的工作情境中,职场学习的启动必须依赖于学习者的职场学习动机,只有全面深入地探明职场学习动机的影响因素,才能有针对性地激发其职场学习动机,推动职场学习的顺利进行。第四部分对职场学习、学习动机、企业员工、高职学生等本书涉及的几个核心概念进行了明确的解析。

一、职场学习的相关研究

　　职场学习是一个新兴的研究领域,其研究历史并不是很长,但是对于信息化时代工作与学习日趋融合的职场现象来说,职场学习的价值不可小觑。1989年,国际出版机构爱墨瑞德(Emerald)创刊并出版了职场学习杂志,此后,职场学习便引起了国内外学者专家们的关注,也取得了较丰富的研究成果。

(一)国外研究现状

　　关于职场学习的途径与方式,国外研究者从不同的角度进行研究。首先,从个体的角度来看职场学习,国外学者主要采用两种研究范式:一种是以莱夫(Jean Lave)和温格(Etienne Wenger)为代表,以情境学习、实践共同体为理论基础的研究范式;一种是以布鲁克菲尔德(Stephen Brookfield)、梅茨茹(Mezirow)为代表,反思性学习、拓展性学习为核心概念的研究范式①。莱夫和温格认为,学习是学习者通过在实践共同体中的"合法的边缘性参与"逐渐走向中心并获取身份的过程。"合法的边缘性的关键是新手进入实践共同体并获得所有共同体成员所必需的资格。"②布鲁克菲尔德和梅茨茹等人提倡的反思性学习和拓展性学习理论,充分彰显了职场学习中的学习者个体对自身限制的突破与超越,是对罗杰斯有意义学习理论的延续和发展,强调学习者个体在职场学习中的重要作用。其次,从组织社会的角度来看职场学习,纳德(Knud Illeris)认为,职场学习包括认知要素、情感要素和社会化要素,具体形式分为两种类型:学习者与环境相互影响的过程模式;学习者个体内在互动的过程模式③。此外,还有艾瑞特(Eraut,2001)根据学习者参与职场学习的有意识程度将职场学习分为有意识学习、反应式学习和内隐式学习三种④。在前人研究的反思基础上,雅各布斯(Ronald L. Jacobs,2010)还提出了一个基于工作场所、学习的计划程度、培训者/推动者的作用三维职场学习的框架,并依据三个维度将职场学习分成了八种类型⑤。从以上文献可以看出,职场学习的途径与方式是丰富的,针对不同的学习内容采用不同的职场学习方式,在实际的职场学习过程中,往往是在多种学习方式的综合运用中达成学习目标。

关于职场学习影响因素及模型的研究,约金斯和沃宁(Jogense & Warring)对职场学习的影响因素进行了系统研究,并在此基础上形成了自己的职场学习三角模型,认为组织内技术的学习环境、员工的学习潜力和社

① Knud Illeris. Workplace learning and learning theory[J]. Journal of Workplace Learning,2003,15(4):167-178.

② [美] J.莱夫,E.温格著,王文静译.情景学习:合法的边缘性参与[M].上海:华东师范大学出版社,2004.

③ Knud Illeris. Workplace learning and learning theory[J]. Journal of Workplace Learning,2003,15(4):167-178.

④ Eraut M. Non-formal learning and tacit knowledge in professional work[J]. The British Journal of Educational Psychology, 2000(70):113-136.

⑤ Ronald L. Jacobs.一个关于工作场所学习的建议性概念框架:对人力资源开发理论建设与研究的启示[J].李宇晴,译.中国职业技术教育,2010(6):41-49.

会化的学习环境对学习具有重要影响①。纳德在此基础上认为,职场学习主要受个体、组织和社会三个层面的因素影响,并将其整合。其中,组织技术的学习环境维度的影响因子包括:工作内容,工作的划分;获取资格认证的可能性和便利度;建立社会化相互关系的可能性;紧张和压力。员工的学习潜力维度的影响因子包括:工作经验;教育与培训背景;社会交往背景。社会化学习环境维度的影响因子包括:工作共同体、文化共同体和政策共同体。纳德创建的职场学习模型如图3-1所示②:

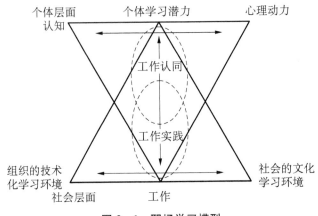

图3-1 职场学习模型

艾瑞特从微观层面探究职场学习的影响因素,他用两个三角形形象地描述了职场学习的影响因素(如图3-2所示)。两个三角形左上角的因子都与工作本身相关,右上角的因子和工作中的关系有关,最底下的因子和职场学习者个人相关③。由此模型可以看出,艾瑞特着重强调了职场学习中

① Christian Helms Jorgensen, Niles Warring [M]. Learning in the Workplace. RUC press,2001.

② Illeris Kund. Learning in working life[M]. Roskilde University Press learning lab Denmark,2004. 转引自杨燕.IT行业软件工程师的工作场所学习研究[D].华东师范大学,2007.

③ M. Eraut, J.Alderton, Cole,P.Senker. Development of knowledge and skills at work[C].F. Coffield (Ed.).Differing Visions of A Learning Society[A].Bristol Policy Press,2000:231-262.转引自林克松.工作场学习与专业化革新——职业教育教师发展路径探析[D].西南大学,2014.

工作与学习者个体两个层面的影响因素。

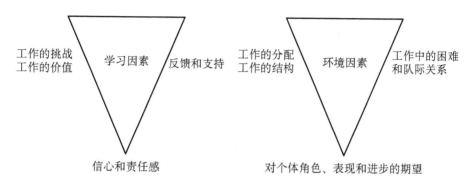

工作的挑战　　　　　　　　反馈和支持　　　工作的分配　　　　　　　　工作中的困难
工作的价值　　学习因素　　　　　　　　　工作的结构　　环境因素　　　和队际关系

信心和责任感　　　　　　　　　　对个体角色、表现和进步的期望

图 3-2　职场学习的影响因素图示

此外,Tara Fenwick 和 Kjell Rubenson 综合了人力资源开发、成人教育及组织科学领域的十本国际性刊物中 1999—2004 年学者们对职场学习的研究成果,发现学者们广为热议的职场学习模型有网络应用模型(Network utility model)、共同参与模型(Co-participation or co-emergence model)、实践共同体模型(Communities of practice model)等[1]。其中,网络应用模型是个体和团队通过组织内外的网络分享有意义战略的一种学习模式,重点突出网络对于知识传播有效性的促进作用。共同参与模型是个体和社会相互作用、相互影响,在日常工作中创造知识的一种学习模式,个体及其背景、动机和组织环境都是必不可少的。实践共同体模型则强调学习者个体在实践共同体中的积极参与的一种学习模式。

(二)国内研究现状

关于职场学习途径与方式的研究,国内学者华东师范大学的孙玫璐认为,与正规学校教育相比,职场学习的内容有着自身的独特性。职场学习过程中获取的知识类型比较广泛,主要有理论性知识、技能、理解、做决定和下

---

① Tara Fenwick, Kjell Rubenson, Taking stock: a review on learning in eork 1999—2004,4th international researching work and learning conference, Sydney, 2005.

判断等。职场学习的途径与方式也较为纷繁复杂,其中新型学习途径方式值得注意,如:历史研讨会与未来研讨会,正式面谈与非正式交谈等①。李飞龙以职场学习过程中学习者是否有意识地以组织的学习或工作结果为目的作为依据,将职场学习划分为个体性学习(individual learning)和群体性学习(collective learning)两种。其中,个体学习模式分为三类:工作时附带的偶发性模式;与工作有关的有意的非正式模式;正式的在岗和离岗培训模式。群体性学习也被称为"组织性学习"(organizational learning)"小组学习"(group learning),以群体为单位达成职场学习目的的一种模式,其模式分为网状模式(learning in the networks)、团队模式(learning in teams)、社群模式(learning in communities)②。

关于职场学习影响因素及模型的研究,国内学者程薇、杨现民、余胜泉及其泛在学习研究团队基于学习元平台的虚实结合,从知识生成的视角构建职场学习的环境模型(如图3-3所示),其中包括虚拟工作场所中的学习和真实工作场所中的学习。

其中,虚拟工作场所中的学习以集体知识库的生成、社会认知网络的构建为核心任务,以此促进真实工作场所学习的发生及发展。真实工作场所中的学习方式主要有专题培养、研讨会、项目例会、师徒结对等。这一学习模型充分体现了信息时代职场学习的网络化特点。知识生成视角下的职场学习包括获得知识与技能、参与工作任务和知识系统化生成三个阶段,分别发生在个体、集体和组织三个层面③。

职场学习是一个个人、团队、组织在解决问题和提升绩效的过程中获得知识、技能、情感及态度的过程,它的影响因素也是多元而复杂的,但是关于职场学习者个体的学习动机这一重要影响因素并没有得到广泛的关注。

① 孙玫璐.工作场所学习的知识类型与学习途径[J].职教通讯,2013(4):29-32.
② 李飞龙.西方工作场学习:概念、动因与模式探析[J].外国教育研究,2011(3):79-83.
③ 程薇,杨现民,余胜泉.基于知识生成的工作场所学习[J].现代远程教育研究,2013(4):80-87.

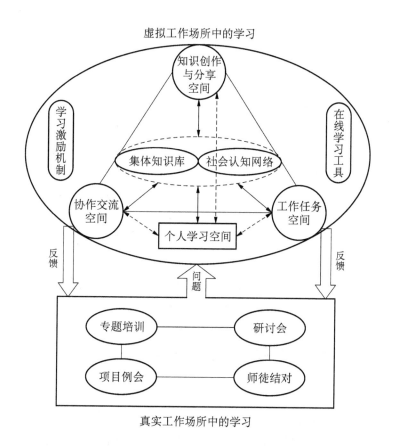

图3-3　学习元平台支持下的虚实结合的职场学习环境模型①

（三）小结

　　纵观国内外关于职场学习的文献,可谓是成果丰硕。作为一种特殊态式的学习模式,职场学习的丰富与复杂也跃然纸上。总体来讲,国内外职场学习研究主要聚焦于以下几个方面:其一,职场学习的概念、内涵研究。目前尚没有一种理论能够诠释职场学习的全部内涵与意义,但是职场学习中,工作即学习,学习即工作,工作与学习二者内在的水乳交融的关系是其根

---

　　①　程薇,杨现民,余胜泉.基于知识生成的工作场所学习[J].现代远程教育研究,2013(4):80-87.

本。其二,职场学习的过程研究。国内外学者以管理学、心理学、人类学等为学科立场,从心理、社会、情境等认知视角,剖析职场学习在个体学习和组织学习中的内在发生机制,探寻职场学习的各种途径与方式。其三,职场学习的影响因素与理论模型建构的研究。研究者们从学习者个体、组织和社会三个层面探讨职场学习的影响因素,并建构模型。但是现有研究文献中,对职场学习外在因素的研究更深入,而对学习者个体因素的分析明显不够,尤其是职场学习中,对个体学习动机的研究关注较少。纵使有再好的环境与制度,成人学习者的学习动机不强,一切都将是徒劳的。因此,作为职场学习的内在驱动力,职场学习动机必须引起重视,这也是本研究的初衷所在。

通过对国内与国外相关文献的比较可以看出,相对于国外研究来说,国内的研究起步较晚,成果相对较少,研究队伍自然不够壮大。从研究的内容来看,理论方面,目前虽未形成系统的理论体系,但是国外的研究理论探究得更为深入、细致、全面。国内研究以引进国外先进理论的为多数,理论的创新性略显单薄。从研究的方法来看,相对于国内学者,国外学者的研究视野和方法则显得更为开阔而多元。但是值得庆幸的是,近年来,国内学者越来越多地关注现实的工作场所,采用质性的研究方法,关注成人在职场学习中的现实状况。如华东师范大学的吴刚采用扎根理论的研究方法,以"宝钢"为例,探讨并建构基于项目的行动学习模型①。魏光丽在其硕士论文中重点探究了自我导向学习理论在企业培训中的应用②。在研究对象上,部分国内研究者针对不同职业身份的成人职场学习进行了深入的探讨,如吴萍与孙晓明都探讨了实习生的职场学习,杨燕对软件工程师的职场学习问题展开讨论等等。

总体来看,我国已有的职场学习研究还需要继续努力,具体表现为以下两个方面:其一,加强职场学习的理论研究的系统性和深刻性,拓宽研究的视野,追求创新。由于中外文化差异,研究内容应与中国的职场文化密切联系。其二,完善研究方法,尤其是质性研究方法。

---

① 吴刚.工作场所中基于项目行动学习的理论模型研究[D].华东师范大学,2013.
② 魏光丽.工作场所实行自我导向学习研究[D].华东师范大学,2007.

二、职场学习动机

通过国内外文献的检索发现,现有的众多职场学习相关文献中,都充分强调了职场学习动机的重要性,但是并没有太多的相关专题文献对职场学习动机的影响因素等基本问题进行探讨。现将研究搜集到的几篇论文做一个简单的综述。

(一)国外研究现状

捷利维(Genevieve Armson)和阿玛(Alma Whiteley)认为,职场中蕴含着丰富的学习活动,其中不乏一些自组织学习活动,他们因为共同的目标自发组织,构建学习共同体。而这可能并不会被领导了解或意识到直到反思才会有所察觉。如果企业管理者能够对此重视,鼓励员工开展自由学习活动,并参与到他们的学习中去,对其进行学习辅导、提供正式的培训及学习资源,会更有利于激发员工职场学习的动机。因此,经理与员工进行交互式的学习和鼓励在促进企业员工的职场学习中非常重要[①]。阿曼达(Amanda Sterling)和皮特(Peter Boxall)通过几组对比实验研究发现,基层领导放任员工不管,给予其一定的自由空间,企业员工会表现出强烈的职场学习动机,工作效益得到显著提升。但是,企业员工的低职业素养也会制约其职场学习动机。因此,由于泰勒式的管理模式加强了对工作流程的控制,并不利于企业员工的职场学习。企业要想切实提高生产效益,促进企业员工的深度学习,激发员工的职场学习动机,就必须赋予企业员工一定的自由权利,改变工作的组织模式,加强对基层领导的培训与管理提升。同时,需要认识到,企业员工对学习重要性的认识并不是一成不变的,而是动态发展的[②]。台湾研究者陈菊(Hsiu-Ju Chen)等人认为,员工的职场学习动机反映了他们对学习的需求程度,即对学习内容的

---

① Genevieve Armson & Alma Whiteley. Employees' and managers' accounts of interactive workplace learning[J]. The journal of workplace learning,2010,22(7):409 - 428.

② Amanda Sterling & Peter Boxall. Lean production, employee learning and workplace outcomes: a case analysis through the ability-motivation-opportunity framework [J]. Human Resource Management Journal,2013,23(3):227 - 240.

实用性和方式满意度。如果职场学习的内容对其工作有实用性,而员工又很满意这样的学习方式,那么企业员工的职场学习动机就会很强,反之,则很弱①。莫尼克(Monique Bernadette van Rijn)和杨华东在研究中重点强调自我建构对企业员工职场学习动机的影响,他们认为,在员工非正式的职场学习中,企业员工对个人的自我建构与认知有利于加强和促进其持续地进行职场学习的职业发展动机,企业员工对组织的建构认知有利于加强其知识分享的职业学习动机,但是企业员工对于人际互动的构建认知并不能促进企业员工的知识反馈动机②。

(二)国内研究现状

国内学者对于职场学习动机的关注相对较少,如陈伟萍在其硕士学位论文《熟练型教师职场学习动机的研究》中,通过对上海市两所小学的熟练型教师进行职场学习动机的现状调查,并选择个案进行剖析,分析查找熟练型教师职场学习动机存在的主要问题,探明影响其职场学习动机的内、外部因素,提出改进策略,如营造温馨的工作氛围、规划教师的发展轨迹、构建多元的激励机制、提供多元的展示机会等等,以此促进熟练型教师职场学习动机的进一步提高③。

林克松博士的学位论文《工作场学习与专业化革新—职业教育教师专业发展路径探析》中,对职业教育教师的职场学习动机也有较为详尽的理论论述。他构建了职业教育教师工作场学习动机"双驱动"(个体驱动、组织驱动)理论模型,如图 3-4 所示:

其中,个体驱动与组织驱动动态交互,共同影响教师职场学习行为。另一方面,将职业教育教师的职场学习动机按照"个体—组织""主动—被动"两个维度构建教师职场学习动机"金字塔"分析模型,由低到高分别是"混世型"取向、"任务型"取向、"功利型"取向、"事业型"取向四种。

---

① Hsiu-Ju Chen & Chia-Hung Kao. Empirical validation of the importance of employees' learning motivation for workplace e-learning in Taiwanese organisations[J]. Australasian Journal of Educational Technology,2012,28(4):580-598.

② Monique Bernadette van Rijn & Hua dong Yang. Understanding employees' informal workplace learning [J]. Career Development International,2013,18(6).

③ 陈伟萍.熟练型教师职场学习动机的研究[D].苏州大学,2010.

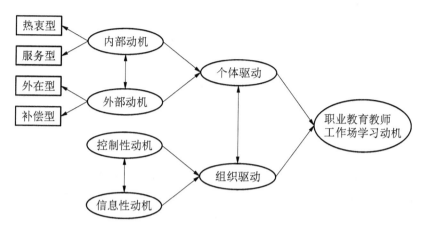

图3－4　职业院校教师工作场学习动机"双驱动"理论模型①

　　在以上的理论建构基础上,编制《职业教育教师工作场学习动机问卷》对7个省市28所中高职院校的980名职业教育教师进行问卷调查,结果发现,职业教育教师普遍具有较高的服务型学习动机,并且主要受个体因素驱动,职业院校对其的驱动力较小,组织驱动力仍需提升。东部地区中高职与中西部地区中高职在教师职场学习个体驱动上差异显著,组织驱动上差异不显著②。该理论模型的建构关注了工作场所情境的个人和组织两个不同的驱动主体,只是动机的分类十分复杂,对于其细分的四种动机类型持怀疑态度,四种动机之间似有重合现象,如组织驱动分为控制性动机和信息性动机与个体驱动的外部动机之间。

（三）小结

　　关于职场学习动机影响因素的系统分析在国内外尚未引起足够重视,但是,在复杂的工作情境中,职场学习的启动依赖于学习者的职场学习动机,只有全面深入地探明职场学习动机的影响因素,才能有针对性地激发其

　　①　林克松.职业院校教师工作场学习动机的理论模型——实然状态与提升路径〔J〕.职教通讯,2017(6):29－33.
　　②　林克松.工作场学习与专业化革新——职业教育教师专业发展路径探析〔D〕.西南大学,2014.

职场学习动机,推动职场学习的顺利进行,这也是本研究的初衷所在。

三、成人学习动机

在成人学习研究领域中,成人学习动机的研究也一直是被探讨最多、文献最多的主题之一。因为企业员工和高职学生属于成人,所以本书有必要对成人学习动机的中外研究现状做一个梳理。

(一) 国外研究现状

国外对于成人学习动机的研究最早可以追溯至 20 世纪 30 年代,英国学者率先开始成人学习动机方面的研究,如豪艾(Hoy)1933 年发表了《成人夜大学生学习兴趣和动机的探究》一文,威廉姆(Williams)和海尔斯(Health)在 1936 年发表了《学习和生活》,但是并没有形成系统的理论①。真正的系统研究始于 20 世纪 60 年代,主要着力于三方面的研究:其一,成人学习动机理论的研究;其二,成人学习动机类型的研究;其三,成人学习动机影响因素的研究。

首先,关于成人学习动机理论的研究。随着心理学的发展,众多学者根据各自的研究结果提出了不同的成人学习动机的理论,如马斯洛(G. Maslow)和诺尔斯(M. Knowls)的个人自我实现的学习动机论、米勒(H. Miller)的势力场动机论、鲁宾森(K. Rubenson)的期待价量模式动机论、鲍西尔(Boshier)一致模式动机论、克罗丝(Cross)的连锁反应动机论等都从不同角度探讨了成人学习动机的形成机理。按照其研究的内容,可以将其分为内在论、外在论和协调论。其一,内在论。美国著名成人教育学者霍尔(C.O.Houle)认为,成人的学习动机主要产生于成人的内部需要,即来自成人不断变更的自我发展目标、个人生活需要和自身充实的要求。马斯洛(Maslow)认为,成人学习者的学习动机就是自我实现需要的具体实现,它是通过成就感和胜任感来满足的。这与诺尔斯提出的成人教育的目的观点是一致的,即帮助成人发挥最大的潜力,学习是自我发展,学习是高度个人化的。他们都强调了成人学习动机的自觉性、独立性。其二,外在论。艾伦·陶认为,成人的学习动机来源于可预见的、学习将带来的益处,这种可

---

① Peter Jarvis. Adult and continuing education[M].London: Routledge, 1995.

预见到的益处是推动成人学习的动力,是成人学习动机的重要组成部分。鲁宾森认为成人学习动机的产生和形成与期待有关,学习动机的激发和维持与价值有关。他指出,成人学习动机是个体内部需要与外部环境知觉相互作用的结果。个体决定参与教育活动,主要是由于内部需求对环境的直觉交互作用,从而产生期待与价值的结果。其三,协调论。鲍西尔认为,成人学习动机来自人的内部需要,但也不可忽视来自外部的需求和影响。通过实验研究,他发现成人的学习水平取决于学习者内部需求与教育环境相吻合的程度。勒温(Lawler)则认为成人的学习动机来源于人的学习需要,人的学习行为的产生决定于内部学习需要的张力与外界环境之间的相互关系,而这种内部的学习需要起着决定性的作用①。成人学习动机是学习者个体与环境之间交互作用的结果,无论是行为主义的观点,还是人本主义的观点都是不可回避的,只是侧重点有所不同。

其次,关于成人学习动机类型的研究。由于成人学习动机的复杂性,分类标准的多元化,目前的相关研究中并没有对成人学习动机的类型并没有达成共识。美国著名成人教育学者霍尔(C.O.Houle)最早开始对成人多样化学习动机进行专门分类的研究。霍尔通过对芝加哥地区参加教育课程学习的 22 位成人进行交谈,确定成人学习者的动机类型主要表现为三方面:其一,目标取向,即个体以学习作为完成明确目标的方法。其二,活动取向,即参与学习是基于学习环境的意义,而与学习活动的目的或内容无关。其三,学习取向,即为求知而求知。虽然研究样本很小,缺乏进一步的实证分析,但极具开创性,至今仍被认为是持续最久、最有价值的成人学习动机的研究②。随后,谢菲尔德(S.B.Sheffield)在霍尔研究结果的基础上,采用“五点量表”对 453 位继续教育参与者进行学习动机调查,得出了成人学习动机的五种指向:个人目标指向、学习指向、社会目标指向、活动欲望指向和活动需要指向③。伯杰斯(P.Burgess)使用自己制定的量表对圣路易地区的

---

① 李立群.《成人学习动机量表》的编制及初步应用[D].天津师范大学,2008.

② C.O.Houle. The inquiring mind [M].Madison:University of Wisconsin Press,1961.

③ S.B.Sheffield . The orientations of adult continuing learning [C]. D. Soloman (Ed.). The continuing learning[A]. Chicago:Center for the Study of Liberal Education for Adults,1964:1-24.

1 046位成人学生调查,得出成人学习动机的七个类型:求知欲望、达成个人目标的欲望、达成社会目标的欲望、达成宗教目标的欲望、逃避(孤独、厌烦、无聊等)的欲望、参与社会活动的欲望和顺从外界要求的欲望[①]。1978年,加拿大学者博希尔(R.Boshier)修订了"教育参与量表",并将之实施于12 191位受试者,分析得出成人学习动机的六种类型,分别为社交接触型、社会刺激型、职业发展型、社会服务型、外界期望型和认知兴趣型[②]。由于博希尔的教育参与量表经过多次的补充和修订,因此成为国际成人教育界认同度较高的研究成人参与教育动机的量表。

表 3-1　四种成人学习动机分类一览表

霍尔	谢菲尔德	伯杰斯	博希尔
学习取向	学习取向	求知欲望	认知兴趣
活动指向	活动欲望取向	参与社会活动的欲望	社会交往
	活动需要取向	逃避的欲望	社会刺激
目标取向	个人目标取向	达成个人目标取向	职业发展
	社会目标取向	达成社会目标的欲望	服务社会
		顺从外界要求的欲望	外界期望
		达成宗教目标的欲望	

此外,美国教育测试服务处(Educational Testing Service)还进行了一项有关成人教育活动原因的调查,发现成人参与学习的原因包括获取知识目的、个人利益目的、社会目的、宗教目的、社交目的、完善个人目的等九个方面[③]。由表3-1可以看出,以上对于成人学习动机类型的研究,虽然在具体的分类取向上有所不同,但基本上都是以霍尔的三种指向为基础,进行了适当的延伸与补充,本质上并没有太大的差异。其中以博希尔的分类尤为完善,其修订的教育参与量表(EPS)也成为此后的成人学习动机研究者广为采用的测评工具。

---

① 高志敏.国外成人学习动机指向研究[J].黑龙江教育学院学报,1990(1).

② R. Boshier. Motivational orientations revisited: Life space motives and the education participation scale [J]. Adult Education,1977,27(2):89-115.

③ 何露露.成人学习动机的性别比较研究[D].华东师范大学,2007:9.

　　再次,关于成人学习动机影响因素的研究。众所周知,由于成人的特殊性,成人的学习动机受到多方面因素的影响。如克罗丝(Cross,K.P.)在研究中发现年轻人、中年人以及50岁以上的成人在学习动机取向方面存在差异。John Stone和Rivera的研究发现,"性别是影响成人学习动机的重要因素,成人男性学习动机倾向于工作进展和基于雇主或其他权威人士的要求,女性(尤其是家庭妇女)常提到的理由则为充实自己,特别是以做好母亲或配偶的角色,以及好奇、逃避日常固定呆板的工作方式以及宗教理由居多"①。美国学者戈夫南蒂在研究中发现职业进展与外界期望和教育程度呈负相关关系,即成人的教育程度越低,越强调"职业进展"与"外界期望"的指向,但是随着教育程度的提高,这两种指向趋向趋于淡化②。美国学者詹妮弗(Jennifer)就赞美对成人学习动机的影响进行了系统研究,他把个人赞美和过程赞美对学习动机的影响进行比较,发现过程赞美在增强学习动机和感知能力方面超过个人赞美,过程赞美同样对老年人的学习动机也有促进作用③。桑(Sun Joo)和大卫(Wenhao David)认为,对于参加在线高等教育的成人学习者来说,他们的学习动机受性别、年龄和过往经历等因素的影响,性别差异影响成人学习的内部动机,年龄影响成人学习者长期或短期的外部学习动机④。达肯沃尔德(Darkenwald,G.G.)和梅里安(Merriam,S.B.)在《成人教育——实践的基础》一书中认为,成年人参加学习与教育的动机往往受年龄、性别、社会经济地位等一系列因素的影响,而这些因素又相互关联、错综复杂⑤。该模式侧重于社会环境因素对成人学习动机的影响力量,尤其是社会经济地位,但忽视了个人特征之间的差异。

　　① 王伟杰.成人参与教育的动机研究[D].华东师范大学,2002:13.
　　② 卢秋萍.学习型社会背景下成人自考生学习动机分析与对策研究[D].福建农林大学,2011.
　　③ Haimovitz, Kyla & Henderlong Corpus, Jennifer. Effects of person versus process praise on student motivation: stability and change in emerging adulthood [J]. Educational Psychology,2011(31): 595-609.
　　④ Yoo, Sun Joo;Huang, Wenhao David. Engaging online adult learners in higher education: motivational factors impacted by gender, age, and prior experiences[J]. Journal of Continuing Higher Education, 2013(61):151-164.
　　⑤ [美]达肯沃尔德,梅里安著.刘宪之译.成人教育——实践的基础[M].北京:教育科学出版社,1986.

（二）国内研究现状

国内学者对成人学习动机的研究实证多于理论,1995年,教育部曾将有关成人学习动机的调查研究列为成教科研重要课题之一。在中国知网上输入"成人学习动机"进行模糊检索,对该主题的研究始于1982年,1994年开始呈不断上升的趋势,仅以"成人学习动机"为主题的文章就达1051篇,其中博士、硕士论文共有270篇。总体看来,国内学者对成人学习动机的研究呈上升趋势,也不断趋于完善。研究主要聚焦于以下几方面:学习动机的特点研究、学习动机的影响因素研究、学习动机的分类研究、激发并维持学习动机的策略研究以及对学习动机的实证研究。

首先,关于成人学习动机理论的研究。国内学者主要集中在对国外相关的成人学习动机理论的介绍和述评,处于向西方国家学习引进阶段,并没有形成本土化的成人学习动机理论。如高志敏的《国外成人学习动机指向研究》,台湾成人教育协会会长黄富顺的《成人的学习动机:成人参与继续教育动机取向之探讨》等著作。

其次,关于成人学习动机类型的研究。国内学者对成人学习动机类型的研究也基本沿袭西方学者博希尔的分类标准,如高志敏认为"成人的学习动机类型中最具普遍性的主要包括求知兴趣、职业进展、改变生活、社会服务、外界期望和社交关系等六个方面"①。黄立新在其《成人学习动机的类型》一文中指出,成人的学习动机产生于工作和生活的实际需要,主要表现为八种类型:提高自身素质型、适应社会型、未来准备型、丰富生活型、寻找失落感型、试探实力型、仿效从众型、"镀金"标榜型②。黄彩娥根据马斯洛的需要层次理论,结合我国具体情况,提出函授学员学习的主要动机包括时代和社会需要性动机、追求个人在社会中的价值的学习动机、单纯追求文凭的学习动机、随大流的学习动机③。黄飞英用自编的《成教大学生学习动机调查表》对240名职工高校的学员进行调查,发现成教大学生的学习动机主要有社会完善型、自我提高型、实用功利型和潜在可塑型④。李金波、王权

① 高志敏.成人教育心理学[M].上海:上海科技教育出版社,1997.
② 黄立新.成人学习动机的类型[J].北京成人教育,1995(12):30.
③ 黄彩娥.略论函授学员学习动机的激发[J].杭州大学学报,1996(4):155-157.
④ 黄飞英.成教大学生学习动机调查分析[J].浙江海洋学院学报,2002(2):67-69.

把成人参与高等教育的动机取向归并成四个类型:"求知兴趣、职业发展、服务社会、外界期望"[①]。卢秋萍以福州市成人自考生为例,通过调查分析福州市成人自考生的学习动机的整体趋势,把其学习动机分为六大类:社交关系、职业进展、求知乐趣、外界期望、自我实现、逃避现实。其中,求知乐趣与自我实现的动机强度最高,最为普遍[②]。当然,成人的学习动机往往不是单一的,而是复合型的,常常表现为两种或两种以上主要动机类型的综合。

再次,成人学习动机的影响因素及激发培养策略研究。马小健、谢怡把影响成人学习动机的因素分为个体自身因素和外部因素两个维度,其中与个体特征相关的因素如年龄、性别、原有文化程度、婚姻状况、社会阶层、居住地、民族以及自重感,与个体特征无关的外在因素如外界压力、生活中的突发事件、学习的内容、课堂氛围以及反馈等[③]。陆舟、吕峰主要研究了企业受训员工的学习动机影响因素,文中指出,除了个体的心理因素外,组织和培训流程对成人学习动机也有影响,具体归纳为七个方面:组织重视,问题导向式培训,培训目标,对培训内容的熟悉程度,培训机构的权威性、培训教材和培训评估[④]。何露露根据女性和男性学习动机存在的差异以及差异产生的原因,从成人教育的视角进行了思考并给出了相应的建议[⑤]。李斌采用自编量表对太原地区 492 名成人学习者学习动机特点进行了调查和分析,指出影响成人学习动机的因素依次是"学习内在动因、学习外在诱因、学习意志、学习结果归因、学习自我效能"[⑥]。熊美凤的研究发现,医务人员学习动机在性别方面无显著性差异,在家庭因素方面,不同年龄、婚姻状况、学历的人员其学习动机有显著性差异;在单位因素方面,不同学历、不同收入情况人员其学习动机有差异;在社会因素方面,不同收入情况人员其学习动机有差异;个人因素方面,不同年龄、不同职务级别及收入情况人员其学习

[①]　李金波,王权.对成人参与高等教育的动机取向学习成就的分析[J].中国远程教育,2003(5):43.

[②]　卢秋萍.学习型社会背景下成人自考生学习动机分析与对策研究[D].福建农林大学,2011:31.

[③]　马小健.谢怡.影响成人学习的动机因素分析[J].成人教育,2003(11):26-27.

[④]　陆舟,吕峰.影响成人学习动机的因素分析[J].职业技术教育,2005(13):58-60.

[⑤]　何露露.成人学习动机的性别比较研究[D].华东师范大学,2008.

[⑥]　李斌.成人学习动机调查研究[J].校园心理,2011(5):308-310.

动机有差异①。夏鸣从学习环境、远程教育方式、学习者的学习需求、师资力量配备与教学支持服务五个方面分析了影响远程教育成人学习动机的原因,从营造社会环境、满足学习者的学习需求及优化学校的支持服务三方面提出激发、强化和维持成人学习动机的策略②。原慧敏在调查研究中发现,影响新生代农民工学习动机的因素主要有以下几方面:社会、教育机构、新生代农民工个人因素。其中社会因素包括没有树立科学的人才观、城乡二元制度、就业形势等方面的因素;教育机构因素包括教育环境、教育内容、教育方式方法等因素;个人因素包括自我效能感低、收入水平低、文化水平不高以及缺乏职业规划等因素。从社会、教育机构及个人方面提出了激发和培养新生代农民工学习动机的策略:社会层面,如树立科学的人才观,弱化文凭学历主义;加大财政投入力度,支持新生代农民工教育;改革城乡二元对立政策,提升归属感、建立城乡一体的就业体系和教育培训体系;建立和完善针对新生代农民工的学习成果认证体系等。个人层面,新生代农民工应该明确学习动机、将个人需要与社会需要有机统一、学会正确归因、不断提高自身文化水平等③。《激发成人英语学习者内部动机的实证研究》一文对成人英语学习者提出激发学习动机的策略:其一,通过了解学习者学习需要、消除学习恐惧、运用合作学习等激发内部学习动机的策略,营造班级和谐气氛;其二,通过情感共鸣、任务分解学习、提高学生自我评价、及时评价等策略培养成人英语学习者的正确态度;其三,通过教学手段多样性、模拟学习的策略创设激发学习者学习兴趣的教学环境。此外还应注意成人教育教师的角色和任务④。

关于成人学习者的学习动机的相关文献还有很多,在此就不一一列举了。纵观已有的相关文献,不难看出,剖析成人学习动机的影响因素主要是从内在因素和外在因素两个维度进行。同时,国内学者往往是将影响因素和激发培养策略放在一起进行系统研究,研究的方法多采用问卷调查和访谈,调查对象一般针对特定的成人群体展开,如成人函授学员、成人自考生、

---

① 熊美凤.医务人员学习动机的影响因素与培养策略研究[D].南方医科大学,2011.

② 夏鸣.远程教育成人学习动机激发策略研究[D].上海师范大学,2013.

③ 原慧敏.新生代农民工学习动机研究[D].四川师范大学,2014.

④ 杜芳.激发成人英语学习者内部动机的实证研究[D].首都师范大学,2014.

成人夜大学生、医务人员、高校教师、新生代农民工、英语成人学习者等等。而成人学习动机的激发培养策略则往往是从教育者的角度出发，针对特定群体，因此更有针对性。但是，激发成人学习动机策略的科学有效性、操作性仍有待商榷。

（三）小结

从对相关文献的梳理分析可以发现，当前国内外学界对成人学习动机研究已经取得了初步的成果。研究范域较为全面，基本涉及了成人学习动机的类型、影响因素、激发培养策略等核心内容。研究对象类型多样，研究具有一定的针对性，体现了个性与共性的有机结合。譬如，从研究对象的年龄跨度看，既有在校大学生，也有成人学校里的学生，还有老年大学里的学生；从研究对象的职业类别看，既有医务、医护人员，也有高校教师、领导干部，还有新生代农民工。从成人学习内容看，既有一般的成人学校学习内容，也有针对特定群体如成人英语学习内容。此外还有学者紧扣时代特点研究网络环境下的成人学习。近年来，随着社会发展对人才素质要求的提高，终身教育与继续教育的实施，学习型社会的构建，大批的成人参与到学习中来，时代的发展也带来了人们价值观的相应变化，所以当前成人的学习动机不可避免地带有鲜明的时代特征和职业特点。研究者们通过调查研究、访谈、文献研究等方法，探寻成人参与学习的动机取向及其影响因素，并试图提出激发成人学习动机的有效策略，从而为成人教育研究提供理论支持和实践指导。但是国内外文化背景迥异，成人价值观不同，以国外的研究作为了解和评价我国成人学习动机的依据未必恰当。同时，成人学习动机研究应是理论思辨与实证研究相结合，目前国内的研究理论上只是处于引进学习阶段，实证研究方面也只是停留在经验层面，流于表面，缺乏本土的厚实的理论支撑，因此很难通过实证性的研究验证策略的有效性。国内的成人学习动机研究还需要在理论研究上做进一步的深入探讨以提升研究的科学有效性。

四、大学生学习动机

国内外学者对于高职学生学习动机的研究并不是很多，也不够深入，而高职学生作为大学生群体中的一个重要分支，对大学生学习动机的相关研究进行系统梳理对本研究也有着重要意义。

（一）国外研究现状

关于大学生学习动机的理论研究，国外学者更多的是进行一般的成人学习动机理论探究，如霍尔的成人学习动机理论，还有学习动机学习动机与学习成绩、自我效能感等的相关研究，以及具体学科的学习动机研究等等。

关于学习动机类型的研究，如俄罗斯学者马林那乌斯克斯研究发现，大学生学习动机主要有四类：报答性和附属性学习动机；自我实现和自我提高的学习动机；谋求职业和保证生活的学习动机；事业成就的学习动机①。此外，还有霍尔对成人教育的学生研究总结出的几种类型，前文已有所提及。

（二）国内研究现状

关于大学生学习动机特点的研究，鲁克成等人认为，大学生学习动机有着其自身的特点：其一，大学生学习动机受社会环境、教育过程和个体身心发展水平等因素的影响；其二，随着大学生的社会生活阅历的丰富，知识的累积，他们的学习动机愈发呈现多样性的特点；其三，大学生学习动机具有动态发展的特点，大学生随着年级的增长，其外部动机作用逐渐减小，社会责任感取向的比例逐渐增强，专业学习的求知动机性逐渐形成并发展；最后，大学生的学习动机还具有矛盾性，既注重精神追求，又强调实惠②。总之，大学生学习动机是多元的，是多个动机组成的复杂系统，学习动机的内容多种多样，存在着个体差异③。

关于大学生学习动机类型的研究，从梳理的文献可以看出，随着大学生所处的年代不同，动机类型也略有不同。20世纪80年代，公有制大背景下的大学生学习动机主要表现为为公型、公私兼顾型、为私型三种，随着我国的改革开放，大学生的学习动机逐渐多元化，如国内学者黄希庭将大学生的

---

① 〔俄〕P.K.马林那乌斯克斯著，蓝瑛波译.不同阶段大学生的学习动机[J].社会学研究,2005:100-101.

② 鲁克成等.高等教育心理学概论[M].西安:西北工业大学出版社,1992:266-267.

③ 盛瑶环.大学生学习动机的调查分析及培养[J].教育与职业,2006(20):101-103.

学习动机分为六种,即求知进取的动机、社会取向的动机、物质追求的动机、害怕失败的动机、个人成就动机和小群体取向动机①。迟丽萍等人在Amabile的学习动机量表基础上将大学生学习动机分为内生动机(挑战性和热衷性两个维度)和外生动机(依赖他人评价、选择简单任务、关注人际竞争和追求回报四个维度)②。邹为民在对高职大学生的学习动机调查中发现,"90后"文科大学生普遍注重自身成长,关注自我发展,在条件和政策中,更注重鼓励性政策,倾向于依据兴趣爱好选择专业③。

关于大学生学习动机的差异,大量研究发现,大学生的学习动机普遍存在着性别差异、年级差异、学科差异等。国内学者黄希庭等人通过研究发现,我国大学生的学习动机的性别差异主要表现为社会取向、个人成就和畏惧学习方面,男生注重个人和社会利益,注重成功,不害怕失败,女生则与之相反,成就动机低于男生。年级差异表现为大学四年级与一、二、三年级的大学生在学习动机上存在显著性差异,如害怕失败、求职取向等。在学校类型方面,军校类大学生的学习动机在社会取向、个人成就方面得分较高,在物质追求方面得分较低;工科和医科大学生普遍害怕失败,得分较高,求知进取方面得分较低④。刘淳松等研究者还发现大学生的学科差异主要表现为音体美类学生的求知进取、社会取向动机水平显著高于文科和理科学生⑤。房三虎在对农、工、文三类381名大学生的学习动机调查中发现,大学生学习动机存在极显著的性别差异,农科类大学生学习动机显著低于工科和文科的大学生⑥。冉汇真运用问卷调查研究大学生的学习动机与社会责任心之间的相关性,发现二者之间总体上呈显著正相关,其中,表层型学

---

① 黄希庭,郑涌等.当代中国大学生心理特点与教育[M].上海:上海教育出版社,1999:31-35.

② 迟丽萍,辛自强.大学生学习动机的测量及其与自我效能感的关系[J].心理发展与教育,2006(2):64-70.

③ 邹为民."90后"文科高职大学生学习动机调查[J].教育理论与实践,2013(30):40-41.

④ 黄希庭,徐凤妹.大学生心理学[M].上海:上海人民出版社,1995:214-216.

⑤ 刘淳松等.大学生学习动机的性别、年级及学科差异[J].中国临床康复,2005(20):96-98.

⑥ 房三虎.农业院校大学生学习动机调查与分析[J].教育与职业,2013(15):177-179.

习动机、深层型学习动机、成就型学习动机分别与物质责任心、文化责任心呈显著正相关,并且它们相互影响,互为因果①。

对于当前大学生学习动机存在的各种问题,国内研究从高校、教师、学生、家庭等角度提出激发大学生学习动机的策略:高校方面的对策如弘扬校园精神文化,培育以人为本的制度文化,积极开展校园文化活动等②;教师方面的对策如加强与学生的情感交流,优化师生关系,建立相互信任机制,提高教师的教学艺术、改善教学方法;学生方面的对策如培养学生的学习兴趣和自觉性,注重学生的思想教育,对学生进行及时的心理疏导,增加学生的社会实践;家庭方面的对策如父母以身作则营造良好学习环境和温暖的家庭氛围等等③④。

(三)小结

关于大学生学习动机的研究,国外学者无论是理论还是实践研究都较为系统,并且并不局限于全日制大学生,还包括成人教育的学生。因此,与成人学习动机研究文献有很多的重合,国内学者对大学生学习动机的研究更多地集中于实证研究,以问卷调查法为主要研究方法,了解我国某些地区、学校、专业的大学生学习动机的现状并进行相应的理论分析与对策探究。因此,研究方法较为单一,研究的系统性有所欠缺。此外,尽管高职学生属于大学生,但是在学习动机方面仍然具有其特殊性,这一点不容忽视。

五、核心概念解析

(一)职场学习

职场学习,又称为工作场所学习,工作场的学习,在工作中的学习。其

---

① 冉汇真.大学生学习动机与社会责任心的相关研究[J].教育评论,2013(2):63-65.

② 袁油迪.高校校园文化激发大学生学习动机的研究[J].教育与职业,2011(15):175-176.

③ 李春生.论大学生学习动机的形成机理及培养路径[J].中国成人教育,2016(4):17-19.

④ 李灿举.大家庭环境对125名大学生学习动机的影响[J].内江师范学院学报,2013(10):35-39.

英文常常简称为 WPL,即"Workplace Learning"或"Learning at work"。但从字面上理解,"workplace"在有道词典中可翻译为工作场所或车间,"learning"意为"学习","Workplace Learning"则可以理解为"在工作场所进行的学习"。但是,作为人类一种特殊样态的学习模式,"Workplace Learning"的内涵远远超出其物理空间所指的意义范畴。职场学习的概念是由人力资源管理领域衍生而来,人力资本理论中强调人类对自身的投资,利用资格证书代表个人的学习和技能水平,突出了职场学习的重要地位①。《英汉人力资源管理核心词汇手册》(2005)中将其定义为"发生在工作场所的学习或培训"。认为职场学习是实现绩效、提升目的的一种手段②。

学术界,研究者们对职场学习内涵的认识较为丰富多元化,表 3-2 列举的是部分学者对职场学习的一些有代表性的概念界定:

表 3-2　国际学术领域关于职场学习相关概念的界定③

代表学者	概念界定
Watkins & Marsick(1992)	包含正式学习(抽象的计划性事件)、非正式学习(非教室为主,非高度计划性)和偶然性学习(其他活动的一种偶然性副产品)。
Barnett(1999)	学习是内在于工作的,工作是内在于学习中的,二者可以在不同水平以不同的方式存在。
Bound& Garrick(1999)	职场学习应该被表述为为一些目的:为公司利益提高绩效;为学习者的利益改进学习;将学习作为一种社会投资加以推进。
Billett(2001)	实际工作是为了策划活动并引导影响学习工作所需知识的方式。这些经验不是非正式或非结构化的,也不是偶然的或特殊的。相反地,他们是根据实际工作的要求构造的,而非根据教育机构的要求。
Evans & Raidbird(2002)	包括一系列的正式与非正式学习;学习是以企业和员工的需求为导向;学习是通过工作场所进行的。

①　[英]海伦·瑞恩博德,艾莉森·富勒,安妮·蒙罗著,匡英,译.情境中的工作场所学习[M].北京:外语教学与研究出版社,2011:1.

②　刘永中,金才兵.英汉人力资源管理核心词汇手册[M].广州:广东经济出版社,2005:452.

③　改编自:罗纳德 L 雅各布斯.一个关于工作场所学习的建议性概念框架:对人力资源开发理论建设与研究的启示[J].李宇晴译.中国职业技术教育,2010(6):41-49.

(续表)

代表学者	概念界定
Colley & Malcom & Hodkinson(2003)	可以分为正式的、非正式的或不正式学习。
Hodkinson(2004)	职场学习非常多变复杂,能被接受的几种类型有:对于他人已知知识的有计划的学习;对已有的实践团体中社会化;为改善已有能力的有计划的学习;在持续的时间中未经计划地改进发展;未经计划的学习前人未做之事;有计划地学习从事前人未做之事。
Clarke(2005)	职场学习是正式的、有计划的工作外学习,独立的在职学习和团体的在职学习。
Sambrook(2005)	与工作相关的学习包括为工作的学习(较正式的教育形式和培训课程)和在工作中的学习(工作中隐含的较不正式的学习)。
Elkjaer & Wahlgren(2006)	职场学习是为非正式和偶然性学习提供机会,并以更正式的教授和指导活动将这些学习结合。

关于职场学习的概念内涵,一方面由于职场学习本身的复杂性,一方面由于研究者们对学习的内容构成、目标指向、工作与学习的关系、工作场所与工作过程等内在元素的理解不同,强调的侧重点也存在差异,因此不同研究者对职场学习的概念与内涵的界定存在着分歧,目前仍没有形成一个统一的、学界公认科学合理的概念。目前对职场学习比较典型的概念内涵的界定主要从以下几个方面入手:

其一,学习目标的角度。比利特(Billet)认为,职场学习是一种在参与真实任务并获得熟练成员直接或间接指导的活动中获得知识与技能的途径,职场中学习的知识包括陈述性知识("是什么")、程序性知识("怎么做")、情感性知识("态度与价值观")三种主要类型①。斯法德既强调学习的过程又强调学习的结果,将职场学习分为两类:获得性学习和参与性学习。还有学者从学习方式的角度加以界定,把正式培训和非正式学习看作职场学习的定义性特征。

其二,学习过程的角度。罗纳德 L.雅各布斯(Ronald L. Jacobs)认为,仅仅依靠区分正式训练与非正式学习来定义职场学习是不充分的,他将职

---

① Billett S R. Authenticity and a culture of practice [J]. Australian and New Zealand Journal of Vocational Education Research,1993(1):1-29.

场学习定义为一种过程,并提出了一个职场学习的概念性框架,这一框架包含三个变量:学习场所、学习的计划程度和培训者、推动者的作用,可以根据实际情况进行扩展,赋予职场学习的内涵以动态性①。但是,忽视学习结果的定义显然是不够完善的。

其三,技能发展的角度。曼斯菲尔德(Mansfield)认为,职场学习是学习者在工作情境中发展并提高工作能力的一种学习方式。其中,职场学习主要指向四种技能:技术性技能;管理任务的技能;计划、决策、区分优先次序、管理突发事件的技能;角色与环境技能(理解并利用物质的、组织和文化的环境)②。需要强调的是,这里的"技能"是四种技能的综合体,而不单单是行为主义者定义的一般意义上的身体能力。伊万斯(Evans)就此提出了技能发展需要经过新手、较高级的新手、胜任任务、精通、专家五个阶段③,体现了职场学习者从新手到专家的发展过程,即被动接受到学会反思、掌握参与策略的互动过程。其中,越是高级阶段,对理解技能中的智力因素要求愈高。

其四,社会互动的角度。古宁汉姆(Cunningham)从人际交往和互动的角度重点强调了职场学习的社会互动性,认为职场学习是一个人试图帮助另一个人时所发生的一系列非正式的互动,更多的时候可以理解为专家和新手之间的互动④。专家指导在职场学习的过程中发挥着重要的作用,当然,如果学习者能够围绕问题建构知识,紧密联系之前的个体工作经验背景,其学习效果会更好。

其五,学习者个体角度。梅茨茹(Mezirow)从学习者的个体角度出发,

---

① 罗纳德 L.雅各布斯.一个关于工作场所学习的建议性概念框架:对人力资源开发理论建设与研究的启示[J].李宇晴译.中国职业技术教育,2010,(6):41-49.

② Mansfield R. Deriving standards of competence[G]. Fennel E. Development of Assessable Standards for National Certification. London:Department for Education and Employment,1991:80-86.

③ Evans,G.Learning In Apprenticeship Course. In J.Stevenson (Ed.),Cognition At work:The Development of Vocational Expertise. Adelaide, South Australia: National Center for Vocational Education Research, 1994:76-102.

④ Cunningham J. The workplace:a learning environment[C]. Sydney:the First Annual Conference of the Australia Vocation and Training Research Association,1998 (2):1-18.

将职场学习划分为工具性、对话性和反思性三种类型。工具性职场学习是以发展工作技能,提高劳动效率为最终目的;对话性职场学习是以理解和调整学习者个体在组织中的位置为目标;反思性职场学习则着力于提高学习者在职场中的自我理解与塑造,从而形成自我概念与身份感。当人们在职场情境中解决具体问题时,这三种形式的职场学习并不是孤立的,而是巧妙地整合在一起的①。梅茨茹对于职场学习的描述性定义更多地强调个体对于职场学习的建构过程,而忽略了社会文化背景对学习者个体的影响,这与职场学习的现实似乎有些背离。

以上几种概念内涵的界定本质上并不矛盾,为研究者们思考职场学习提供了不同的研究视角和观点,揭示了职场学习某一方面的属性。国内学者则更多地从综合的角度对职场学习的内涵进行界定;国内学者赵蒙成教授认为,职场学习是发生在工作中、从属于实际工作、以完成任务为主要目的学习,强调学习者对真实任务的参与,它往往是非正式的、松散的,不局限于工作场所,也不局限于和工作直接联系的知识与技能,其结果是综合性的。究其特征,主要表现为以下几方面:其一,职场学习的结果是综合的,包括工作所需要的各种知识与技能。其二,职场学习的知识与所从事的工作密切相联,针对工作中的问题,它是即时的、实用的,与学科知识不同。其三,职场学习中学习者是主动的,与他人之间的交流、协商是必需的。其四,职场学习的形式可以是正式的、有组织的,也可以是非正式的,是在工作中自然地、无意识地、或偶然地发生的②。

华东师范大学学者黄健、李茂荣基于实践的取向对职场学习进行界定:职场学习是指"发生在'工作实践场'中的学习",其目的就是通过学习成为具有参与工作实践场所必需的胜任力,在工作实践中成为"创造、获取、重构和转化'实践中的知识'以及维持和变革实践的方式"③。这一概念更加地凸显了工作与学习的密切关系。周涛则认为:"职场学习就是发生在工作场

---

① Mezirow, J. Transformative dimensions of adult learning [M]. San Francisco: Jossey-Bass,1991:53.

② 赵蒙成.职场学习的优势与理论辩护[J].教育与职业,2010(3):21-23.

③ 李茂荣,黄健.工作场所学习概念的反思与再构——基于实践的取向[J].开放教育研究,2013(2):19-28.

所这一真实情境中,在与专家、同事的互动过程中,为取得对组织和个人有价值的结果而进行的获取相关知识、习得工作技能的过程。"①

　　人类劳动的图景异常复杂,辨析国内外学者对职场学习的各种不同的定义,可以看出,不同定义之间并不是非此即彼的对立关系,而是不同的界定强调或解释了职场学习某一维度的性质,反映了不同研究者的研究取向和观点。因此,对职场学习的概念与内涵的界定片面地追求统一显然是不合情理的,也是没有任何价值与意义的。

　　其实,作为一种学习模式,"职场学习"就是发生于工作场域之中的学习实践方式,这一场域是物理空间与文化空间、静态属性与动态属性相互融合的产物。国内学者林克松指出的职场学习的概念框架包含四个维度:动因维度;过程维度;情境维度;效果维度②。本研究就是基于这四个维度对职场学习进行操作性定义:职场学习(WPL,Workplace Learning),是指处于职场中的成人学习者,在内在学习需要或外在环境的驱动下,与实际工作密切相关,以促进个体效能和组织绩效持续提升为目标而进行的一种学习方式。由此可见,职场学习的学习动机来源于学习者内在的知识需求和外在的环境驱动两个方面;职场学习的学习内容是与工作密切相联的,与学科知识相比更为实用,具有时效性;职场学习的形式既可以是正式的、有组织的,也可以是非正式、非正规的,既可以是有意识地学习,也可以是在无意中自然地、偶然地习得知识;职场学习的过程是个体与组织、环境互动的过程,学习者是积极主动的参与者;职场学习的结果是综合而多元的,它不是单纯的书本知识,也不是学生在课堂教学中所获得的那种能力,具体包括四个方面,即技术性技能,管理任务的技能(计划,决策,区分优先次序),管理突发事件的技能,角色和环境技能(理解并利用物质的、组织的和文化的环境)③。在实际的职场学习中,往往是多种技能的获得,因此更多地表现为一种综合职业能力的提升。

---

　　① 周涛.工作场所学习概念的解读与思考[J].职业技术教育,2011(7):53-56.

　　② 林克松.工作场学习与专业化革新——职业教育教师专业发展路径探析[D].西南大学,2014:31.

　　③ 赵蒙成.职场学习的优势与理论辩护[J].教育与职业,2010(3):21-23.

（二）学习动机

"动机"一词来源于拉丁文"Moveo"，原意为"开始活动""活动""促进活动"①。所谓学习动机，是指在需要的基础上产生，能直接激起、调节、维持或停止学习活动的内部动力，常以愿望、兴趣、理想等形式表现，会影响学习的方向、进程和效果。动机包括直接性动机和间接性动机两种。其中，直接性动机与学习活动本身的内容及完成过程有密切联系，由对学习的直接兴趣、对学习活动直接结果的追求引起。间接性动机与社会意义或环境相联系，是社会环境要求在学习者学习上的反映。只有两种动机结合，才能成为推动学习者努力学习的巨大动力②。

学习动机是直接推动人进行学习的内部动力，是引起并维持学习者进行学习，并将学习导向某一目标的内部动力，它是学习者学习需要的具体表现或动态表现。学习动机既包括学习者对学习的兴趣、爱好和习惯，又包括学习者对学习必要性的认识和信念，还包括学习者学习的情绪、意志以及对未来的一种理想等。我国的心理学家一般是从如下几个不同的角度对学习动机进行分类的：(1) 从来源上看，分为间接的远景性学习动机和直接的近景性学习动机。前者是与社会意义相联系的动机，在一定程度上反映了社会的要求，其作用较为稳定和持久。后者是与学习活动直接联系的动机，它是由对学习的直接兴趣、对学习的直接结果的追求所引起，作用较为短暂而不稳定。(2) 从内容的性质上看，学习动机有高水平的与低水平的区分。受情境性的外力影响的、他律的学习动机，是低水平的；而受自己的意识倾向支配的、自律的学习动机，则是高水平的。(3) 从作用的大小来看，可分为主导性学习动机和辅助性学习动机。学习者的学习动机一般情况下都不是单一的，在多种动机中，有的起主导作用，有的起辅助作用③。

成人学习动机（Motivation of Adult Learning）是指"引起成人学习活动，维持已引起的活动，并促使活动朝向学习目标的内在历程"④。职场学

① 周宏，高长柏，白昆荣主编.学校心理教育全书[M].北京：九州图书出版社，1998：652.
② 顾明远主编.教育大辞典[M].上海：上海教育出版社，1998：1817-1818.
③ 车文博主编.心理咨询大百科全书[M].杭州：浙江科学技术出版社，2001：671.
④ 贾馥茗总编纂.教育大辞书 3[M].台湾：文景书局，2000：418.

习动机从属于成人学习动机,是成人在职场中表现出来的与工作相关的学习动机。本书中的企业员工的职场学习动机是指引起并维持企业员工参与职场学习,并将职场学习导向某一工作目标的内部动力。

（三）企业员工

本书中,企业员工是指所有参与企业各项工作并从企业领取工资报酬的人员,是一般意义上的企业员工,对于企业员工的性质和来源没有进行严格的区分。对于其学历背景,则主要倾向于接受过高等教育的企业员工,但在操作过程中往往无法把控。

（四）高职学生

高职即高等职业院校,是职业技术教育的高等阶段,是我国高等教育阶段不可缺少的部分。本研究中的高职学生是通过全国统一的招生考试录取的专科(大专)层次的接受全日制教育的普通高等学校的学生。

第四章

职场学习动机的理论探析

第四章是本书的重要理论部分,重点对职场学习动机进行了系统的理论探析。第一部分对学习动机的一般理论进行了梳理,其中比较经典的包括强化理论、需要层次理论、归因理论、成就动机理论、期望理论。这些一般的学习动机理论为本书中了解、探析企业员工的职场学习动机提供了重要的理论基础。第二部分对职场学习动机的理论基础进行了更进一步的探究。具体来讲,本书中主要涉及的理论基础有情境学习理论、活动理论和自我决定理论等。员工的职场学习动机与其工作的情境性相关。活动理论可以用来更好地理解职场学习动机的发生机制,能够解释职场学习活动中不同要素之间的关系,自我决定理论则强调人的自主性,强调周围情境对于自主性的支持和自主需要的满足,可以促进内部动机或外部动机的内化。本书的主要研究对象是企业员工,研究内容是其职场学习动机,既然职场学习是镶嵌于工作情景中的学习,因此第三、四部分对企业员工的工作意义分析、特点分析也是本章重要的理论探究内容。

一、学习动机的一般理论

学习动机理论科学的研究与发展源远流长,由于其自身的复杂性,导致对学习动机的解释也多种多样,由此派生出众多的理论流派,比较经典的学习动机理论主要有以下几种:

(一)强化理论

行为主义者认为人的一切行为都是后天在环境中通过条件反射的方式建立和形成的,而动机则是由外部刺激引起的一种对行为的激发力量。在人类行为的习得过程中,强化是一项必不可少的因素,它使外界刺激与学习者的反应之间建立起条件反射,并通过不断地重复而使二者的联系进一步加强和巩固,从而达到我们所说的"学会了"的地步。由此,研究者认为,任何条件反射的建立、任何行为的学习都是为了获得强化物、得到报偿,以满足个体的内心需要。

根据强化的不同性质,可以将强化分成正强化和负强化。正强化是指呈现某种刺激以增加行为概率的过程。如果有机体自发做出某种反应,并得到了愉快的强化物,那么这一反应在今后发生的概率便会增加。在日常生活中,人们常在自觉或不自觉地运用奖励对他人的行为进行正强化。例如,企业对工作中表现优秀的员工进行奖金鼓励,教师对上课积极回答问题、遵守纪律的学生进行表扬,家长对考试成绩好的孩子给予奖励等,都起着正强化的作用。负强化是指撤销某些厌恶刺激以增加行为概率的过程。强烈的噪音、光线、电击、酷热或严寒都是厌恶刺激。例如,假设学生不喜欢读书,读书对于学生来说就是一个厌恶刺激。而当其平时表现突出,成绩优秀时,家长允许孩子在假期少读书或不读书,这就是一种负强化。

但是,由于行为主义的强化理论过强调引起学习行为的外部力量(外部强化),忽视甚至否定了人的学习行为的自觉性与主动性(自我强化)。同时,仅凭行为来推断学习动机往往是困难的,因为可能有许多不同的动机影响学习的发生。有时,某种行为显然是由于某种动机引发的,但在更多的场合,学习行为是受一系列动机影响的。因而这一学习动机理论有较大的局限性。

(二)需要层次理论

美国人本主义心理学家马斯洛把人的需要归结为五个层次,由低到高依次为生理需要、安全需要、社交需要、尊重需要和自我实现的需要。他认为,人在活动中会不断产生需求的,当一种需要得到满足后,另一种更高层次的需要就会占据主导地位。但各个层次的需要之间并没有截然的界限,层与层之间往往相互重叠。事实上,社会上的许多人,并不是在某一种需要得到完全满足后,才产生更高层次的需要,只要其得到部分的满足,个体就会转向追求其他方面的需要了。一般来说,低层次需要的满足主要是外在的,较高层次需要的满足则是内在的。

从学习心理的角度看,自我实现是一种重要的学习动机,即通过学习使自己的价值、潜能和个性得到充分而完备的发挥、发展和实现。个体所追求的学习是无限的,处于任何年龄阶段的人都有学习的需要,当所有较低层次的需要都得到持续不断的满足时,人们才会受到自我实现需要的支配。成人一般都已成家立业,拥有多重社会身份,需要扮演多种社会角色,有着经济、家庭和劳务的负担,因此,家庭和工作、生活这类缺失性需要如果未能得到满足,成人就不会追求参加以满足自我实现的成长性需要为目标的学习活动,所以社会、各个组织需要及时发现并努力帮助成人排除这些障碍,尽量为成人营造一个积极向上、有着学习氛围的环境。

尽管人们对马斯洛关于需求层次等级顺序的划分还存在着争议,但该理论对于人的需要的阐述还是比较简洁明了、易于理解的,并广为接受。

(三) 归因理论

归因(attribution)是指人们对自己或他人一言一行进行分析,寻找原因或推论的过程。归因理论被广泛地应用于动机的研究中,它解释的是人们如何看待自己以及他人行动的原因。从动机角度看,归因是重要的,因为它影响着人的信念、情感和行为。最早提出归因理论的是海德(F. Heider,1958),他认为个体的动机水平与个人对自己学业上成功与失败的知觉有关。韦纳(B. Weiner,1972)则进一步提出,尽管现实中成败归因各种各样,但主要可以概括为六大类,即能力、努力、任务难度、运气、身心状况、别人的反应。对此,还创立了归因的三维结构模式,即部位×稳定性×控制性。

其实,学习者在成败之后所找的原因不同将直接影响到学习者后继学习的动机模式,如未来活动的选择、坚持性和动机强度等。如果一个人把失败归结为不稳定和可控制的原因(如努力程度),那么他就有可能在失败的情况下坚持努力,并相信将来一定能取得成功;相反,如果把失败归结为稳定(如能力)和不可控制(如工作难度)的原因,那么他就不会相信自己能改变现状,也就不会再坚持做下去。归因方式还会影响个体对未来的预期及对自我的认识。从某种意义上来说,学习者学习动机的强弱关键不在于他们获得了多少成功、碰到了多少挫折,而在于他们对成功与失败的归因。积极归因的个体,无论成败,他们的动机都会增强,至少不会下降;而同样面对成败,消极归因的个体动机却会下降,至少不会增强。

（四）成就动机理论

成就动机是指个人追求成功的内在动力。它是一种社会性动机,意味着人们希望从事有意义的活动,并在活动中取得完满的结果。成就动机研究最初来自默里(H.A.Murray)的实验及有关人类动机的假设。麦克利兰(D.Mcclelland)和阿特金森(J.W.Atkinson)接受了默里的思想,并在此基础上形成了成就动机理论。麦克利兰把人的高层次需求归纳为对成就、权力和亲和的需求,并通过主题统觉测验来测量个体的动机。在大量研究的基础上,麦克利兰发现,在小企业的经理人员和在企业中独立负责一个部门的管理者中,高成就需求者往往会取得成功。对于一个大企业的经理,如果其权力需求与责任感和自我控制相结合,那么他就很有可能成功。对于职业选择来说,成就动机低的人,一般选择风险较小、独立决策少的职业;而成就动机高的人,则喜欢从事具有开创性的工作,并能在工作中勇于做出决策。

阿特金森(1963)在麦克利兰研究的基础上提出了成就动机模型。他认为,接近成就目标的趋势是由三个因素决定的,即成就需要或渴望成功的动机(Ms),成功地完成任务的可能性(Ps)和成功的诱因值(Is),它们是一种相乘的关系,即 $Ts = Ms \times Ps \times Is$。由这个公式可以推断:在任务难度为中等时($Ps = 0.50$),即动机作用达到最大值,这时如果一个人的成功欲望越大(Ms 的值越高),中等难度的任务对这个人越具有吸引力。相反,一个人越不在乎成功(Ms 的值越低),这个人越有可能选择很容易或很难的任务。同时,成就动机强的学习者倾向于选择中等难度的学习任务,而避免选择非常容易或非常难的学习任务,回避失败动机强的学习者则倾向于选择非常容易或非常难的学习任务。

值得注意的是,虽然成就动机对学习具有重要的影响,但是也不能片面夸大个人的成就和个人的自我提高。学习者应认识学习的社会价值,把追求个人成就和追求社会进步结合起来,并使个人成就服从于整个社会进步的需要。此外,还要注意理论的跨文化适应性,把高成就动机作为一种内部激励因素,它是有其预先假定的文化特征的。

（五）期望理论

美国著名的心理学家和行为科学家维克托・弗鲁姆认为,只有当人们预期到某一行为能给个人带来有吸引力的结果时,个人才会采取特定的行动。它是一种通过考察人们的努力行为与其所获得的最终奖酬之间的因果关系来说明激励过程,并以选择合适的行为达到最终的奖酬目标的理论。期望理论认为,当人们预期到某一行为能给个人带来既定的结果,且这种结果对个体具有吸引力时,个人才会采取这一特定行为。它可以用下列公式来表示:

$$激励水平高低 = 期望值 \times 效价$$

$$M(motivation) = E(expectancy) \cdot V(valence)$$

从公式可以看出:效价(V)越高、期望概率(E)越大,激励水平(M)也越高,反之亦反。如果其中有一个变量为零,例如,目标毫无意义或者目标不可能实现,那么激励强度也就等于零。因此,只有当结果对个体价值很大,且他判断自己获得这项结果的可能性也很大时,才能对其产生较大的激励力量。而在实际生活中,每个目标的效价与期望值常呈现负相关。难度大、成功率低的目标既有重大社会意义,又能满足个体的成就需要,具有高效价。而成功率很高的目标则会由于缺乏挑战性,做起来索然无味,而导致总效价降低。因此,只有当学习者认为学习目标对自己来说有一定的价值,达到学习目标也有一定的可能性时,才能产生相应的学习动机。设计和选择一些既给人以成功的希望又使人感到值得为此而奋斗外在目标显得尤为重要。

近年来,弗鲁姆的期望理论在学术领域里已经成了在解释工作激励过程方面被广泛流传的理论,实际工作中也显示出了它的适用性和有效性。但是应当注意以下两点:其一,其他与激励有关的变量对期望理论主要变量的影响,如学习者的自我认知、个性特点、生活经验、环境等;其二,不同的人对目标有不同的定位、不同的价值解读、不同的形式赋予等,对人必然产生不同的效价。因此,设置期望目标时,应正确处理期望与现实之间的关系才能更好地调动学习、工作的积极性。

（六）小结

经典的学习动机理论还有很多,如赫尔的驱力理论、勒温的场论、海德的平衡理论等等,从中可以发现:其一,目前的动机理论研究都从属于传统的心理学研究,受自然科学研究范式的影响,以实验研究为基础进行推断,得出普遍性的结论。如阿特金森的成就动机理论用数学公式 $Ts＝Ms\times Ps\times Is$ 来表示其成就动机强度。如此抽象性的结论表面上看具有很强的适应性,但是学习动机是学习个体内在心理历程的体现,其个体存在的独特性不容忽视。其二,学习动机诱因的复杂性。纵观学习动机理论的发展脉络,学习动机来源的复杂性显而易见,但是经典的学习动机理论都倾向于用一种理论解释学习动机的所有问题,这显然是不完善的,行不通的。其三,目前已有的学习动机理论主要以接受传统学校教育的学生为学习动机解释对象,其主要目的在于改善学校教育情境中学生的学习状况,促进其学业成就的提升。对于学习情境中的其他动机倾向并没有给予足够的关注与重视,尤其是走上工作岗位的成人,其学习动机带有更多的复杂性与情境性,这是不争的事实。因此,尽管一般的学习动机理论可以帮助我们了解、探析企业员工的职场学习动机,但并无足够理由作为剖析企业员工职场学习动机的核心支撑理论。

二、职场学习动机的理论基础

关于职场学习动机的理论基础,总体来讲比较繁杂。除了一般意义上的典型动机理论,职场学习和工作动机的相关理论也为职场学习动机的研究提供了深厚的理论根基。本研究中,主要涉及的理论基础有情境学习理论、活动理论和自我决定理论。

(一)情境学习理论

20 世纪末,美国教授莱夫(Lave)和研究者温格(Wenger)从人类学角度提出情境学习理论。他们认为,人类有效的学习行为是发生在具体的社会和文化环境中,涉及社会层面的,蕴含着社会互动意义,也只有在具体的环境中才能得到理解。它不仅仅是一个个体进行意义建构的心理过程,更是一个社会性的、实践性的、以差异资源为中介的参与过程。学习具有情境性,必须依赖“情境中的活动”,即学习发生在一个由学习者的思考、他正在进行的活动、活动所发生的环境三者所构成的系统中,而且三者之间联系是即时的、不断变化的。这一论断把学习从封闭的头脑中解放出来,置于现实社会之中,强调知识与情境之间是一种动态的相互作用的过程。莱夫和温格认为,知识的用途与价值是由使用它的实践共同体决定的,学习的实质是一种社会实践。学习者要掌握知识和技能,就必须参与到实践者的团体中,必须逐渐地完全参与到实践共同体的社会文化实践之中。他们把这样的学习概括为"合法的边缘性参与"实践共同体的活动过程①。

社会文化学习理论的开拓者维果茨基也认为,所有的人类活动均发生在一个多层次、具有交互作用的文化背景之中,人们在其中分享信念、价值、知识、技能以及属于这一文化的结构关系与表征系统。学习的前提就是获得"合法的边缘性参与",学习和一种身份感是不可分开的,也就是说,当获得更加深入的参与成为激发学习的主要动机时,学习者在文化身份和社会关系中的变化将不可避免。所以,职场中"合法的边缘性参与"身份的获得将极大地激发职场中员工的职场学习动机,这对于置身职场的企业员工来说具有重要的学习指导作用。发生在职场中的学习行为,常常是通过与同事、领导的互动,在参与实践中进行的。当然,如果把这种学习从社会实践中剥离,那它几乎就没有了意义,职场学习的动机更是无从谈起。寓于工作中的学习是真实的社会实践,它强调的是活动、互动、社会文化等要素,因此,员工的职场学习动机与其工作的情境性相关。情境学习理论为职场学习的价值、职场学习动机的激发提供了最详尽的证明②。

(二)活动理论

活动理论是以"活动"为逻辑起点和中心范畴来研究和解释人的心理的发生发展问题的心理学理论。它起源于马克思主义的哲学立场,以维果茨基(Vygotsky)的社会文化历史理论为基础,发展于列昂捷夫(Leont'ev)的心理学实验研究中。活动理论认为,人的意识是在劳动和社会关系中产生的,意识影响活动,活动改变意识,如此循环③。当然,只有通过在富有意义的社会情境中与他人互动,个体才能获得认知的动力与兴趣,学习,尤其是高级学习才能发生。个体的学习不是简单地受社会情境的影响,其本身就

① [美]J.莱夫,E.温格著,王文静译.情景学习:合法的边缘性参与[M].上海:华东师范大学出版社,2004:54-56.
② 赵蒙成.职场学习的优势与理论辩护[J].教育与职业,2010(3):21-23.
③ 吕巾姣,刘美凤等.活动理论的发展脉络与应用探析[J].现代教育技术,2007(1):8-14.

是学习活动的组成部分,是学习者个体有意图的、积极的、自觉的、建构的实践过程,其中蕴含着个体在工作中与周围情境的互动与自我反思等活动。因此,活动理论在很大程度上解决了人的发展动力问题。它认为,人的认识、心理的发展都起源于主体与周围环境相互作用的活动,人的思维、智慧的发展,情感、态度、价值观的形成,都是通过主体与客体的相互作用的过程实现的,而主客体相互作用的中介正是学习者参与的各种活动。主体的发展因活动对象、活动类型、活动性质、活动水平的不同而有所差异①。职场学习过程中主体之间、主体与环境之间的社会互动,有利于激发学习者的学习动机,促进学习者的工作意义建构。

活动理论视域下的企业员工职场学习动机更强调工作情境中的行为与员工个体层面的社会互动,如企业员工在完成工作任务、解决问题等活动中与员工个体进行互动,从而不断地激发其职场学习动机。从学习活动的客体来看,学习的最终目的并不是获取概念化的知识,尤其是职场学习,更多的是为了解决现实工作中存在的问题或是在已有知识的基础上建构新知识的任务。职场学习是一项探究性、建构性的活动,其学习动机是建构有意义的知识或是工作中某个问题的解决方案(活动层面),活动的目的是完成一项项工作任务(行为层面),为了完成工作任务从事具体的职场学习实践就表现为活动情境中的具体操作(操作层面),这三个层次的有机结合构成了工作情境中真实的活动场景。因此,职场学习动机的发生过程并不是静态的,而是与活动系统中各个要素不断互动、发生相互关系的过程②。从学习活动的主体来看,学习动机形成于一个个体参与实践,与他人、社会环境相互作用的过程,产生于学习者形成参与实践活动能力、提高社会化水平的过程③。所以,活动理论提供了职场学习动机的研究框架,可以用来更好地理解职场学习动机的发生机制,能够解释职场学习活动中不同要素之间的关系,把握住学习者职场学习动机的影响要素。

---

① 杨丽娟.活动理论与建构主义学习观[J].教育科学研究,2000(4):59-65.

② Martin Fischer & Nick Boreham. Work Process Knowledge. From Handbook of Technical and Vocational Education and Training Research. Springer Science+Business Media B.V., 2008:471.

③ 吴刚.活动理论视野下的成人学习变革研究[J].教育学术月刊,2012(6):83-86.

（三）自我决定理论

20世纪80年代,美国心理学家爱德华 L.德西(Edward L.Deci)和理查德 M.瑞安(Richard M. Ryan)等人提出了一种关于人类自我决定行为的动机过程理论——自我决定理论(Self-Determination Theory,简称 SDT)。该理论认为,人是积极的有机体,具有与生俱来的心理成长和发展动力。同时,动机是一个有机的连续体,动态地观察调整各种动机类型。自我决定理论的基本内容包括基本心理需要理论、认知评价理论、有机整合理论和因果定向理论。

基本心理需要理论是核心理论,它阐释了人类三种最基本的心理需要:自主需要、胜任力需要和关联性需要,这三种基本心理需要的满足,更有利于促进个体外在动机的内化、形成内在目标定向及提升个体的幸福感。认知评价理论关注学习者的内在动机,重点分析了社会情境因素对个体内在动机的影响,如人际控制、自我投入等。有机整合理论则对内化的概念进行了系统分析,认为内化是个体试图将社会赞许的价值观、规则、态度、要求转化为个体认同的价值,进而整合为个体的自我成分,是自我调节的一种积极、能动的过程。外在动机分为外部调节、内摄调节、认同调节和整合调节,它们依次位于内化连续体上,在外在动机内化的过程中,胜任感、自主感和归属感等环境因素对其影响最大。因果定向理论主要探讨自我决定行为中存在的个体差异程度及原因,认为个体具有对有利于自我决定的环境进行定向的发展倾向,并且存在这三种水平的因果定向,分别是自主定向、控制定向和非个人定向,它们相互独立。

自我决定理论强调人的自主性,强调周围情境对于自主性的支持和自主需要的满足,可以促进内部动机或外部动机的内化[1]。随着自我决定理论的发展,其研究的脉络也逐渐延伸,尤其是将理论发展从意识动机延伸到无意识动机[2],与企业员工的职场学习现实相吻合,在真实的工作情境中,企业员工由于工作任务的关系,个体自身感觉不到自己被激发了何种动机

---

[1]　刘丽红.动机的自我决定理论及其应用[J].华南师范大学学报(社会科学版),2010(4):53-59.

[2]　赵燕梅.自我决定理论的新发展述评[J].管理学报,2016(7):1095-1104.

的情况下,却引发了一些无意识的职场学习行为。

三、企业员工的工作意义分析

工作是个体现代生活中必不可少的一部分,也是创造幸福的源头。每个人从事工作的出发点和归宿不同,但成人在工作的过程中,或多或少都会享受到它带给我们的一些价值和意义,并从中体验喜怒哀乐、成功与失败。

(一)工作满足企业员工基本的生存需求

美国人本主义心理学家马斯洛的需要层次理论认为,人的需要包括生理需要、安全需要、社交需要、尊重需要和自我实现需要五个层次,并依次由较低层次向较高层次发展(见图 4-1)。

图 4-1 马斯洛的需要层次理论图

生理需要是人的第一需要,只有满足了生理需要,才能向更高的需要进取。人类要生存,就必须要有衣、食、住、行和其他基本生活物质资料,这是最基本的生存之道。而要获得这些东西,人类就必须在不同的职业岗位上从事劳动。工作的目的,首先就是为了学会在社会上独立生存,没有生存,学习、生活和发展就都谈不上。成人大多已建立家庭,承担着巨大的家庭责任和社会责任,因此,工作满足了成人最基本的生存需求——生理上的需求。

安全需要包括对劳动安全、职业安全、生活稳定、希望免于灾难、希望未来有保障等方面的需求。安全需要比生理需要高一级,当生理需要得到满足以后就要保障安全的需要。每一个在现实中生活的人,都会产生安全感的欲望、自由的欲望、防御实力的欲望,成人更是如此。在这样一个和平、稳定的社会里,一份稳定的工作和收入必然能给成人及其家庭带来相应的安全感。

（二）工作满足企业员工的社会性需求

社交需要即归属和爱的需求,属于较高层次的需求,是人成长的关键需要之一。它包括两方面内容,其一,希望有所归属,成为某一集体中的一分子,在集体中能够与他人互相关怀和帮助,和谐地相处,排解孤独和寂寞,能够感受到集体一分子的巨大荣耀和幸福感,即归属的需求;其二,希望和同事保持友谊与忠诚的伙伴关系,希望得到诸如兄弟之情、朋友之爱、融洽的同事关系、浪漫的爱情等友爱的需要。社交需要比生理和安全需要更为细致、难以捉摸,它与个人的生理特性、经历、教育、宗教信仰都有关系。工作是一项最能体现人的社会性的实践活动,通过工作,成人有一种强烈的归属感,能更好地完善相互之间的社会联系,能让自己在良好的社会环境中生活,并通过因工作建立的人际关系所产生的社会力量来帮助发挥自己的潜力,为自己、社会创造更大的价值。

工作还能满足成人的尊重需求。具体表现为:工作能赋予成人一定的自尊,即对自己充满信心,能够很好地胜任工作。工作能为成人提供社会认可的机会,通过自己的工作上取得的成绩赢得社会的认可、他人的赞扬,在社会上有自己的地位,在下属之间有威信,得到上司的认可等。

（三）工作给企业员工自我实现的机会

自我实现需求是马斯洛需求理论中最高层次的需求,它能够使个人的能力发挥到极限,完成与自己能力相匹配的所有事情,从而实现自己的理想和抱负的需求。职业生涯是持续一生的工作模式,因此,工作是成人生命中的一个重要组成部分,其最终意义在于激发人的才能,使人得到一种成就感,满足个人需要和社会需要,最终达到自我实现的目的。

自我实现是个人在自由、自主的创造性活动中,通过充分发挥自我潜能,通过全面发展自我,通过无限地逼近理想自我,而最终得以实现的。自我实现是自我成长的终极目标,也是衡量个人成功的一项基本标准。成功的人生,必定也是一个自我实现的人生;个人追求成功人生的过程,必定也是一个追求自我实现的过程。①。无论职业尊卑,无论职位高低,无论他的人生状况如何,只要全身心地投入工作,在工作中尽情施展自己的才能,总会在发展自我中不断地实现自我,并最终超越自我。这也正是工作的魅力所在,即在某种意义上实现我们的人生价值。

（四）工作能完善企业员工的内心

工作能够强大一个人的内心,帮助克服人生的种种磨难,让命运获得转机。人生是由种种苦难构成的。虽然苦难既不是我们希望的,也不由我们控制。但意想不到的苦难却常常不期而至。然而一种巨大的能量却在"工作"中潜伏着,它可以帮助我们战胜人生中的种种磨难,给处于危机的人生带来美好的憧憬和希望。因此,将自己的工作当作信仰,把劳动看得高贵神圣,是值得推崇的。

工作是快乐之源。每一份工作都蕴含着其独特的美感,如简约之美,和谐之美,速度之美等。有很多心灵手巧的工匠,他们潜心提高技能,打造出令人愉悦的产品,他们的内心就会感到有一种说不出的喜悦和成就感。人的心灵就像一块土地,当一个人全身心投入当下的工作就是在耕耘心灵的土地,深沉厚重的人格将成为最宝贵的收获②。

因此,对于企业员工来说,工作是他们作为成人的一种非常值得推崇的行为,它能够铸造企业员工的人格、磨砺他们的心志,是企业员工生活中最尊贵、最重要、最有价值的活动。

四、企业员工的特点分析

企业员工属于成年人,但是年龄跨度比较大,囊括了青年晚期和中年期,他们在身体和智力上的发育均已成熟。同时,成人的生活阅历、工作经验比较丰富,对社会的认识也较深刻,他们对生活、工作、社会的认识与观点与在校学生有着根本的区别。

（一）企业员工的心理发展特点分析

从心理发展的角度来看,企业员工是参加工作实践的成人,其生理、心

---

① 李晓明. 个人成功论[M].北京:中国财富出版社,2013:219.
② 德群.稻盛和夫给年轻人的忠告[M].北京:中国华侨出版社,2012:199-205.

理和社会方面均发生相应的变化。一方面,他们结束校园生活,开始工作并且在经济上独立,离家独立生活,结婚,为人父母等等,这一切标志着个体开始成为一个承担所有社会责任、真正意义上的社会人。另一方面,心智比较成熟,学习、表达等能力达到人生顶峰阶段,能独立、主动、积极地参与学习和活动过程,是职场学习的最佳时机。

1. 企业员工的智力发展特点

智力是在人的先天素质的基础上,通过社会教育和个人努力,在知识的学习和实践活动中发展起来的。智力结构一般分为观察力、记忆力、思维力、想象力和操作能力五大要素。它包括了感知、记忆、思维、想象和能力等各种心理因素。伴随着成人社会角色的变化,知识的增长,经验的丰富,其智力发展日趋成熟,一般在 25 岁左右达到高原期,可持续到 50 岁左右。但是,根据有关研究,随着年龄的增加,人的感觉器官会逐渐退(老)化,其功能也逐渐弱化衰退,这种功能退化表现在成人对外界刺激反应速度下降[①],对于企业员工的职场学习动机会产生一定程度的影响。与之相对应的是,记忆能力也会随着年龄的增加呈逐渐下降的趋势,并倾向于选择性记忆。但再认能力保持稳定。因此,企业员工在职场学习中需要充分发挥自己的优势,如理解能力强等。

同感知、记忆这类心理现象比较起来,人的思维活动是更高级、更复杂的心理过程。思维能力对于人的工作、学习和生活极端重要。与青少年相比,成人的比较能力、抽象概括能力、判断推理能力、分析和综合能力等方面都要强。他们倾向于辩证思维,即由形式化的逻辑思维朝向具体的辩证思维转变。尽管成人之间的思维有水平和形式上的差异,但是一般认为,独立性和变通性是成人思维的特点。特别是青年思维的批判性、独立性、广阔性和深刻性,更有了明显的增强(比青少年时期)[②]。研究表明,成人的思维能力与其接受过的教育水平、职业特点有关,一般来讲,受教育程度越高,越倾向于脑力劳动的人,其思维能力就较强。同时,基于具有丰富的社会生产和生活的实践经验,与在校学生相比,企业员工的想象力更具有科学性,实践

---

① 叶忠海. 现代成人教育学研究[M].上海:同济大学出版社,2011:79.

② 中央教育科学研究所成人教育研究室编. 成人教育讲座[M].北京:教育科学出版社,1988:123.

能力呈现先强后弱的发展趋势。

2. 企业员工非智力发展的特点

职场中,成人的学习动机不同于学校学生的学习动机,它比学生学习动机更容易受具体的工作和生活实际影响。其外在学习动机是为了提高工作生产的质量,为了学历、文凭、调级提资,使生活更美好而学习。内在动机则是为了自我认识、自我提高和自我实现。目前,80、90后作为职场中的主力军,将是未来最有创造力、最有生产力的人才。在中国社会发生急剧变化的转型期,作为新时代背景下的企业员工,他们对工作的诉求和向往也发生了重大变化。目前,人们的基本生活需求已得到满足,无论是职场男性还是女性,对精神方面的需求更高。他们更注重工作中的自由和权力,强调活得有尊严,需要被平等地对待,需要被关怀,需要有发言的机会。他们更倾向于能够交流和提供决策理由说明的民主管理模式,反对父辈的那种居高临下的军事化管理模式,更乐于接受知识权威的领导,而不是职务权威。因此,新生代企业员工往往不会因为职务的高低而尊重领导,很多时候甚至会藐视权威,坚持自己的独到见解,更希望通过民主和协商的方式进行有效沟通。

首先,对于兴趣与爱好,与在校学生相比,作为成人的企业员工的兴趣指向更为明确,如何胜任本职工作、如何进行知识更新、如何实现晋升转岗、如何履行公民职责、如何当好家长等等。总之,兴趣取决于他承担社会职责和完成角色任务的需要。其次,成人对学习内容所表现出来的兴趣,具有很强的实用性。成人学习者所注重的,不仅仅是知识积累,为以后的社会生活、社会实践做准备,更主要的是及时地把所学到的知识,掌握的技能和能力,应用于现实的社会生活和社会实践。最后,成人学习兴趣具有一定的持久性,他们对所需要学习的东西总能够表现出一种持久而稳定的兴趣①。

(二)企业员工的学习特点分析

1. 学习主动性强,具有清楚的自我概念

从儿童到成人,人的成长和发展一般经历由依赖、他律阶段逐渐向独立、自律阶段的发展过程。儿童的学习是被动的,依赖于教师的教学活动和

① 高志敏等著.成人教育心理学[M].上海:上海科技教育出版社,1997:92.

教学计划,而成人学习的自主性和独立性在很大程度上取代了对教师的依赖性。成人学习者和在校学生在学习的主动性上存在着非常显著的差别,成人学习者有了自己的认知需求,基本具备自己选择学习内容的能力。他们学习的目的不是为了系统接受教师的讲授,而是有目的地接受知识。

自我概念是一个人对自身存在的体验,它包括一个人通过经验、反省和他人的反馈,逐步加深对自身的了解。成年后,社会一般都会赋予成人一定的社会角色,要求其独立承担责任,并形成相对稳定的价值观、人生观和生活观等。在个体主导的心理需要下,成人学习者能够由各种态度、信念、价值观、体验以及评价成分和情感成分等,来确定自己的身份和地位,逐步具有独立自主的自我概念,整体一致的自我认同感及自我控制调节能力①。他们大多认为自己有足够的能力进行自我指导,对自己的行为负责。因此,成人总是希望作为一个具有独立人格的人参与一切活动,希望别人把他当成人看待,尊重他的独立地位和活动能力,把他视为有自我导向能力的人。但反过来看,由于成人都希望在学习中别人能看重自己,再加上工作和生活的压力,他们又有一种害怕学习失败,害怕考试的心态,内心常常流露出一种焦虑感。

2. 学习动机社会化,多样化,职业化

由于成人在社会上已经具备相对丰富的社会生活经验,并具有独立思考与解决问题的能力,能使得自己的思想行为规范与社会保持一致,将自己内心的实质动机转化为社会所理解、所容纳的社会化动机。与在校学生的学习动机相比,更为实际、更为明确,都与他们工作的进步、学习的提高、生活的改善、自身的完善以及服务社会、服务他人能力的提高等联系在一起,充分体现了实用性,社会化的特点。正因如此,其学习动机更为复杂、多样化,既涉及了求知兴趣、职业进展,又涉及了社会服务、社区服务,既起因于社交兴趣,又起因于外界期望,甚至为了逃避困境或寻求刺激而参加学习活动。

随着时代的发展,社会竞争日益激烈,职场中人们肩负着多重身份和多重责任。在单位是一名员工,在家里是丈夫或妻子,在社会上又是社会活动的指导者或参与者,这种身份的多重性,决定了他们在学习中会产生各种困

---

① 陈国海编著.员工培训与开发[M].北京:清华大学出版社,2012:142.

难和问题,如角色变换产生的心理不适;因负担过重而对理解与尊重的强烈渴望;因家庭生活和实际需要如赡养老人、子女上学、购房等产生的对社会的迫切要求等①,这些都使得职场中成人学习动机的职业性特点又显得尤为突出,尤为强烈。

3. 学习经验和工作经验具有丰富的差异性

由于职场中的成人大多已建立家庭、从事相关职业工作以及各种社会活动,他们承担了多种的社会家庭角色和社会职责,这使得他们积累了一定的生活经验、社会阅历和专业知识技能。同时,由于成人的个性差异,受社会因素影响程度的不同等原因,成人的经验又表现出个性化、多样化的特点。一般来讲,这些已有的知识和经验是成人继续学习的基础和依托,是区别于普通学习者的重要特征,直接影响着成人学习活动的有效开展。成人在生活过程中积累的丰富的直接经验是他们学习过程中一项宝贵的资源。成人的学习需求、学习兴趣、学习动机的形成及学习内容的选择在很大程度上都是以自己的经验为依据和前提,迅速对新的知识进行选择并重新组合。成人的丰富经验不仅有助于成人调动过去的经验积累,以激发联想、比较、思考等心理过程来接受和理解现在的新知识和技能,提高学习效果和效率,同时还可供员工群体之间相互利用,以取长补短,共同探索。但是,当新知识和技能与其已有的知识技能和经验偏差较大时,在一定程度上会阻碍成人有效地接受这些新知识、新技能,降低学习效果和学习效率②。已有经验是新知识同化、改组的基础,是成人学习者的重要资源。

4. 学习目的性强,以解决问题为核心

由于成人在生活中担当了多种社会角色,承担了一定的社会职责和义务,为了适应社会和生活变化,成人参与学习一般都会优先考虑学习活动对他们自身的职业发展、生活质量、自身完善等带来多大的收益,表现出极强的目的性和功利性。这一特征得到了统计数据的支持。一项在中国在职人员中的调查表明,有80%以上的员工出于职业发展这类动机而参加学习活动。他们希望自己所学的知识很快就能转化为能力,尤其是职业能力,并在

① 徐邦学主编.成人教育办学模式与管理体制及其规章制度实用手册(中卷)[M].银川:宁夏大地音像出版社,2003:886-888.
② 蒋祖华,薛伟主编.工作分析与测定[M].北京:机械工业出版社,2012:195.

现实的生活中发挥作用,达到改变现状、提高能力、增加收入、提高地位和实现自我满足的目的。成人明确的学习目的使得成人在学习中表现出以解决当前面临的问题或完成当前的任务为核心,追求学习结果的直接有用性和实效性①。从知识的无限性,个人精力、时间和能力的有限性来看,成人学习的这种针对工作、生活、兴趣需要,进行有选择性的学习是很有意义的,因为人不可能、也没必要掌握世界上所有的知识。为了适应职业和工作的需要,必然会把学习与其工作和生活紧密联系在一起,把所学到的新知识自觉地运用到实际中去,进行创造性的劳动,并且在实际中检验所学知识和理论的正确性与可行性。他们深知自己的生活目标以及自己所要去解决的问题或任务,了解通过终身学习掌握知识和技能与这些目标的相关性。

5. 学习自我评价的成熟化

自我评价是指人们对本身的行为、思想的一种估价。学习的自我评价,也就是对学习的动机、品格、态度和效果的估价。少年时期的自我评价,还带有很大的片面性、主观性和被动性。青年期的自我评价开始成熟。到了成人期,学习的自我评价向成熟化方向发展。其一,学习自我评价更加准确。成人学习的自我评价,不仅建立在过去所经历的各种学习和实践的成功经验的基础上,也是建立在过去丰富的社会生产和生活的实践经验的基础上,而且还接受当今亲身社会实践的检验,因而,他们的学习自我评价,较青少年儿童来得客观准确。其二,学习自我评价的内在化。由于成人已形成了世界观,道德意识有了进一步发展,自制力较强,因而他们对学习的评价,不仅停留在外表现象的估价上,而且注重内在的学习目标、心理品格、智能要素的分析鉴定,并在此基础上,进行学习目标调节、智能调节、意志情绪调节,以及技能方法调节。其三,学习自我评价去表面化。成人在判断自我学习活动的道德意义时,不单纯是个人名义,而是代表他所属的主观上把自己包括在内的那个社会(阶级、集体)。换句话说,成人学习自我评价的标准,不是主要以个人得失为标准,而是主要以社会效果为标准。实践证明,成人的学习很注意考虑社会影响,妥善处理个人与集体、个人与群众之间的关系②。

---

① 王缇萦编著.商务旅游策划与管理[M].上海:上海人民出版社,2007:456.
② 叶忠海.现代成人教育学研究[M].上海:同济大学出版社,2011:79.

6. 成人学习具有延续性和终身性

当今时代,社会变迁速度加快,竞争日益加剧,科技、经济迅猛发展,即使是接受过高等教育的人,离开了学校,也并不意味着学习的结束,而是其学习生涯新的开始,生命不息,学习不止。因此,家庭教育和学校教育使少年儿童得到全面发展,培养未来成人。成人学习则是学校教育的延伸和补充,是在已有知识、经验基础上的再学习、再教育。工作到老,学习到老,而且重点是学习。无论人们是自觉还是不自觉,他们总是终生不断地学习和训练自己,通过周围环境的影响和自己的生活经验,以改变自己的行为、知识和人生观。人生的全部知识,主要不是来自学校教育,而是来自进入社会以后的自我学习。成人的生活过程就是学习、工作,再学习、再工作的不断交替和循环的过程。因此,成人学习的实质就是终身学习①。

成人学习者在生活中同时扮演学生、丈夫(妻子)、父母、子女、员工等不同的社会角色,角色的转换、沉重的负担、对理解和尊重的渴望,或者对物质实惠的强烈追求,使得成人学习者在学习的过程中困难重重。与青少年相比,也存在着一些劣势,如学习的功利性太强,学习时间太过紧迫,没有规律,外界压力大,学习自信心不足等等。职场学习中,成人学习者应扬长避短。

---

① 朱小蔓主编.教育研究者的足迹:中央教育科学研究所研究论文集萃(一)[M].北京:教育科学出版社,2003:213.

第五章

企业员工日常工作中的职场学习动机叙事

　　本章选取了 GHDL 光缆有限公司的四位企业员工,对他们的职场学习动机进行了日常叙事,并从理论角度对企业员工个体职场学习动机的影响因素进行了分析与总结,展示笔者在本叙事研究中的观察和思考。

　　　　"叙事不仅可以克服后启蒙时代社会科学的局限,而且能够用来理解内在的主观世界。①"

　　　　　　　　　　　　　　　　　　　　——麦金泰尔

　　工作叙事不单是日常个体的事情,也应该是关于现如今日常生活的全部叙事②。东欧新马克思主义的重要代表人物阿格妮丝·赫勒(Agnes Heller)认为,工作既是成人日常生活的有机组成部分,又是超越日常的直接类本质活动。与其他的日常实践活动不同,工作与它的异化并没有任何必然的关联,职场既是成人不可或缺的维持生存的场,又是日常人不得不存身其中的"家园"③。本章以苏南地区 GHDL 光缆有限公司为研究田野考察地点,深度描述四位企业员工与职场学习动机有关的职场生活故事,以文学叙事的形式进行讲述,系列故事以人物为中心命名,为保证叙事的相对完整性,中间以小节划分,主题相对集中。叙事的资料来源比较丰富,主要集

---

　　① 转引自[加]许美德著,周勇等译.思想肖像:中国知名教育家的故事[M].北京:教育科学出版社,2008:6.

　　② 牛学智.当代批评的本土话语审视[M].太原:北岳文艺出版社,2014:207-208.

　　③ [匈]阿格妮丝·赫勒著,衣俊卿译.日常生活[M].重庆:重庆出版社,2010:63-74.

中于笔者的田野观察、访谈、日志网络资料等,并以叙事为根基诠释与理解企业员工职场学习动机的丰富内涵。

GHDL 光缆有限公司素描:GHDL 光缆有限公司于 2002 年 8 月正式建成投产,是一家中日合资企业,世界五百强之一。公司专门从事光纤复合架空地线(OPGW)的制造、销售、配套附件、技术支持、安装培训并且提供完善的售后服务。公司拥有先进的无缝气密不锈钢管光纤单元生产线,主要的生产设备和检测仪器分别从日本、加拿大、芬兰、美国等国引进。

公司位于苏南一经济较发达地区,坐落于国道旁,周边公司林立,交通尤为便利。站在公司门口,众多的绿植簇拥着并不是十分显眼的公司牌名,围墙之内的中日国旗在寒风中摇曳着,似乎在书写着中日友谊的长卷,国道上的过往车辆呼啸而过,留下的只有汽车尾气。除了上下班时段能看见三五成群的员工开着汽车、骑着电动车出入公司,其他时间略显荒凉、冷清、单调。目光所及范围并没有什么比较高大的建筑物,一进公司,首先映入眼帘的就是三层办公楼,一楼的自动感应门积极地为每一位光临公司的员工、客户表达着公司的热情。一楼大厅两侧的图片文字以中、日、英三种语言介绍公司的产品、服务、特点与优势等情况,其他则为各个部门的办公室。穿过一楼大厅径直往前走,就是生产车间,入口处的架子上摆放着一排排红色安全帽,并有相应的姓名指示,最下面一排挂着几顶蓝色安全帽,这是专门为进车间参观了解生产情况的客户专门准备的。

公司严格按照 ISO 9001—2000 国际质量体系进行质量管理。公司规定,所有员工必须统一着装,由于公司以生产光纤电缆为主,为了安全起见,进入生产车间必须戴好安全帽,穿好铁皮特制鞋。办公室人员实行双休制,车间人员则以三班八小时工作制为主,"停人不停机",与一些采取 12 小时工作制的公司相比,更受当地人的喜爱,更重要的是公司业务较好,薪酬待遇不错。因此,车间人员以当地人或已定居当地的为主,基本全年无休,有时甚至要加班。

作者的角色定位:在质性研究中,主体和客体、主观和客观、事实和价值之间是不能绝对分离的,笔者的定位是多元的、动态的。观察初期,作者以一个课题调研者的身份("局外人")进入现场,与被研究者保持着一定的距离,全面了解他们的工作、学习状况,了解他们的职场故事,倾听他们的内心独白。随着调查的深入,研究对象的确定,尝试着走入被研究者的内心,逐渐与被研究者的"视域"相融合,彼此之间理解、信任、分享、共情。这是一个艰难的过程,尽管调研结束,作者依然与部分企业员工保持着微信、QQ 等联系,不定期地了解他们的情况,以便更全面、更深入地了解他们背后的故事。

叙事研究结果的呈现:研究中所呈现的故事是依据企业员工个体的叙述,结合笔者的所见、所闻,以文学故事的形式呈现的,由于故事的陈述主体语言表达能力参差不齐,笔者加以一定的文学构架,力求让故事以它原有的面目完整地呈现在读者面前。这是企业员工关于职场学习动机的故事展示,是一种真正的触及企业员工内心的真情告白,期望能够引发读者内心的一丝丝感动。

最后的叙事分析,尝试着从理论角度对企业员工个体的职场学习动机的影响因素进行分析与总结,展示笔者在本叙事研究中的观察和思考。

研究伦理:本研究在展开质性研究的过程中严格遵守研究伦理。首先,在研究中遵守自愿和不隐蔽原则,所有的合作企业员工都是在自愿、不影响其工作的原则下参与合作的。其次,在研究过程中,尊重企业员工的个人隐私,遵守公司保密原则。叙事故事中的人名、公司名全部做了改动,如有雷同,纯属巧合。再次,研究遵循公正合理原则。公正地对待合作员工以及收集到的资料,在研究现场尽可能地悬置笔者的自我观点,尊重合作者的述说和感受。对收集的资料进行整理后,征求参与的员工意见,真实展现其职场学习历程中的经历和所思所想。最后,作为博士论文的研究,本研究并没有能力给予合作员工更多物质上的回报,唯一能做的就是关注与倾听,尊重与理解,以伙伴的身份与合作企业员工真诚地交流与分享。在研究过程中,由于对职场学习的关注,也引发了合作企业员工的反思,我想,这也是他们的收获吧。

一、机械维修工 A 先生的叙事

(一)机械维修工 A 先生——"我就是喜欢!"

A 先生个人肖像:A 先生,男,1963 年生,本地人,不胖不瘦,中等身材,属于典型的公司蓝领,现为 GHDL 光缆有限公司设备维修部的一名机修工。其学历背景是高中学历,在家务农几年后开始系统学习半导体,后进公

司工作,成为一名机电维修工,虽然换过多家公司,但工作内容都是机械
维修。

初 识

2016年1月12日上午,与A先生的初识是在他的办公室,说
白了,也就是机修工人们临时休息的地方。公司一楼有两间简易
的厂房,里间的柜子上摆满了各种各样的维修零件,虽多却有条
理。外间只有两张办公桌,后面贴墙有一排落地柜,里面放着师傅
们的衣物等个人物品。白班有7个工人上班,两张办公桌对面拼
在一起,桌面上各放着一块黑色的垫板,兴许对于机器维修工人来
说是最适合不过了,黑色可以使随处可见的维修机油不那么刺眼,
耐脏一些。门口边一个柜子里摆着许多水杯,那是工人休息喝茶
的用具。公司的5S规定专物专放,必需品依规定定位、定方法摆
放整齐有序,明确标示①。没有规矩,不成方圆。乍看上去,师傅
们的生活必需用品——水杯的确摆放得挺整齐,拿着喝茶倒也习
惯了,喝完顺手也就放回了原处。虽是机器维修的办公室,但依然
干净整洁,这不得不归功于公司5S的有序管理。这是我刚来公司
的第二天,因为突如其来的陌生感,我一进来,一番客套之后,其他
的师傅纷纷巧妙地选择了逃避,喝茶的,上洗手间的,擦拭机器零
件的,一番忙碌的景象。不过总有种作秀的感觉,怪怪的,但是我
的心里很清楚,这是人之常情,换作我兴许也会这么做的,人总归
是要有自我保护意识的。

最后,办公室里除了我,只剩下办公桌旁边的A先生了。他,
一身沾满油污的工作服,头上那略带自来卷的发丝间有点点的铝
灰点缀其中,似乎还透着一丝淡淡的机油味。这就是一个机修工
人应有的装束。他的鼻梁上还架着一副镶金边的近视眼镜,那股

---

① 5S是日韩企业盛行的生产企业现场管理要领,即整理(SDIRI)、整顿
(SDITON)、清扫(SDISO)、清洁(SDIKDTSU)、素养(SHITSUKD)五个项目,因日语拼
音均以"S"开头,简称5S。其意义在于努力提高员工的自身修养,使员工养成良好的工
作、生活习惯和作风,让员工能通过实践5S获得人身境界的提升,与企业共同进步。

书生气扑面而来,下意识地引起了我的注意。只见他正低着头,手里拿着测电笔专注地测试着机械原件。周围同事们的忙碌与逃避似乎与他无关,他只沉浸于自己手中的那个由无数个电子元件组成的小小数控板上。由于手里正忙着活,他看也没看我一眼,但依然能感觉到他的那份友善。

"师傅,你好!"我率先打破了沉默。

"你好!"回答得倒也干脆,A 先生抬起头看了我一眼,给了我一个灿烂的微笑。说完他又继续低头开始捣饬他手里的零件了,那份兴致丝毫不受周围环境的影响。

"师傅,怎么就你一个人在修这个啊?我看你抽屉里还有好多呢!"

"他们都不会,只有我会,所以就我修啦!"A 先生话不多,但总是那么干净利落,容不得多余的赘述。言语之间,那份自信与骄傲早已爬满整个脸庞。的确,他的电工维修技术非一般了得。

"师傅,你真厉害!"A 先生笑了笑,没有作答,只是那笑容更加地灿烂,算是默认吧。

生活与工作

A 先生的家庭生活还算完美,育有一子一女,女儿已经成家,儿子 22 岁,目前读大专,会计专业。前年应征入伍,远去西藏。虽然西藏当兵两年,村里补助 40 万,但是对于房价高涨的苏城来说简直是杯水车薪。因此,尚未成家的儿子是 A 先生一家最大的经济压力,美言之,甜蜜的负担。作为家中唯一经济来源的 A 先生一边上班,一边在外面兼职打零工,乐此不疲。一谈起儿子,自豪之余总能感受到他心头的那一份重压,笑容之后似乎总隐藏着一丝忧患。生儿育女,不只是抚养其长大成年,尤其是儿子,还要为其置办新房,买车,娶妻生子……这也许就是中国家长特有的使命吧。

说起他与电工维修的渊源,A 先生意味深长地告诉我,他和电工已经打了半辈子的交道了。小时候,就对半导体充满好奇,当时家里有一台收音机,有机会总喜欢去搞搞破坏,虽然会被家长批评,但觉得这个过程还是很奇妙,好玩。与电工维修真正结缘也是从半导体维修开始,一步步丰富自己的电工学习内容,直到今天。他的工作经历,也甚是丰富。1990年进当地最大的一个通信有限公司,1995年被公司派出去其合资的一个发电厂,2000年公司倒闭,继续回原公司,后来嫌公司工资低毅然辞职,2007年去一彩色金属板有限公司干了三个月,觉得不合适决定离开,到一油品科技有限公司,一年合同期到辞职,2008年到一食品公司,可是公司离家太远,工资又低,一年合同期到又毅然辞职,2009年进一包装有限公司,2012年1月16日进GHDL公司,工作至今。

总的来说,对于A先生来说,工作单位不断更换的原因很多,一方面工作的付出与回报无法达到他所满意的目标,通俗点就是工资待遇不满意;另一方面,需要平衡工作与学习的关系,因为有些公司离家太远,工作时间太长,甚至周末还要上班,这就影响了他周末培训班的学习。此外,他还凭着自己的专业知识在工作之余干兼职——水电维修和装修,以此贴补家用,为尚未成家的儿子积累财富。基于如此多的考虑,A先生不断地尝试,寻找适合自己的工作岗位,直至GHDL公司,A先生前前后后一共换了七次工作,但在每一个公司里做的都是同样的工作——机器维修,以电工为主。足见他对这份工作的执着与偏爱。就像他说的那样:"我就是喜欢啊,别的我不愿意干。"这应该算是他的职业信仰吧,着实让人敬佩!

GHDL公司是很久以前他的朋友就推荐的,12年进来之后,薪酬方面、工作时间(三班制)、离家距离近都是他满意的。听其他同事讲,因为他工作很出色,公司领导想让他上长白班(中班和夜班只有两人值班,基本大的维修都是放到白天上班人多的时候处理),可是他拒绝了,因为只有三班制时间模式才能给他更多机会出去兼职。尽管三班制很辛苦,但是兼职还可以挣钱,对此他更乐意。跟他谈及兼职,他也毫不避讳,甚至跟我炫耀:"去年一年我赚了一万七的外快呢!"在生活面前,A先生的这种积极、豁达的心态和他那勇于承担家庭责任、奋力拼搏的精神无时无刻不激励着我,也许,在他看来,这没什么,不是挺好的嘛!

"高工"之旅仍在继续……

在后来的接触中,我总是听其他的师傅都边开玩笑边叫他"高工"(高级工程师的简称),细问才知道,原来A先生工作之余还自己出去培训学习,参加电工考证,只是高级技师证一直没能拿到,为此也一直成为他办公室同事们茶余饭后的谈笑内容之一。

带着一份好奇亲自咨询了A先生,谈到他的专业,A先生变得更加健谈些。A先生告诉我,维修电工资格证是劳动部门发的上岗资格证,分五级:初级、中级、高级、技师、高级技师。A先生于1992年考了中级电工,2008年拿到高级电工证,2010年获得技师资格证,之前的考证都是一次通过,非常顺利。2013年开始考高级技师,分理论和实际操作两部分考试内容,理论部分分机考和专业论文,这是电工中最高级别的证书了。尽管A先生积极参加培训,遗憾的是,至今仍未拿到高级技师证。但是A先生特地给我解释,高级技师实际操作,他第一次考试就通过了,就是理论和论文还没通过。从另一个侧面,他其实是想告诉我,实际操作方面他早已达到了高级技师的标准了。在自己的专业水准方面,或许他是不容许别人对自己有丝毫的误解和轻视。说到我可以帮他下载电工方面的论文,他甚是严谨:"那边查得很严格,不可以抄的,上次有一个人抄了就没通过,网上他们都能查到的。"他在表达着他对学习的态度,不由地让人心生敬佩!当我解释论文写作技巧之后,他顿时眉开眼笑,"好啊!好啊!"都五十多岁的人了还如此腼腆,兴许他只沉醉于自己的电工维修的钻研中,其他外界的一切似乎都与他无关,除了挣的工资的多少,这是生活之本,必须关注。更何况,他家中还有一个尚未成家的儿子,而他又是家里的唯一经济来源。

特别难能可贵的是,尽管年过五十,A先生依然坚持着专业学习,自己报名参加培训,参加电工考证,每个周末还要跑到区里参加电工培训,到了高级技师考证,区里不设培训点,他只能趁着周末休息时间到市里的培训学校上课。他觉得工作之余还能参加学习是一件无比光荣的事情,所以谈到他的培训学习历程,显得更为健谈。虽然公司里没有人和他一起参加培训过,但是在培训班里还是结识了好几个志同道合的朋友,他们从初级电工培训开始到高级技师,一直都是一起参加学习培训。为此,他们还经常聚会,一起交流学习、工作心得,听他的描述可以感受到,这是 A 先生最为兴奋的时刻,他喜欢这样的小团体,应该也算是学习共同体了吧,因为他们对电工维修有着共同的兴趣,因为参加培训聚到了一起,有着共同话题,一起讨论,一起进步,一起提升。在这样充满正能量的学习共同体中,A 先生从中得到了更多的满足感。我想如果公司能创设多一些这样有效的学习共同体,员工们的职场学习动机怎么会不强! 公司的绩效怎么可能得不到提升! 可现实是 A 先生关于职场学习的幸福体验却是来自公司之外。如果公司内就存有这样的学习共同体该有多好!

第二天再见到 A 先生时,他刚刚忙完一个维修任务,回到办公室,茶还没来得及喝一口,看到我来了,就连忙拿出早已准备好的 IPAD(这是他花了 1 000 元买的二手货),笑眯眯地征求我的意见:"我这还有我们培训班的老师和学员的合影呢,给你看看啊?"我很是惊讶,他仍然记着我们昨天的聊天,也许在他的潜意识中认为,我应该会对此很感兴趣,而这也正是他津津乐道的,所以他很乐意与我分享。顿时,心中涌起莫名的感动与无比的荣幸,我欣然答应,同时表现出极为浓厚的兴趣。他向我仔细介绍他所在的培训班学员和老师们的情况,学员的学习与工作,老师的授课质量及授课特点等等,介绍得尤为仔细,生怕遗漏某一个细节。在 A 先生的介绍过程中,我很少言语,看他那迷离的神态,似乎已经回到了在培训班学习的那个美好的场景中,始终笑容满面,始终激情飞扬,也许这就是职场学习给他带来的神奇魔力吧……

团队合作喜忧参半

平时看到的 A 先生,话并不是很多,标志性的便是挂在他脸上的那灿烂的笑容,还有那一直忙碌的身影,那沾满油污的工作服,那一副近视眼镜。一天九点准时进车间,碰巧遇到他有维修任务,前一天坏掉的华新(三)号成缆机又坏了,这台机器是整个老车间里运作速度最快的一台,所以磨损率很高。滚轮需要换新,机长师傅忙着为 A 先生做好配合工作,根本来不及理睬我,那种专注的工作状态令人心生敬意,我站在一边看着他们忙碌着,不忍心打扰。这已经不是我第一次跟着他一起前往维修现场,简单的问题,一般他一个人负责解决即可。如果遇到的是一些大的、复杂的机械问题,部门经理、值班长都会在第一时间赶到现场,参与讨论,寻找解决的方案。这与学校的学习截然不同,学习的内容并不系统,在维修操作中,以已有的维修经验为基础,以解决工作中的实际问题为主,不断尝试,必要的时候还得团队合作。

一次的闲聊中,我尝试了解 A 先生与同事的合作维修经历。他坦言,部门负责人蒋工维修技术很厉害,遇到疑难维修问题也会和他一起分析,告诉他如何解决。还有一个让他啧啧称赞的陆师傅,"他维修技术真的挺高的!一般人难以解决的机械问题他都能轻松解决。有时候连蒋工解决不了的问题他都能搞定!所以只要公司里有什么难修的机器基本都找他!"A 先生乐呵呵地讲述着陆师傅的各种神奇往事,眼神中满是羡慕,却无一丝的嫉妒。"但是,每次想细问他具体的维修方法,他一句话也不肯告诉我。"对此,A 先生微笑着表示不满,难为情地低下了头,"不知道为什么,他就是不告诉我呀",一脸的无奈,但这一切丝毫不影响他对拥有一流维修技术的陆师傅的崇拜之情。其实,在工作实践中,还有很多像陆师傅这样的企业员工,他们将自己拥有的技术视为在公司生存的资本,像专利一样不可外泄,否则会给自己带来威胁。不可否认的是,他们在知识摸索的过程中肯定付出过很多的心血与汗水。但是,信息时代的今天,知识共享是一个必然的趋势。当然,企业员工知识观念的更新,知识的共享程度更要依托企业管理层面出台相应的措施,加以推进。而对于 A 先生,并没有权力也没有办法让陆师傅对他和盘托出,能做的只能是给予自己心灵的宽慰,盛赞自己很幸运遇到了像蒋工这样的好领导罢了。

随着与 A 先生交流次数的增多,他已经不再像以前那样拘谨,在维修现场,他更像一位老师向我详细讲解机械的故障原因及维修方法,一丝不苟。我能做的只是在昏暗的机械内部帮他拿着手电照明,一场维修下来,身上的油污又多了些许,但这丝毫不影响他那标志性笑容的灿烂,他对电工维修的执着追求与钻研。可以想象他每拿到一个专业证书时的欣喜,工作中每解决一个疑难维修问题时的兴奋,与志同道合者交流学习心得时的畅快……这些都是他进行职场学习的根本动力之源。对于一个身处职场的成人来说,无论其学历起点是怎样的,只要他对自己的工作有着浓浓的兴趣,乐在其中,职场学习就会发生,学习动力就足够强劲。①

(二)机械维修工 A 先生的职场学习动机分析

从上面的叙事可以看出,A 先生的职场学习动机与其日常生活紧密相连,机械维修已经成为他生活中不可或缺的一部分,几十年如一日。在工作中,A 先生表现出了强烈的职场学习动机,面对复杂的机电维修任务时,从容淡定。出于对这份工作的坚持与热爱,A 先生选择了周末自费参与学习培训,在培训中促进了他对于这份工作的进一步认同。影响 A 先生的职场学习动机的因素是复杂而多元的,具体主要表现为以下几个方面:

1. 对机电维修工作的高度认同引发其强烈的学习兴趣

与学校学习不同的是,职场学习往往没有固定的时间,没有固定的地点,没有固定的学习内容,也没有固定的专人指导与督促,很大程度上是员工个体自主的学习行为。因此,A 先生的职场学习动机与其个人的工作价值观、学习倾向性、学习自我效能感等因素有着密切的关系,受其影响甚大。在调查中发现,和 A 先生一起工作的机修工有 10 人左右,并不是每一个人都对自己的工作表现出极浓的兴趣,对于 A 先生来说,电工维修就是他一生的事业。"小时候,就对半导体充满好奇,当时家里有一台收音机,有机会总喜欢去搞搞破坏,虽然会被家长批评,但觉得这个过程还是很奇妙,好玩。"A 先生从小就对无线电半导体产生浓厚的兴趣,兴趣是最好的老师,尽管换了七次工作,工作地点不同,工作内容仍然大同小异。也正是出于对机电维修这份工作的浓厚兴趣,才使得 A 先生工作之余仍愿意自费参加专业学习培训考证,"以此弥补自身系统知识的匮乏,并沉浸其中,乐在其中。即使考证失败,A 先生的职场学习动机依然不减。"就这样,在自己感兴趣

---

① 朱苏,赵蒙成.企业员工职场学习动机的叙事分析[J].职教通讯,2016(31):41-45.

的工作中一直坚持几十年,体现了 A 先生作为一个成人学习者学习兴趣的稳定性与持久性。"他们都不会,只有我会,所以就我修啦!"如此高的自我效能感使得 A 先生充满工作热情与工作自信,并维系着其强烈的职场学习动机。

2. 机电维修工作任务本身的价值性

企业员工的职场学习是指向其工作实践,以工作目标为导向的情境性活动,工作本身的性质会影响到企业员工的职场学习动机。A 先生从事的是设备维修与保养的工作,相对来讲,是一份更为复杂、更具挑战性的工作,他们面对的是成缆、造管、铝管造管、着色、绕包、包覆、复绕各种类型的机器,尽管机器生产厂家有技术顾问,但是对于一天 24 小时不停运转的机器来说,A 先生的工作具有重要的意义,这更有利于激发他的职场学习动机。一旦工作失误,生产延误,进度必将滞后,损失的不仅仅是经济效益,可能还有与客户之间的诚信与后续合作。因此,为了维护公司的形象,保证公司的生产效益,机修工虽然有所分工,但仍然需要对生产车间的各种机器有所了解,以便于及时处理机器故障。这种工作任务的挑战性与紧迫性激发了 A 先生强烈的职场学习动机。

3. 机械维修工 A 先生谦虚谨慎、执着追求、任劳任怨

叙事中,A 先生是 GHDL 光缆有限公司设备部电工维修的行家,目前还带着一个刚进公司半年的学徒。对于自己精湛的维修技术,A 先生并没有自鸣得意,而是为人低调,谦虚,任劳任怨,"平时看到的 A 先生,话并不是很多,标志性的便是挂在他脸上的那灿烂的笑容,还有那一直忙碌的身影,那沾满油污的工作服,那一副近视眼镜。"刚上班的早上,同事们都在喝茶聊天,而他却"低着头,手里拿着测电笔专注地测试着机械原件。"也没有因为领导多分配给他的任务感到丝毫不满,反而觉得这是一件无比荣幸的好事。"说起他与电工维修的渊源,A 先生意味深长地告诉我,他和电工已经打了半辈子的交道了。"在机电维修这条路上,A 先生不懈追求,一路前行,不曾止步。谈到同事的维修技术,"部门负责人蒋工维修技术很厉害,遇到疑难维修问题也会和他一起分析,告诉他如何解决。还有一个让他啧啧称赞的陆师傅,维修技术挺高的,一般人难以解决的机械问题他都能轻松解决。"蒋工和陆师傅在他心中都是维修技术方面需要学习的榜样,满满的敬佩,无一丝嫉妒。也许正因为这样的个性特点,作为维修技术高他一筹的蒋

工才更愿意与他分享技术,从而为 A 先生提供更多的积累经验和学习的机会,激发起更强烈的职场学习动机。

4. 强烈的家庭责任感

叙事中,A 先生是已婚企业员工的代表,家庭层面因素对其职场学习动机的影响也不容小觑。A 先生,年过半百,上有老下有小,妻子全职在家,家庭经济情况并不是非常宽裕,而他又是家庭的唯一经济来源,关键是仍有一个未婚当兵的儿子,为整个家庭添加了不少的负担。作为传统意义上的家庭顶梁柱,A 先生展现出了其很强的家庭责任感,"公司领导想让他上长白班(中班和夜班只有两人值班,基本大的维修都是放到白天上班人多的时候处理),可是他拒绝了,因为只有三班制时间模式才能给他更多机会出去兼职。尽管三班制很辛苦,但是兼职还可以挣钱,对此他更乐意。"这在一定程度上增强了其职场学习动机。"为了赚更多的钱,也为了满足自己的职业兴趣,他觉得学习很有必要,必须投资,坚持考电工技师证。"因为儿子还没有成家立业,他必须在自己的工作岗位上尽职尽责,认真积累经验,甚至是工作之余学习、考证,以获得谋取更多经济报酬的资本,补贴家用。虽然不是 A 先生进行职场学习的主要原因,但却是影响其职场学习动机的最现实的因素。

5. 良好的企业制度文化

叙事中可以发现,A 先生曾多次更换工作单位,其中一部分原因就是单位的企业文化对其职场学习产生了一定的阻碍(因为他周末要出去参加学习培训),他要不断地平衡工作、学习与家庭的关系,他要寻找一个有利于职场学习进行的组织环境。A 先生目前已供职四年多的 GHDL 光缆有限公司,采用了 5S 规范管理模式,5S 即整理(SDIRI)、整顿(SDITON)、清扫(SDISO)、清洁(SDIKDTSU)、素养(SHITSUKD)五个项目的总称。调查中发现,公司采用的 5S 管理模式科学、规范,在改善生产现场环境、提升生产效率、保障产品品质、营造企业管理氛围以及创建良好的企业文化等方面取得的效果尤为显著,公司生产环境干净整洁,物品摆放有序,员工做事讲究,尽职尽责,注重保障品质。对于顾客的来访,员工都表现出了较高的素养,为公司形象奉献了自己的一分力量。公司建议 A 先生上长白班(三班制对人的身体健康的影响是必然的,一般都是对维修技术比较好的员工才有的福利),但是 A 先生拒绝了公司的好意,因为他想趁着上夜班的休息时间在外面兼职,最终公司尊重 A 先生的个人意见,继续三班制,这是企业对员工的关心与尊重的体现。现场的实地观察中,笔者曾多次目击生产部的成缆机器发生故障,各部门相关人员火速赶到,共同协商解决问题的方案,其间相关负责人员还会不间断地跟踪观察检修情况,与检修人员进行交流、沟通。如此合作的企业文化不仅有利于提升解决问题的效率,还有利于激发 A 先生的职场学习动机。在这样一个具有良好企业文化的组织中工作、学习,A 先生感到很满意,他既可以在公司认真工作,又可以出去参加相关培训学习,没事的时候还可以做一些兼职,真的是一举多得。

6. 学习培训中构建的学习共同体

叙事中,A 先生羡慕、敬佩公司里维修技术比他高的员工,但是很多时候碍于多方面因素的影响,A 先生并不能得到他们的积极指导,比如他的同事陆师傅。但这并没有阻碍 A 先生学习的步伐,他积极参加区里的电工培训,"谈到他的培训学习历程,显得更为健谈。虽然公司里没有人和他一起参加培训过,但是在培训班里还是结识了好几个志同道合的朋友,他们从初级电工培训开始到高级技师,一直都是一起参加学习培训。为此,他们还经常聚会,有所交流"。周末电工培训班的社会互动对于 A 先生来说是一种享受,所谓"近朱者赤,近墨者黑",这是一个有利于 A 先生职场学习的共同体,他们是同行,并且对专业有所追求的人,在这样一个非正式的学习共同体中,极大地增强了 A 先生的职场学习动机。

但是,不可否认的是,公司内部专家指导的缺失对 A 先生的职场学习动机起到了一定的阻碍作用。叙事中那个维修技术一流的陆师傅就是专家,由于公司内部的竞争,出于对自我地位的保护,他拒绝向 A 先生详细解答技术难题,对此,公司并没有相应的制度保障,A 先生也表示很无奈,这对机修工工作充满兴趣的 A 先生来说,其职场学习动机或多或少会受到影响。

二、人事专员 B 小姐的叙事

(一)人事专员 B 小姐——"别人能行,我应该也能行吧!"

B 小姐个人肖像:B 小姐,女,1980 年生,本地人,中等个子,身材较为丰满,略胖。大学专科学历,计算机信息管理专业,现为 GHDL 光缆有限公司总务部的一名人事主管。

难忘的第一面

　　与总经理短信约好早上九点去她公司，说实话，因为没有企业工作的经验，心里很是紧张。那是一个寒冷的周一，2016 年 1 月 11 日，因为这个城市对我来说很是陌生，又是第一次到公司，于是聪明地叫了一辆出租车，原来很近，按照计划的时间，当然我早到了。这是一个依国道而建的公司，大概因为交通比较便利的缘故，一路上公司很多，一家挨着一家。看起来公司并不大，中日两国的国旗迎风飘扬，一个人影都看不到，但机器的轰鸣声却隐隐约约。经不住寒冷的我在门卫师傅的怂恿下打电话给总经理，电话还没接完，总经理本人已经站在一楼大厅的地方向我招手，这样热情的接待与我最初的设想出入实在太大，一时还没缓过神来，就已经来到了办公大楼的二楼。

　　刚到二楼，一男一女已经等候在门口，一切都让我感觉好像是预先安排好似的，一切是那么让人舒服。总经理介绍是总务部经理和人事主管，由于公司规定统一着装，进生产车间必须佩戴安全帽，脚穿特制的铁皮鞋，B 小姐带着我去一楼的仓库领相应物品，一边走一边寒暄着，让我尤为诧异的是竟然还问我需不需要纸和笔写写画画，想得实在是周到。这也让我忍不住地对身边这位热情周到的 B 小姐端详起来：她穿着工作服，身材的丰腴一览无余，戴着一副近视眼镜，扎着马尾，说话轻声细语，办事却干净利落，而且高效，不一会儿我的办公"标配"就都放在早就为我准备的办公桌上了，我也和 B 小姐顺理成章地成为一个办公室的"同事"了。说起这个办公环境，真的是大开眼界！毫不夸张，这是我见过的最大的办公室，一个偌大的办公室，有序地摆放着好几十张办公桌，按照不同的部门划分区域，部长、中日双方的总经理在办公室的最左侧贴墙而坐，换句话讲，可以一览所有员工的一举一动。B 小姐告诉我，他们都是采用日资企业的管理模式，多人集体办公，领导也不例外，互相监督。就在我坐下来的那一刻，依然感觉到压力了，总感觉领导在审视着我，抬起头一看,其实大家都是在各忙各的。也许就是这种心理上的压力不仅普通的企业员工有,领导也应该有的。若是单独坐一个办公室,喝喝茶,打电话聊聊天,跷起二郎腿看报纸这都是电视剧里老总们的"标配",可是在这样大庭广众之下,谁还会这么做呢。所以企业的这种集中办公的管理模式对企业上至高层领导下到普通员工来说,都有着一种若隐若现的约束力。也许是习惯了吧,周围的员工们倒是很是自然,接电话,小声聊天,吃吃水果点心,各种与工作无关的事情似乎都有,但可以保证的是,他们一定是控制在一定的范围限度之内的。而这样的工作环境B小姐也习以为常,她倒安慰起我来:"没事的,慢慢就习惯了。我们总经理人很好的,那个日本总经理和财务总监他们都不懂中文,不用管他们,没关系的。"B小姐的办公桌就在办公室的另一个出口处,那个总务区域的最边上。她的桌上堆满了各种各样的文件夹和资料,但都排放井然有序,由此可以看出B小姐肯定是一个有条理的人。

学习、工作、生活有条不紊

作为80年代出生的B小姐,一直都为自己所处的地方感到骄傲,因为这里虽然是个小镇,但是开发得早,而她又是个恋家的人,所以顺理成章地留在了本地,她谦虚地说,自己并没什么大的志向。2000年,B小姐专业毕业,在众多的台资厂里选择了一家刚刚开办的新公司,以生产交换机上的连接键为主。按她的说法,台资公司尤其喜欢招收应届毕业生,一张白纸进去,然后进行培训。很幸运,B小姐与这些条件甚是吻合,于是她成了公司质量部的一名文管员,由于是新成立的公司,人并不多,每各部门都有一名"台干"(台湾来的技术干部)①。第一次接触ISO 9001体系,但是因为有人指导,所以一切都还好,学起来并不觉得多费力,这对她来说那是一个愉快的职场学习经历,因为"台干"的毫无保留和事无巨细,因为一切问题都有人替她扛着,这让B小姐产生了职

---

① 台干,是该台资公司从台湾过来工作的员工,他们对公司的工作内容了解比较全面,负责指导公司新入职员工的工作。

场上的安全感,甚至是幸福感。听着她的叙述,我都能真切地感受到一位职场新手得到师傅悉心指导的那一份内心的甜蜜,当然还有感激,毕竟那是她刚刚步入职场的第一位师傅。

工作的一切都还算省心,并没觉得有太多的压力,所以 B 小姐顺利报名参加了当年的成人高考,父母没有要求,公司没有要求,只是她觉得她应该能行!一切进展如她所愿,顺利考入当地的一所大学,2001 年入学,于是开启了平时上班,周末去学校上课的生活模式,但是台资企业都是单休,没办法,B 小姐只能请假,硬是坚持了一年。至此,学习和工作已经发生了冲突,这样总是请假也不是事儿,总有万千不舍也很无奈。B 小姐只好放弃本来觉得不错的公司,着手寻找能有双休的企业,唯一的条件就是一周能有两天休息。这样,工作与学习就可以兼顾了,此时的学习毕竟还是为了自己的职业前景服务的。在家人、亲戚、朋友的建议下,把工作目标定在了日资企业上。

2002 年,B 小姐成为 GHDL 光缆有限公司的一名质量部的员工,她依然做公司的 ISO 管理体系,一切都如鱼得水,并没觉得有太大的压力,但似乎也没有太多的动力,因为在她看来,"做体系的人都知道很多都是在做数据,这些数据就是靠你做出来的,是为了做而做,因为有些指标上面卡得很紧,下面又无法达标,只能编了。"对于这样的工作内容,B 小姐充满了不屑,但已成为一个习惯,就这么着吧,反正大家都一样。观察接触中,一个最大的印象就是,B 小姐在做出某些决定的时候,周围人的意见对她的确产生了影响,在她犹豫不决的时候,往往会选择听取别人的建议。而她在安于现状中隐约有一些不甘,只是好的时机还没有来到。就这样,B 小姐的个人生活也在按部就班地进行着,结婚,生子(一男一女),一切都风平浪静……

突然的跨行

2010 年,公司总务部的人事毫无征兆地突然离职,因为公司并不大,只有一个人事,如此紧急的情况下,现招员工似乎不太现实,毕竟人事工作有着一定的敏感性,部分信息是不能对外公布的。即便招来新人,对公司的情况也不了解,上手依然要一段时日才行。于是公司决定让 B 小姐来做人事,她觉得公司的决定是有两方面考虑的:其一,B 小姐在公司工作多年,对公司的情况比较了解,接手应该要快一些。其二,公司认为 B 小姐在平时的工作中表现不错,尤其是做事风格比较严谨,为人处世比较成熟,适合做人事工作。在这样紧急的情况下,又受到公司如此重视的任用,爽快的 B 小姐什么也没说就答应了。

尽管由质量部跨行到人事,转得很是顺利,但是接手工作之后,B 小姐发现原来很多工作细节自己是一窍不通。比如说社保,她并没有系统接触过,虽然知道所有企业员工都参保,但是究竟该如何参保,怎么个比例,统统不知道。公积金的缴纳也是如此。此时的 B 小姐有些骑虎难下,真不知道该如何是好。唯一的安慰就是原来的前人事,平时和她的私交不错,走的时候很是匆忙,电脑里所有的资料都完整地留了下来,这为 B 小姐后面的工作提供了很多的便利,她很感激。因为她们之间很熟,在公司与那个前人事的协商之下,决定一个星期来半天和 B 小姐进行简单交接,慢慢地带着她熟悉公司所有与认识有关的内容。她坦承,那一段时间真的很是痛苦,毕竟工作内容完全转变,一切又得重新学习,尽管有如此多的材料可供使用,但因为每个人的处理文件的习惯、存放方式不一样,许多相关文件往往需要花上好长的时间找,一直忙着熟悉,工作效率尤其低下。

突然的跨行给 B 小姐的工作带来了极大的挑战,给她的心理带来了巨大的压力,庆幸的是有公司的肯定,而具体的工作只能靠自己在摸爬滚打中摸索前进。说起这一段工作时间内让她印象深刻的事情,B 小姐莞尔一笑:"太多了! 真的是历历在目!"譬如,刚接手工作时,对《劳动法》《合同法》的具体条例一点儿都不清楚,但是在具体的工作中必须了如指掌,没办法,除了自己阅读相关资料,还要定期去区里的人力资源中心报名参加相关专题的培训学习,一般跟领导请假说明是去参加学习,领导都会批准的。还有那段时间正好碰上日本方面的总经理换届,如何给外国人办理国内办公手续,之前从未接触过的 B 小姐也是乱了手脚,整个流程一次没有经历过,学历要求、任职要求等等并不清楚,只能按照以前的资料照搬,心里尤为紧张。结果在办签证的时候还是被卡住了,快要拍照的时候,办公人员问她:"你是专管员吧?"对于"专管员"一词她第一次听说,只能诚实应答:"不是啊,专管员离职了。""不是就不可以办!"冷冰冰的一句话又把她狠狠地打击了一下,后来才知道,专管员离职要来报备的,没办法,时间比较紧急,只好又把已经离职的那个前人事请过来拍照,办签证。等一切事情办妥再报名参加学习培训,系统学习《出入境管理条例》。就这样,B小姐在工作中慢慢摸索,不断学习……所幸的是,每次B小姐遇到工作中的难题时都能乐观地面对,积极地解决,从不为此耿耿于怀。

学习的路上

　　B小姐做人事主管已经六年之久,她觉得这一路走来慢慢发现自己已经喜欢上了这一份工作,甚至觉得比之前做质量体系的工作更有意思,更有挑战性,更实际。也许是这一份工作给她带来了更多的存在感,更多的成就感吧!工作中出现问题并不是坏事,相反,它能让当事人擦亮眼睛看事物,看自己。B小姐就是在不断的摸索学习中发现了自己的兴趣所在,她是一个缺乏社会自信的女生,而这一份工作可以让她接触到更多的人,更多的事情,在学习中收获成功,在工作中逐渐发现自己的价值所在。

　　B小姐对周围事物的敏锐观察力是我所钦佩的,我想这也应该是一个具有强烈职场学习动机的企业员工所应有的性格特质吧。2012年工作逐渐走上正轨的她迎来了自己的第二个宝宝,儿女双全,一切如意。2013年区里办事的时候碰到了公司的前同事,原本是一个日语翻译,后来跳槽了两家公司,现在竟然和她一样做起了人事主管,她很惊讶:"你怎么会跨行业做人事了呀?""我考了一个证,人力资源管理师。"前同事的这句话深深地印在了她的脑海里,原来没经验也可以考人力资源管理师的呀?于是她在前同事的影响下,萌生了一些从未有过的想法:"她能考,那我也就能考了呀。她能考上,我应该也能行吧!"就这样,一边工作,一边开始准备人力资源管理师的考试,就在这次考证中,她对人事管理又多了一些了解,对她工作的帮助毋庸置疑。

　　B小姐很开心能有这样一个考证的历程,但是这样的开心,她并不愿意告诉别人,因为她总是害怕自己考不过去会很难为情的。但是即便考过了,她也不会大肆宣扬,最多就是跟要好的朋友分享成功的喜悦"嗨,我过了!"她,就是这样一个既有冲劲,对自己又缺乏足够自信的女人。说起家人的支持,她坦言并没有得到更多的语言上的支持,最多就是和自己的妈妈汇报一下自己的想法,而朴实的妈妈也并没有像电视剧桥段或是现代的新一代妈妈那样给予更多的肯定与夸奖,往往只是一句"这也倒挺好的",就是这一句话也能让B小姐感觉美滋滋的!作为一个已经成立家庭,拥有两个孩子的妈妈,兴许已经不会像小时候那样热切渴望家人的赞美与肯定,但谁又能说B小姐骨子里一点都不想呢!而对于家庭来说,B小姐一直认为,自己在工作中表现的好坏,自己是否努力职场学习,这些都无关紧要,也从不与家人分享自己的职场故事,但是在行动上,B小姐的爸爸、妈妈包揽了家里的所有家务,每每面临加班,需要看书准备考试,她的爱人都会帮忙带孩子,这些行动上的支持难道还不能说明对B小姐的支持吗?

　　在和B小姐几个月的接触中发现,平时工作中对她自己的要求非常严格,以前生性胆小,自己能解决的事情绝对不会麻烦别人,对于一些新鲜的事情不太敢于尝试,但是随着工作经验的累积、社会阅历的丰富,她在慢慢改变,在工作与学习中不断地汲取自信的力量,"生活中也更喜欢积极乐观向上的东西,乐于让自己更有正能量一些!"因此现在的她更有自信,更有魄力,这就是工作与学习赋予她的正能量,其实在GHDL光缆有限公司调研期间,与B小姐的接触最为频繁,有什么事都直接找她,最为惬意的是每天中午12:00吃完午饭后的自由午休时间,跟着B小姐还有几位办公室同事沐浴着阳光,绕着公司的外围转上两圈,各种闲聊,各种八卦,聊到开心处,几个人开怀大笑,每每回忆起都会嘴角泛笑。而B小姐就是当中最为活跃的那个人,在她的身上总能收获一些阳光与能量。衷心祝愿B小姐人力资源管理师中级顺利通过,工作更上一个新台阶!

（二）人事专员 B 小姐的职场学习动机分析

1. 由质量管理工作转到人事专员，发现工作的兴趣点

B 小姐的工作更换次数并不是太多，只跳槽了一次，但是工作内容却发生了很大变化。前十年一直从事的是公司质量管理工作，从刚入职时受到台干的悉心指导到后来换了新公司之后的得心应手，并没有太多的波澜，也没有激发起 B 小姐的职场学习动机。在她看来，搞质量管理工作的并不是一件很有意义的事情，因为"做体系的人都知道很多都是在做数据，这些数据就是靠你做出来的，是为了做而做，因为有些指标上面卡得很紧，下面又无法达标，只能编了。"言语之间可以感受到 B 小姐对这份工作的十分不认可。但是时间的节点卡在 2010 年，由于公司的人事突然离职，因为 B 小姐的"老员工"的身份，她的职业生涯发生了转机，工作由质量体系管理转向人事专员。从工作内容来看，这是一个巨大的跨度，熟悉各种法规条例，了解具体行事流程，一切都充满挑战，虽然这让生性胆小的 B 小姐感觉压力重重，但是她却慢慢地喜欢上了这份工作，她觉得做人事更接地气，是一份能体现出自己价值的工作。也正因为 B 小姐对这份工作价值的认可与喜爱，激发了她强烈的职场学习动机，积极参与区里相关培训，报名参加人力资源师证的考试，以此来提升自己的职业能力。

工作形式上，B 小姐之前的质量管理工作，其主要形式就是与电脑、文字打交道，各种编数据、应付检查，其工作对象是冷冰冰的，甚至带有一种假象。正因为如此，B 小姐对这份工作的感情也是极为冷淡的。后来 B 小姐转行做了人事，其工作形式发生了巨大变化，为同事们参保，负责新员工的招聘，组织协调处理员工离职等等，所有的工作都与人有关，这样的工作形式让本身缺乏自信的 B 小姐能找到更多的存在感与自信，这也进一步增强了其职场学习的动机。

总之，从质量管理工作到人事专员工作，B 小姐的工作价值观发生了很大变化，工作、学习激情犹如火山爆发一样喷涌而出，这才是她期待中的工作意义。

2. B 小姐具有较高的自我效能感和较强的自主学习能力

梅格曾经说过，只有人们具有了强烈的自我效能感，才会愿意尝试学习新东西。B 小姐在决定报名参加人力资源师证的考试时，她对自己考取能

力的判断是"我觉得我应该可以。"当公司调整职位时,她觉得自己应该能够
胜任,所以即使在真正接手人事工作后遇到了一系列的困难与失败,但高自
我效能感的她都能顶住压力,坚持了下来,学习的劲头十足。B 小姐刚刚走
上工作岗位,她觉得自己当前的学历水平会影响到其职业发展,便自主报名
参加了成人高考。当单位要求她更换工作岗位,尽管困难重重,但是 B 小
姐选择了积极面对,后来还报名考取人力资源师证,这一切都是 B 小姐的
个人自主学习行为,体现出她较强的自主学习能力。

3. B 小姐严谨自律、执着坚毅,积极乐观

B 小姐在处理人事工作时态度尤为认真,比如接待笔者本人,态度温
柔,领相关用品时的心思缜密,"让我尤为讶异的是竟然还问我需不需要纸
和笔写写画画",考虑很是周全,并以高标准要求自己,"自己能解决的事情
绝对不会麻烦别人"要做就做好。尽管做决定的时候,B 小姐容易受到周围
人的影响,但是一旦下了决定就会坚持走下去,选择做人事就是一个很好的
例子,她"接手工作之后,发现原来很多工作细节自己是一窍不通。"但执着
的 B 小姐并没有放弃,一直在践行着自己的独立与坚强。同时,她在工作
中积极乐观的个性特点也成为推动她进行职场学习的力量。无论是生活还
是工作中,她都喜欢接触积极乐观、具有正能量的事物、信息,"生活中我也
更喜欢积极乐观向上的东西,乐于让自己更有正能量一些!"因此面对工作
中的问题时她也能积极乐观地应对。跨行做人事,而且"在这样紧急的情
况下,受到公司如此重视的任用,爽快的 B 小姐什么也没说就答应了。"为
公司的日方高管办理国内办公手续遭遇碰壁,她坦然面对,没有太多的抱
怨,而将之视为自己的一个经验积累。毫无疑问,B 小姐的这些个性特点为
她积极进行职场学习奠定了坚实的基础,并发挥了很大的作用。

4. 全透明的办公环境和领导的肯定、鼓励

由于 B 小姐所在的 GHDL 光缆有限公司是一家中日合资企业,采用的
基本是日资企业的管理模式,办公环境也不例外。所有办公人员统一着装,
统一办公,"一个偌大的办公室,有序地摆放着好几十张办公桌,按照不同的
部门划分区域。"公司高管也不例外,"部长、中日双方的总经理在办公室的
最左侧贴墙而坐。"整个公司均是全透明的办公,没有任何隔断,前后左右全
是同事,所以工作时间,基本不打私人电话。这样的办公环境或许对于积
极、乐观,善于接受正能量的 B 小姐来说是一种促进,她能感受到同事们工

作的认真严谨,于是以此激励自己更加努力地工作、学习,以更高的标准要求自己。

　　B小姐是一个极度缺乏安全感的人,所以在工作中,她容易受到周围人或事的影响,其中包括单位组织。进入第一家台资企业时,因为有"台干"的悉心指导,B小姐感觉虽然自己一无所知,但并不担心,"因为有人指导,所以一切都还好,学起来并不觉得多费力。"随后,B小姐转战来到了GHDL光缆有限公司,在公司人事紧急辞职的情况下,领导表达出了对她工作的信任与肯定,"B小姐在公司工作多年,对公司的情况比较了解,接手应该要快一些。"而且"公司认为B小姐在平时的工作中表现不错,尤其是做事风格比较严谨,为人处世比较成熟,适合做人事工作。"B小姐愉快地接受了跨行。正是公司领导对她的信任与肯定,给了B小姐跨行的勇气和力量,后来的工作中,即使"一窍不通",那也无妨,有公司领导做她的坚强后盾,这都不是事儿。同时,公司的大力支持与鼓励也为B小姐的职场学习注入了更多的动力。当然,也正是因为公司的这一信任、大胆的行为,让B小姐发现了自己原来真的很适合做人事工作,于是转为对公司这一决定的感恩迸发了其更为强烈的职场学习动机。

　　5. 乐于接受同伴的积极影响

　　每一个人都无法逃脱这个社会在我们身上留下的印记,B小姐也不例外。叙事中,B小姐体现出了较高的人际交往能力,在公司有着较好的人际关系,尽管是与笔者第一次见面,就能迅速地找到聊天话题,并给笔者一种非常舒服的感觉。但是,B小姐也有自己的交友原则,她乐于与具有正能量的人交往,或者是从周围同伴的身上汲取正能量的东西,对于一些负能量的人或事物往往选择避而远之。比如,遇到一位曾经是的同事,辞职之前在公司从事的工作是日语翻译,再见面时已经跳槽做了人事主管,当B小姐惊讶于她的跨行时,"我考了一个证,人力资源管理师。"这一句回答打开了她对自己工作能力提升的新认知,那就是考取一个人力资源管理师证书。因此,B小姐在人际交往中尤其善于接受周围同伴身上的积极影响,并乐于付诸行动。面对笔者时,她也是如此,积极地与笔者聊天,追问笔者的求学经历,努力挖掘笔者所能带给她的正能量。

　　6. 家庭的支持

　　B小姐是一位80后女性,育有一儿一女,家庭生活和睦,老人们包揽了家里所有的家务,"每每面临加班,需要看书准备考试,爱人都会帮忙带孩子。"这些行动足以证明家人对她工作、学习的支持,尽管没有学生时代、孩提时代家长的苦口婆心、事无巨细,但是妈妈那一句淡淡的"这也倒挺好的"仍然给了她工作、学习的动力和大大的满足感。尽管丈夫并不过多问及她的工作,却在她加班时能默默地承担起照顾孩子的责任,这对于已经成人、拥有家庭的 B 小姐来说,就是最大的工作、学习动力。

三、总务经理 C 先生的叙事

(一)总务经理 C 先生——一步一个脚印

C 先生的个人肖像:C 先生,男,1968 年生,陕西人,个子不高,但是动作极为灵敏。戴着一副黑框眼镜,性格分外温和。毕业于西安外国语学院,本科学历,英美文学专业。现任 GHDL 光缆有限公司总务经理。

如沐春风

冒着严寒,来到 GHDL 光缆有限公司调研,进入公司后,总能让人感觉到春风般的温暖,C 先生便是其中一个自带发光体的人,虽然身为总务经理,却总是亲力亲为;虽然身为男性,却不失严谨与仔细;虽然个子不高,却异常灵活……

第一次进入二楼办公大厅,那是办公人员最为密集的地方,而我的临时办公地点也被安排在了这里。于是,C 先生领着我先去拜见日本方面的领导,虽是英美文学专业出身,却说着一口流利的日语,甚是佩服。后来才知道,C 先生的日语是在他参加工作后自学的。为了尽快了解公司,C 先生要求带我去公司车间转一圈,了解 OPGW 的生产流程,从复绕、着色、绕包、造管、铝管造管到成缆、包覆、包装等生产车间,C 先生滔滔不绝,娓娓道来。车间的一线操作工虽然文化水平并不是太高,但可能是来车间参观的客户太多了,他们都彬彬有礼、训练有素。

后来,每次在公司的任何时候、任何地方,只要遇到 C 先生,他总是给人以春风般的温暖,问好,鞠躬,闲聊,态度谦恭,语气温和……

一天，看到 C 先生不是太忙，便尝试与他商量单独进行一次深度访谈，没想到他竟然爽快地答应了我，按照规定时间来到隔壁的会议室，这是专门接待外宾的地方，而正好这一天有客户来公司洽谈业务，所以会议室的桌子上还放有客户尚未喝完的矿泉水瓶，烟灰缸里零星的烟头，我并没有放在心上，说实话也没反应过来，身为总务的 C 先生以他卓越的职业敏感性迅速忙碌了起来，将未开封的矿泉水瓶收集起来放到一边，已经开封的矿泉水瓶扔到垃圾桶里，随手打开空调，调整好座椅，举手投足间，言谈举止中，可以肯定 C 先生做这样的事情绝不是一、两次，每一个细节足见他作为一个总务经理所应有的较高的职业素养与职业能力。对此，我及时表达了对他的敬意，而这一切在 C 先生看来却是家常便饭，理所当然。就如他所言，"习惯了，服务到位，考虑到每一个细节，虽然客户不会提到总务，会说销售部很热情，但是这必然会形成对整个公司的良好印象，这就是部门与部门之间的团结协作，更是总务工作追求的根本宗旨。"作为一个总务经理，其较高的职业素养不得不让人敬佩。后来，他跟我开玩笑地说，他越来越发现自己天生就是干总务的料，这份工作很符合他的个人特质，热情中不失严谨，但是有些人天生高冷，粗枝大叶，就不适合做这份工作。当然，这是 C 先生在自己多年的摸爬滚打中，在各方面因素的综合作用下慢慢地找寻到最适合自己的工作定位。

机会总是惠顾有准备的人

C 先生是九十年代走上社会的大学生，当时还是计划经济体制，国家分配工作，学习英美文学专业的他，很顺利地分到了其家乡所在省会的一家国有企业，从事资料管理的工作，但是由于陕西地处中国西北，经济发展相对滞后，加上当时身边有很多同学来到山东发展，而且反映不错。于是，在和家人商量后，年轻、不安分的 C 先生毅然辞去分配的国企工作，直奔山东。对他来说，这是走出去的绝好机会。第一家工作的单位是水泥贸易公司，具体工作中用到专业知识的机会并不是很多，仅仅局限于与外国船员语言交流的便利，随着水泥产业的衰落，公司业绩频频下落。"在朋友的介绍下来到了常州一家鞋厂，承担与贸易相关的工作，于是自己开始疯狂地学习海关、商检等相关贸易知识，当时只是觉得，既然接触到这个专业就要把这份工作干好，什么困难都不算困难。况且别人能做，我也能做！虽然只待了一年，但是在领导的帮助与自己的努力下收获颇多。"正因为他在这份工作中的丰厚积累为后来的工作提供了不少便利。

一年后，机缘巧合之下，C 先生来到了一家日本制衣有限公司，继续着他的贸易工作内容，更巧的是，公司的总经理虽是一个日本人，却是个语言迷，尤其痴迷中国文化、中国语言，平时自己会编汉语字典，学各种方言。而 C 先生在大学时又是学语言专业的，于是，英语成为他们有效沟通的桥梁，天赐良机，总经理与 C 先生顺理成章地成了语言学习伙伴，组成了一个学习共同体。总经理向 C 先生学中文，C 先生向总经理学习日语，就这样 C 先生很好地抓住了这次机会，开启了日语学习之旅，也为自己后来的职场开辟了一番新天地。他并没有觉得辛苦，反而觉得日语比较好学，"语言文字与汉语有很多相似之处，有很多日语是结构式的东西，去掉意思也差不多能看懂，有点望文生义的意思，就像中国的某个地方方言一样。你学学就知道有多简单了。"说得是如此轻松，但是我们无法看到他为此付出的辛劳有多少。也许这些对于一个从农村走出来的大学生来说并不算什么，人生本来就不过如此嘛！

随着公司的合并导致管理缺位，职责模糊，销售业绩每况愈下，一线操作工被迫遣散，虽是办公室人员暂时还未办理离职，在职场中打拼了几年的 C 先生开始思考自己的职业定位，由于本地日资企业比较多，C 先生凭借着之前工作中自学的日语竟然做起了日语翻译工作，他觉得，一方面可以夯实自己的日语基础，一方面可以通过做翻译工作的机会认识更多的人，为自己探寻新的工作机遇提供便利。事实上的确如此，C 先生认识了一位贸易公司私企老板，只身来到深圳工作。后来，有了家庭的 C 先生重新开始规划自己的职业生涯，一颗漂泊的心渴望安定下来，考虑到自己所在的私营企业发展前景并不是很好。于是，在同学的鼓励之下，C 先生重新回到了苏州，定位在刚刚筹建的 GHDL 光缆有限公司，四年后，由贸易工作逐渐转向总务，直至总务经理。同时，作为一家中日合资的企业部门经理,之前自学的日语无疑为其工作增添了更多的胜任力,因为他是公司里会用日语与日方领导交流的三个人之一,这种优越感不言自明。对此,C先生也一直深感庆幸,多学一些总是没错的!

心有余而力不足

对于职场学习,作为部门经理的C先生认为尤其重要,他也一直在践行着。一方面,大学时自己所选的专业考虑更多的是未来择业方向,而实际参加工作后跨专业就业现象比较严重,并且换工作也是难以避免的现实。其实即使选择就业时紧靠大学所学专业,在学校学习的课程方向往往与实际就业也是不相符合的,所以,如果期望自己在职场中能有一个好的发展,那么职场的实践学习就显得非常重要,而且过程也会比较艰辛。就以他自己为例,从事的工作基本与大学所学专业基本上没有太大的关系,工作中涉足的专业有贸易、总务,还有日语的运用等等。当然,C先生一再强调,职场学习的内容绝不仅仅局限于从事该工作岗位所涉及的技术知识和管理知识,如一些政策法规的学习等等。还包括个人素养的相关内容,如待人接物、逻辑思维、语言表达、组织协调能力、掌控力等。只有个人素养提升了,对公司目标、公司文化的理解力增强了,才能更有利于合作,同时对自己和别人的定位才更合理。

C先生坦言,自己随着年岁的增长,职场学习的动力并不如之前那么强了,对于职场学习的内容只会有针对性地选择。回想起刚刚走出校门时的那份志向和那股冲劲儿,与现在的自己判若两人。尤其是涉及跨专业知识的学习没有一点畏难情绪,总觉得未来是要靠自己的努力才能闯出来的,最终都能一一顺利攻克,并且能够得到领导的赏识与重用,于是便形成了良性循环,越学越有劲头,动力十足。而现在的自己,一方面自己的生活日趋稳定,各方面的压力日趋减小,工作不再是自己生活的全部,甚至开始关注自己的身体健康了,并不想给自己的工作施加太多的压力。另一方面,对自己的职业生涯规划更为理性,以目前的年龄来看,职业发展已经基本定型,并不会有太大的出入,而且工作中的能力已有一定的基础积累，工作胜任自然不成问题，职场学习自然没有之前来得那么紧迫，尤其是个人职业素养方面的职场学习。而专业知识方面的职场学习也会灵活地视情况有选择地进行。

由于 C 先生负责公司的总务，人力资源也是其中的一个分支，便顺势了解一下他对于企业人力资源培训的看法，对此他毫不避讳，坦言企业的员工培训目前正在逐步完善，相关的规章制度会有所涉及，之前有组织过不同形式的企业培训，但是员工参与的热情与效果并不如人所愿，甚至会出现应付现象和逆反心理。对此，C 先生甚为苦恼，随着当前信息资源的多元化，企业员工职场学习动机的弱化，不知如何才能从组织的角度激发企业员工的职场学习动机，切实提升企业培训的效果。

就 C 先生自己来说，刚参加工作的时候，企业的管理并不是很完善，他们的职场学习动力主要来源于工作和自身，只身出来闯荡，最关键的就是要尽快适应工作，赢得领导和组织的认可，有时甚至因为领导的一句鼓励和一个要求而到处请教别人，看书，奋斗几个晚上直到把问题解决为止。而现在的公司管理责任逐渐细化，分级责任制一方面明确了不同级别员工的职责，一方面也在一定程度上抹杀了员工的职场学习积极性。毕竟现在的员工家庭生活条件与以前大大不同，不存在需要解决温饱问题，对工作的条件要求更高，而自己的责任意识则稍显淡薄。工作中出现问题有领导负责，长期下去，他们也就养成了一种职场学习的惰性，反正出了问题有领导顶着，一点都不用担心。比如成缆车间，操作工在工作中遇到问题找班长，班长解决不了找值班长，值班长解决不了找经理……就这样一级一级地往上找。相反，如果出现越权行为还会受到相应的处罚，毕竟企业也有自身的考量，一旦操作失误损坏机器，后果更加不可设想。"公司每年都会定期进行员工技能培训，有时还会从外面请来专家进行培训，但是参加培训的员工基本都是应付检查，根本不愿意学。反正他们都是逐级负责，无所谓。我们也很为难，不知该如何是好。" C 先生很是困惑。

一切都在变化，对于企业员工的培训，身为总务经理的 C 先生显得心有余而力不足，他不知究竟该何去何从……

（二）总务经理 C 先生的职场学习动机分析

C 先生的职场学习动机经历了一个由强转弱的变化过程，其中，受到多方面因素的影响。具体表现为以下几个方面：

1. 较强的自主学习能力

C 先生是 90 年代的大学本科生，高等教育尚未大众化，国内普遍采用的是精英教育的选拔方式，有机会接受精英教育的人在同龄人中所占的比例很小。因此，C 先生，一个西北地区的农村孩子，在本科没有扩招的情况下如愿能够考上大学，真是一件很了不起的事情，充分证明了 C 先生的学习能力。学生时代的学习能力直接影响到他职场学习的情况，叙事中，C 先生在一家日本制衣有限公司，由于身为日本人的总经理对中国语言文学的热爱与他组成了学习共同体，按理说，这是工作之余的事情，但是 C 先生靠着自己较强的自主学习能力，在总经理的启发促进下，学会了第三种语言——日语，当时看来似乎对他的工作没有太大的影响，但是为 C 先生后来的择业、职业发展奠定了坚实的基础。离开了这家制衣有限公司，C 先生可以运用日语做兼职翻译，并且在翻译工作中又找到了新工作，一切看似机遇，实则是 C 先生自身努力的结果。尤其是当他来到 GHDL 光缆有限公司之后，一个中日合资企业，涉外客户源源不断，C 先生自学的日语派上了用场，成为他立足公司重要地位的"武器"之一。毫无疑问，C 先生的这一知识储备为他的职业发展带来更多的益处。

2. C 先生积极进取、刻苦努力、善于把握机遇、灵活应变

纵观 C 先生的职场叙事，可以发现，C 先生的职业发展的成功与他的个性有很大关系。他积极要求进步，身为 90 年代的大学本科生，可以享受国家分配的国企工作，这对于今天的大学生来说是何等的羡慕！但是 C 先生并不为所动，在经过几个月的实习考察之后，他发现这一切与他的预想仍然存有一定的差距，因为国家分配的工作在自己的家乡，经济发展相对滞后，而"当时身边有很多同学来到山东发展，而且反映不错，"于是，"年轻、不安分的 C 先生毅然辞去分配的国企工作，直奔山东。"跟随同学的脚步走出陕西，利用兼职做翻译的机会找到工作，去找同学玩的同时来到了现在的公司，一切看似偶然，其实都是 C 先生善于把握机遇的体现。不拘泥于一成不变，善于接受挑战，"既然接触到这个专业就要把这份工作干好，什么困难

都不算困难。况且别人能做,我也能做!"面临"公司业绩频频下落""销售业绩每况愈下",他能迅速抽身,在灵活应变中不断学习,积累经验,提升职业素养。C先生的这些个性特点犹如他的职场学习的助力器,推动他不断向前,不断超越。

3. C先生的工作本身具有价值与挑战性

C先生是一位工作经验非常丰富的中层干部,英美文学专业的本科毕业,曾先后从事公司贸易、总务等工作,真正的专业翻译只是其一段时间的兼职工作。因此,贸易和总务这两类工作都不是C先生的专业,但是它们对公司的价值和意义是显而易见的。尤其是目前C先生从事的总务工作,是企业行政后勤的保障,涉及企业及员工的各个方面,事务繁杂,与公司的多部门密切相关,如企业员工入职离职谈判,客户谈判的服务工作,员工培训等等,工作形式多样化,对C先生有着一定的挑战性:一方面应具备相应的总务管理知识与专业知识,另一方面还应具备较强的组织协调、沟通、培训、总务管理能力等,因此,在纷繁复杂的总务工作中,C先生时时刻刻表现出一种较高的职业敏感性,他深知一个细节就可能影响成败。在这样的工作情境中,C先生表现出强烈的职场学习动机,体现出其较高的职业能力。但是随着工作经验的累积,C先生工作能力的提升,工作任务对他的挑战性越来越小,因此,其职场学习动机总体上呈现明显减弱的趋势。

4. 团结协作的企业文化

前面的叙事及叙事分析中已经提及,笔者调研的GHDL光缆有限公司尤其注重团结协作的企业文化氛围的营造,这样的组织文化对C先生的影响也是根深蒂固的:"服务到位,考虑到每一个细节,虽然客户不会提到总务,会说销售部很热情,但是这必然会形成对整个公司的良好印象,这就是部门与部门之间的团结协作,更是总务工作追求的根本宗旨。"因此,当笔者与C先生相约来到会议室进行一次深度访谈,看到"会议室的桌子上还放有客户尚未喝完的矿泉水瓶,烟灰缸里零星的烟头",公司里有专门的清洁工,只是还没来得及打扫,而他"以他卓越的职业敏感性迅速忙碌了起来,将未开封的矿泉水瓶收集起来放到一边,已经开封的矿泉水瓶扔到垃圾桶里,随手打开空调,调整好座椅。"他的行动已经说明了一切。

5. 领导的重视与肯定

C 先生是 90 年代的大学生,在他那个年龄段的同行中属于文化层次较高的企业员工,因此,C 先生在他工作的每一个公司都必然得到了领导的重视,这也为他的职场学习注入了一丝动力。"有时甚至因为领导的一句鼓励和一个要求而到处请教别人,看书,奋斗几个晚上直到把问题解决为止。"再比如日语的学习经历,仅仅因为总经理对中国语言文学的偏爱,借此机会,英美文学专业毕业的 C 先生与其构建了一个学习共同体,在这一共同体中,总经理教 C 先生日语,C 先生教总经理中文,二者以英语作为沟通交流的桥梁。这一职场学习的发生来源于总经理对中文的兴趣,是领导的关注激发了他学习日语的兴趣,并为此不懈努力,最终获得成功。

6. 家庭环境及其家庭责任感

叙事中,未婚时的 C 先生在他所属的原生家庭中,得到的是支持与信任,他放弃当时看似不错的国有企业只身南下,他的父母并没有反对,选择了信任与支持,所以在后来的工作中,即使 C 先生跨行工作但都能坚强应对,这与家庭环境的影响存有一定的关系。后来,C 先生成立了自己的家庭,"有了家庭的 C 先生重新开始规划自己的职业生涯,一颗漂泊的心渴望安定下来。"即便跨行做了总务,但也无妨,因为家庭。随着年龄的增长,C 先生承认自己"职场学习的动力并不如之前那么强了,对于职场学习的内容只会有针对性地选择。""工作不再是自己生活的全部,甚至开始关注自己的身体健康了",他需要顾及自己的身体,因为他是家里的顶梁柱,他要对家庭负责。因为原生家庭的信任与支持,C 先生在职场中奋力拼搏,努力学习,不断开拓自己的职业发展前景;随着年龄的增长,因为现有家庭的稳定幸福生活和日渐衰老的身体的不平衡,具有家庭责任感的 C 先生面对压力重重的工作选择放慢职场学习的步伐,C 先生的职场学习动机的变化与家庭之间的联系不容忽视。

此外,C 先生的职业生涯中受到同伴的影响很多,因为"当时身边有很多同学来到山东发展,而且反映不错,"他选择放弃国有企业的编制,南下闯荡;因为同学的鼓动,他选择跳槽,离开当时并不景气的公司。C 先生是一个在外打拼的异乡人,同学、朋友是他的主要的社会影响,在他们的影响下,他一次次地跨公司、跨专业,闯出了一片属于自己的职业天地。

此外,C 先生作为分管公司总务的负责人,对于企业员工的职场学习动机的影响因素也有着自己的见解。他觉得,当前公司对工作任务的分解,责任明确化造就了青年企业员工的责任意识淡薄,职场学习动机弱化的现状,给了笔者更多的思考。

四、质量检测员 D 先生的叙事

(一)质量检测员 D 先生——"我也是有梦想的,美利坚梦!"

D 先生的个人肖像:D 先生,男,89 年生,本地人,面目清秀,中等个子,大眼睛,有些含胸。毕业于镇江高等专科学校,物流专业。

下班前的一幕

尽管已经在公司调研了一段时间,但是每每进到车间,耳边的机器轰鸣声,空气中飘浮的铝灰,总是让人有一种想逃避的感觉。检验科却是一个例外,这里开着空调,温暖如春,各种各样的检验仪器摆放在桌子上,各种材料整齐有序地排放着,与车间的其他地方相比,一切都是那么的干净整洁,一切都是那么的让人神清气爽。所以每到冷得受不了的时候,这里就是我取暖的车间宝地。至今还记得第一次进去的情景,那是快要下班的时候,由于车间的工人都是三班制的上班模式,所以每每临近下午四点时,工人们都开始准备下班了,换换衣服,聊聊天,抽抽烟,就等着四点一到去门卫处刷卡,这是他们一天工作结束的标志性动作。我透着玻璃往里面看,咦?怎么检验窗口一个人都没有啊?难道他们都下班啦?带着好奇心我放轻脚步走了进去。

哇!原来都在里间,一群年轻的小伙子正低着头忙着看手机呢,他们有的坐在椅子上,有的半靠着办公桌,目光专注地盯着手机,丝毫没有感觉到我的到来,直到我走到他们面前。看到我的一刹那,他们脸上的那份尴尬至今还清楚地印在我的脑海里。慌乱中,连忙收起手机,一哄而散,喝茶的喝茶,上厕所的上厕所,总之,只要能逃离我的视线即可。由于车间的工人都是三班制的上班模式,所以每到下午四点左右,工人们都开始准备下班了,换换衣服,聊聊天,抽抽烟,就等着四点一到去门卫处刷卡,这是他们一天工作的结束。因为我的到来，影响了他们的兴致，别说还真的有点愧疚呢！但也正是因为那一幕让我有了想进一步了解他们的冲动，于是，我尝试着融入他们，了解他们……

　　检验科分属于公司的质量部，从原材料开始，每一道工序的产品都需要经过检验科的检验合格才能进入下一个工序，检验的内容包括光纤、电缆的余长和两个衰减等等，他们的检验就是公司产品质量的保障。从整个生产车间来说，检验科的员工相对来说平均文化水平略高，基本是大专毕业，以年轻人居多。随着交流次数的增多，他们也渐渐地放下了戒备，不再那么拘谨，所以每次下班前，即使我来了，他们依然聚集在里间，低着头忙着看手机，享受下班前的轻松瞬间。当然，还会不时地和我搭上几句话，抱怨自己工作的辛苦，报酬的不公平，楼上的天天坐办公室做事没多少，拿的却不少，诸如此类。其实，检验任务都已完成，又快下班了，看看手机又有何妨呢？平时的他们，干起活来还是很认真的，作为一个职场人，该做事的时候认真做，也许这就够了吧。

　　D先生是检验科里的新员工，来公司上班刚刚半年多时间，在这群小伙子中，他是比较健谈的一个，但也略显羞涩。那双大眼睛分外有神，总让人忍不住地想多看他两眼，唯一影响他帅气的就是走路有些含胸，也许是瘦的缘故吧！看起来总像一个尚未发育成熟的男孩子，比较爱搞笑，幽默，所以在科里人缘不错。平时，他总是习惯性地称我为"老师"，让我很不好意思，但他对我的那份尊敬至今仍是感动不已。每天早上八点，刚刚上班的时候，检验科里分外忙碌，一堆的材料需要检验，窗口成缆检验、室内原材料检验、光纤着色后检验、车间OPGW管检验……大家各就各位，一般是两到三人一组，每组安排一个老员工做组长，在工作中指导帮助他们。检验工作中，公司还会对检验出问题产品的员工给予一定的奖励，所以他们工作的时候分外专心。

　　"你觉得这工作难吗？"

　　"没有太多的技术含量啦，反正就这么点事情，学几次就会了哇！没什么意思的！"谦虚也好，谨慎也罢，很显然，他对于质量检测工作并没有太多的价值认同。

抉　择

　　平时和 D 先生的交流并不是很深入,基本都是和一群人一起聊天,而他很会察言观色,聊天的内容一般也是面子上的公开话题,这并不是我的真正目的所在。终于,机会来了! 这一天,我在造管车间闲逛的时候看见了角落里忙着检验的 D 先生,原来他今天的主要工作是负责在造管车间对 OPGW 管的光纤检验。周围都是机器轰鸣声,而这丝毫不影响他对工作的那份投入,只见他头戴工作帽,一只手拿着 OPGW 管,一只手将管子切开,用纸将光纤外面的黑色纤膏擦除,然后再将一根根光纤与检测仪器相连,观察着每一根光纤的余长和衰减,最后再拿笔记录。这些工作,D 先生都驾轻就熟。

　　等了好一会儿,他的手头工作终于忙得差不多了,于是开始了我们之间的聊天。

　　"觉得目前的工作怎么样啊?"

　　"还能怎么样! 混混呗! 也没有喜欢不喜欢的,总归是要工作的,不像你们学历高的,我们学历低就是不想学,我到现在也没搞清楚为什么不想学。"

　　说到这,他又陷入沉思,慢慢捯饬他手里的那个监测仪器。在他看来,学历差别是造成我和他所谓的社会地位悬殊的主要原因。

　　D 先生原来在亲戚开的一个厂里上班,印花染布厂,可是因为自己的过错和亲戚闹翻了,他承认是自己的过错,但是亲戚说他有些重了,甚至张口骂他,而他又是个脾气非常倔的人,可想而知,大打出手,不欢而散。说完他反复强调,其实这是不好的,这一点他一直都很有自知之明,并且深深自责。在他的心里,依然存在着对那家公司的美好印象:"其实在那边上班挺好的,蛮自由的!"之前他工作于亲戚家的贸易公司,主要负责纺织产品的委托代理。而他的主要工作内容就是跟单,即负责跟踪甲方公司委托加工印染产品的服务过程,从接单,到送到厂里印好颜色,然后再进行后期处理。整个过程必须全程跟踪,监督他们一步步加工的过程和质量。与现在的工作相比,工作时间尤其自由,又不累,工资也不低,四千多。可惜因为自己的脾气和那可怕的自尊,纵有千般不舍,只能选择离开。

"当然了,现在的工作也挺好的,蛮省力的,不累。关键是人文环境蛮好。不是说和领导,是跟同事之间关系挺好,开开玩笑什么都挺好的。"足可以看出 D 先生的工作适应能力很强,善于苦中作乐。不然又能怎样呢? 毕竟这是他自己的选择。

梦想有多远

D 先生也是本地人,至今未婚,独生子女,家庭条件相当不错,因为家里有好几套拆迁房,好在他并没有纸醉金迷,还很谦虚:"就算再有钱嘛,也还是要上班的,如果躺在床上也能赚钱的话,那你就去睡吧。现在钱花起来很快的,外面社会太乱了,我们这里骗子很多的,好多小孩都仗着家里有钱,被圈进去,作弊杀老千,被当猪杀,去赌博,做高利贷,好多都是套钱的,骗钱的把戏而已。我都不出去的,一批人里谁是好的,谁是出来混的,我都知道,不能和他们一起玩的,我不和他们玩的。所以,我本质是好的,只是我能力不足。"

"那你现在开始努力学习嘛!"我试图鼓励他。

"不行了,学历在这呢。"这好像成了他不成功的最主要原因。

"那你就准备一直在这个公司干下去吗? 觉得在公司还有学习的劲头吗?"

"先干着再说吧,没啥学头,就那点东西,再多学也没意思。"

"要是公司有奖励,学不学啊?"

"这肯定要学的,只是这是不可能的。"他很务实。

"我们这边还有一个公司就很好,内部设置各种等级,不管是普通员工还是干部都是要考级,考到几级就定几级的工资,像我们普通工人干得好的话也可以加钱。"他对这样的公司管理制度充满了美慕与期待,也许,公司的管理模式调整一下,D 先生的学习动机兴许会更强。

"问题是我也不想在这里混,我也是有梦想的。"一时间,我怔住了,他说出这样的话,我始料未及,再看看他,脸早已涨得通红,或许他是鼓了很大的勇气才说出口的,或许他是想着力向我证明着什么,说实话,心里挺高兴的! 为他高兴! 有梦想就说明内心依然有憧憬,这对一个身处职场的年轻人来说是多么重要!

我故作镇静:"是吗? 那你的梦想是什么呀?"

"美利坚梦!"

可能是掺杂着机器的轰鸣声,也可能是我的思维短路,一时间没反应过来:"什么梦?"

"美利坚梦,就是想移民呀,去美国。这是我一直以来的梦想,那里自由啊! 当然了,我也就是说说。因为这个梦想离我太遥远了。"D 先生叹了口气,朝我瞥了一眼。他大概是怕我笑他吧,赶紧收走他的眼神。

我赶紧肯定:"挺好的呀! 不错的梦想啊! 现在去美国也容易的。"

他有点着急:"老师,我说的出国的意思就是想等功成名就移民去美国,不然现在去那里还是打工,有什么意思!"

"你也可以技术移民啊!"我继续鼓励着他,只期望他能赶紧行动起来。

"老师,你看我这样能行吗? 其实这个只是说说而已,我心里也有数,基本上都定型了。有时候家庭因素也很重要的,人际关系什么的。"显然,他对自己充满了悲观与自暴自弃,一方面鄙视自己学历的低下,一方面感叹家庭关系网的不给力。

"你有和家里人说过你的梦想吗?"

"我爸爸、妈妈不懂的,跟他们无法沟通。不和他们说这个的,以前我跟他们说过,他们骂了我一顿。所以跟他们没什么好谈的!"他的话语中充满了太多的不满,也许在梦想这个概念上,他的父母与他已经形成一道无法逾越的鸿沟。

"有梦想的人是最了不起的,他们不懂你,没关系,你就做给他们看嘛!"

"谢谢老师安慰,我蛮开心的! 我一般不跟别人说的,就是跟你说说哇,说开心了就说说了。可惜这梦想真的离我太遥远了。"面对他的自卑,我实在想不出来还有什么样的语言可以鼓励他。

行动的力量

自从和 D 先生畅谈过他的理想之后,我们的沟通渠道竟愈发的畅通，见面总会寒暄几句，每次下班前路过他们办公室，只要见到我，也不再躲避，不再看手机，而是陪我聊天，他通过这样的行为表达着对我的尊重。有时会想，如果D先生在一个竞争特别激烈的企业环境中，他会不会成长得更好？然而在当地人的眼里，好公司的界定标准只是工资待遇不错，上班不会太累，他们反对和外地人在一个公司，因为外地人都很拼，巴不得公司天天加班。而他们还想拥有自己的生活，不想工作占据他们的全部。因此，GHDL光缆有限公司尤为符合当地人的衡量标准，公司效益挺好，车间的一线企业员工以招收当地人为主，尽管没有密集加班，但是逢年过节需要赶工期，有时也会加班，这对外地人来讲尤为不利。办公室人因为有双休，正常休假，倒是无关紧要。但现实情况是即使有外地人，基本也都在此安家了。

D先生尽管对自己自暴自弃，但仍有一颗向上的心，只可惜没有行动。

"你同学现在都怎么样啊？"

"都好久没联系啦！同学聚会我都不去，混得太差了，不好意思去了。"

"是吗？那他们都有多好啊？"

"我有个同学在张家港的一个公司，他做销售，人家现在都开宝马了。我还有个同学在无锡，在银行里也挺好的。"他其实挺关注那些混得不错的同学。

"你也是有梦想的，现在只是暂时的，赶紧行动起来，就好了。其实你也挺适合做销售的。"

D先生连忙否定了，他觉得做销售也是要关系的，他再一次把责任推向了家庭问题。开淘宝要货源，看书吧，没兴趣。每一件事对他来说似乎都有客观的、无法克服的困难。而下班了就是在家里玩玩电脑，可以肯定的是，他对自己的这种不作为的行为也挺不满的。

"打算怎么办呢？还换岗位吗？"

"看吧，混得好就不换了。看以后路怎么走了，虽然说是混混，但是该做的我还是很认真做的。只是现在是为了工作而工作，对现在工作不感兴趣,就像个机器人一样。"很显然,待在公司做这个工作是无法实现他的美利坚梦,真正的现实中,他又把梦想抛诸脑后了。

"你有感兴趣的工作吗?"

"唉,我喜欢做茶室,说起来要被人耻笑的,而且现在又不赚钱,那是有钱了开着玩玩的。"猛然间发觉他有些天马行空,不着边际。行动的力量却是如此苍白。

"想过怎么实现自己的梦想啊?"

"光有梦想没用啊,我也不知道为什么就总是行动不起来,真想找个人逼逼我。"他的归因方式很是特别,似乎一切的堕落与他自己无关,都是家庭造成的。上学的时候,因为自己是独子,父母分外宠溺,对他百般呵护,学习上从来都不要求他什么,更不会管他,只是保证他吃饱穿暖,没钱用就给,对于精神上、思想上的引导从来都是空白。但是,这并不是他爸爸妈妈的错,"他们只是普通的农村人,没有什么文化,没有见过外面的世界,没事的时候就是打打麻将,有时候缺人还会拉上我。"家庭教育最多也就是将自己的做人经验传授给孩子,其他的他们也无能为力,毕竟他们的爸爸妈妈也是这样教育他们的。只是 D 先生并没有明白,那些功成名就之人并不是靠别人的逼迫成功的,而是靠自己脚踏实地的刻苦努力赢来的。我想,对于 D 先生来说,只找到合适的归因方式,是他行动的第一步,真心祝愿他能通过自己的努力重拾自信,实现梦想!

(二) 质量检测员 D 先生的职场学习动机分析

D 先生是一个极度缺乏职场学习动机的典型代表,究其原因,主要存在以下几个方面的原因:

1. 工作有价值,但是过于单一,缺乏挑战性,缺乏工作价值的认同

D 先生是 GHDL 光缆有限公司的一名质量检验员,负责公司从原材料光纤、着色、造管、到成缆每一道工序后的成品或半成品的检验,对于公司来说,一方面及时发现原材料或各个工序中产生的问题产品,以便及时修补或

报废,减少损失。另一方面为公司提高生产工艺提供评价依据及科学合理性。因此这一项工作是公司产品质量的保障,关系着公司的信誉。从公司的人员配备也可以看出对检验工作的重视,"从整个生产车间来说,检验科的员工相对来说平均文化水平略高,基本是大专毕业,以年轻人居多。"D先生在工作过程中还是体现出他应有的认真与严肃:"一只手拿着OPGW管,一只手将管子切开,用纸将光纤外面的黑色纤膏擦除,然后再将一根根光纤与检测仪器相连,观察着每一根光纤的余长和衰减,最后再拿笔记录。"然而,尽管工作任务很有价值,还是没能激发起D先生强烈的职场学习动机。因为工作的内容仅限于测光纤的衰减和余长,尤为简单,更无挑战性可言。从工作形式来看,每一道工序的产品检验都是针对光纤的余长和衰减,这是电信光缆的最核心的质量保障,因此,工作形式相对来讲要单调得多,"没有太多的技术含量啦,反正就这么点事情,学几次就会了哇!没什么意思的!"只是不停地测光纤的余长和衰减,一味地重复劳动,这对于拥有远大理想的D先生来说,实在是无法激起他职场学习的欲望,只是疲于应付,别无他求。

2. 空有梦想,自卑懒惰,眼高手低

D先生很年轻,而且并不安于现状,"就算再有钱嘛,也还是要上班的,如果躺在床上也能赚钱的话,那你就去睡吧。"对自己的未来有着美好的憧憬——美国梦,他期望自己能够功成名就定居美国,那是一个自由的国度,他很向往。对自己的能力也有着一定的了解,"当然了,我也就是说说。因为这个梦想离我太遥远了。""其实这个只是说说而已,我心里也有数。""我本质是好的,只是我能力不足。"的确,以他目前的能力与基础根本撑不起他的美国梦,但他并不愿意从小事做起,从眼前事做起,显得眼高手低。不屑于做小事,不想做好眼前事。所以每次见到笔者就像是一个犯错误的小孩,那含胸的走路方式似乎也暴露了他内心的那份自卑,尽管自卑,但就是不行动,因为懒惰。一有时间就是"低着头忙着看手机""自己在家里打打游戏什么的",缺乏脚踏实地的实干精神,这样的个性特点成为D先生职场学习的极大阻碍。

3. 消极的自我归因方式和应对模式

叙事中,D先生心里十分明白,他并不能实现美国梦而只能苟且存活于小公司,干着自己并不十分喜欢干的事情,对此他采取了极度消极、悲观的归因方式:"不像你们学历高的,我们学历低就是不想学,我到现在也没搞清楚为什么不想学。""不行了,学历在这呢。"他认为自己的低学历是他实现梦想的绊脚石,"我心里也有数,基本上都定型了。有时候家庭因素也很重要的,人际关系什么的。""因为自己是独子,父母分外宠溺,百般呵护,学习上从来都不要求什么,更不会管,"他认为家庭也是造成他如今现状的罪魁祸首。"我也不知道为什么就总是行动不起来,真想找个人逼逼我。"自己的学习内驱力不足,总是寄希望于有一股外力来推动他。总之,在他看来,他职业发展得不好就是因为学历低,父母从来不管他,这些都是他无法改变的现实,于是采取了"就这么混混"的消极应对模式,职场学习的动力一点都谈不上。

4. 对企业管理模式的不满

D先生所在的检验科的工作是分组进行的,"一般是两到三人一组,每组安排一个老员工做组长,在工作中指导帮助他们。检验工作中,公司还会对检验出问题产品的员工给予一定的奖励。"这样的管理模式对新员工是一个很好的促进,老师傅带着新徒弟一起进步。但是D先生并不满于目前的管理模式,尤其是考核制度,尤其是对一般企业员工的一视同仁,不管做多少工作,做得怎么样,只要不犯重大错误,工资都差不多。D先生对此充满了抱怨,根本不愿意多学一点点与工作有关的内容,因为在他看来,学了也没意思,反正都一样。"我们这边还有一个公司就很好,内部设置各种等级,不管是普通员工还是干部都是要考级,考到几级就定几级的工资,像我们普通工人干得好的话也可以加钱。"这才是他满意的公司管理体制,能够公开、公平、公正地评定所有员工,通过等级的设置、薪酬的区别激发员工的工作、学习积极性。

5. 不良工作环境的影响

笔者多次出入检验科,与楼上的办公室不同的是,它们分为里外三间,最外面一间设有三个窗口,专门检测成缆光纤,里面还有两间,一间是管理人员办公室,一间是用于检测原材料及各种检测仪器。所以临近下班时,或是工作任务完成时,负责检验工作的一线检测员们都躲在里间,"有的坐在椅子上,有的半靠着办公桌,目光专注地盯着手机。"和我聊天的内容都集中于"抱怨自己工作的辛苦,报酬的不公平,楼上的天天坐办公室拿得太多,诸如此类。"而相关领导对于自己的部门属下基本也是采用比较温和、随意的管理模式,睁一只眼,闭一只眼,听之任之。所以这样的工作环境和氛围对

D先生他们来说没有一点的约束力,过度的自由根本无法激起其职场学习的欲望,充满负能量的闲聊正一点点地浇灭D先生和他的同事们的工作热情。

6. 学生时代父母的疏于管教

D先生目前未婚,独生子女,与父母同住,家庭生活优异,在他的身上可以看到父母的教育影响,比如如何与不同的人打成一片,待人接物谦恭有礼等等。"比较爱搞笑,幽默,所以在科里人缘不错。""每次下班前路过他们办公室,只要见到我,也不再躲避,不再看手机,而是陪我聊天,他通过这样的行为表达着对我的尊重。"但是由于双亲的学历水平较低,对于孩子的学习疏于管教在一定程度上影响了D先生的职场学习。比如关于梦想,父母不仅不能理解,还加以讽刺辱骂:"不和他们说这个的,以前我跟他们说过,他们骂了我一顿。所以跟他们没什么好谈的!""他们只是普通的农村人,没有什么文化,没有见过外面的世界,没事的时候就是打打麻将,有时候缺人还会拉上我。"父母与他的沟通渠道是堵塞的,不思进取的生活习惯影响着他,对他"只是保证他吃饱穿暖,没钱用就给。"宠溺还来不及,更谈不上对D先生学习上的严格要求了。也许正是因为小时候的疏于管教,学习习惯的疏于培养,让"懒散"这颗毒瘤深植于D先生的体内,难以自拔。

7. 对优秀同伴的刻意回避

D先生的内心其实是积极要求进步的,比如他心中藏着美国梦,他羡慕同学的飞黄腾达,"我有个同学在张家港的一个公司,他做销售,人家现在都开宝马了。我还有个同学在无锡,在银行里也挺好的。"但是他却拒绝接受同伴的积极影响,"都好久没联系啦!同学聚会我都不去,混得太差了,不好意思去了。"因为自卑,他不愿意参加同学聚会,除了自卑,什么也没有,他不会从同伴的成功事业中进行积极归因,反而将自己的失败归因于父母和家庭,而自己则置身于事外,似乎一切都不是他的错。他能够与周围的人打成一片,却不愿意参加聚会,除了自卑,还有内心的自我封闭,拒绝将之转化成自己学习、工作的动力。

总之,D先生是一个职场学习动机极弱的企业员工,消极的归因方式,不良的家庭教育影响,自卑、眼高手低的个性等在其中起到了很大的阻碍作用。调研中,像这样的青年企业员工还有很多,这是一个现实的境况,我们难以回避。

第六章

企业员工职场学习动机叙事的分析与讨论

　　本章在上一章叙事的基础上进行理论提升,综合研究分析的结果总结企业员工职场学习动机的特点、类型及其影响因素。第一部分总结了企业员工职场学习动机的特点主要表现为情境性、实用性、复杂性、阶段性等。第二部分归纳出其职场学习动机的六种主要类型,分别是职业发展取向、和谐关系取向、满足兴趣取向、胜任工作取向、物质报酬取向和逃避学习取向等。第三部分重点分析了企业员工的职场学习动机的来源,主要表现为工作任务、学习者个体、单位组织和社会家庭四个层面。

一、企业员工职场学习动机的特点

　　职场学习动机,即推动职场中的工作人员个体参与学习活动的一种内在动因,或称内在动力,是履行和维持企业员工职场学习活动的心理因素。职场学习动机是员工职场学习的原动力,它是由学习的需要引起的。当某种学习需要得不到满足时,个体内部就会产生一种内驱力,在这种内驱力指向外界满足这一需要的条件时,就变成学习动机。职场学习动机是一个复杂的体系,具有丰富性和多重性,它与职场个体所处的社会环境、社会地位及其人生观以及年龄、性别等有密切的联系,同时,其主导动机往往与他们的职业有关[①]。通过对企业员工的实地观察和叙事研究,发现企业员工职场学习动机的特点主要表现为以下几个方面:

---

① 关世雄主编.成人教育辞典[M].北京:职工教育出版社,1990:153.

（一）情境性

职场学习是根植于工作情境之中的一种学习模式，其学习动机的产生与工作息息相关，随着工作情境的变化而变化。企业员工在完成一项具体工作任务的过程中，工作任务自身的价值或挑战性，学习者个体自身的不服输性格，领导对该项任务的重视，遇到难以解决而又必须解决的问题，团队合作的乐趣等都会引发企业员工强烈的职场学习动机。工作即学习，学习即工作。以建筑公司的施工员为例，他们是施工现场的指南针，负责解决施工组织设计和现场的关系，放线、测量、现场监督，处理施工现场问题，上报施工进度，以保证现场施工的紧张有序进行。为了保证施工进度和施工质量，任何一个程序的进行都有可能激发他们强烈的职场学习动机，倘若脱离具体的工作情境，则无职场学习动机所言。因此，企业员工的职场学习动机不是凭空产生的，而是在具体的工作活动中形成的，情境性是企业员工职场学习动机最基本的特点。

（二）实用性

企业员工，作为担负着多重社会角色的成人，拥有相对丰富的社会生活经验，具备独立思考与解决问题的能力，他们会根据自己的工作需要和社会角色等来选择某个时期、某个工作情境适合自己需要的学习内容、学习方式。因此，与学校学生学习动机不同的是，企业员工的职场学习动机更为实际、更为明确。基于当前的工作，放眼自己的职业发展前景，为了获得更好的工作环境和创造一个新的发展机会，为了习得经验使自己更好地胜任工作，为了获得领导的认可、晋级提升……与现实工作、生活紧密联系，是企业员工职场学习动机的源头。当然，在职场学习中，企业员工所注重的，不仅仅是知识积累，为以后的社会生活、实践做准备，更主要的是习得的知识、技能、能力等能及时地应用于现实的工作实践中，服务于当前的工作实践。简言之，干什么，学什么，缺什么，补什么，其学习目标、学习内容与个人职业的需求同步①。如机械维修工人职场学习动机的实用性体现为通过职场学习能帮助其快速、有效地解决机器维修中存在的问题，企业销售人员则表现为

---

① 李立群.《成人学习动机量表》的编制及初步应用[D].天津师范大学,2008:40.

通过职场学习能提升其产品销售能力,获得一定的销售业绩。

（三）复杂性

职场学习动机的复杂性表现为两方面:其一,职场学习动机诱因的复杂性。企业员工职场学习动机的实用性和其多维的社会角色引发了他们多样化的学习需求,进而导致其多样化的职场学习动机,如解决工作问题,满足求知兴趣,工作具有挑战性,获得更多的薪水,得到单位领导的肯定,结交更多的工作伙伴等。其二,构成职场学习动机心理成分的复杂性。它不是单纯的认识因素,而是知、情、意的有机结合。首先,企业员工对职场学习的必要性和重要性的认识,是职场学习动机必不可少的一个心理成分。但是,单纯的对职场学习的认识还不足以构成职场学习动机。"知之者不如好之者,好之者不如乐之者。"可见,"好"和"乐"的情感因素是使人学习的一个比认识更为重要的因素,职场中的成人学习更是如此。由于走上工作岗位的成人面临着社会、单位、家庭等多重责任与义务,与在校的学生相比,受到的干扰因素更多、更繁杂。因此,克服职场学习中的困难,精益求精的意志品质是构成职场学习动机的重要支柱,没有这个支柱,职场学习将难以为继。

（四）阶段性

以知识为原动力的后工业时代展现了其知识爆炸的惊人力量,学习与工作活动的界限愈发模糊,企业员工的职场学习动机与其工作情境紧密融合,当企业员工所面临的工作环境发生变化时,如工作任务不同,岗位变动、职位升迁等,其职场学习动机就会随着工作情境的变化而变化。因此,在同一个企业员工身上往往同时存在着几种不同层次的动机,但是它们有主次之分,并且在一定的时期和特定的工作环境中,体现出阶段性的特点。以产品销售人员为例,工作中,他们需要了解产品特性,寻找产品的核心卖点,确定产品的生命周期,制定一定的销售策略。一方面,随着销售产品的更换,其职场学习的内容也会发生相应的改变,需要重新了解产品特性,制定销售策略。另一方面,销售人员在不同的部门承担着不同的工作任务,一旦工作岗位有所变化,其工作内容、职责有变,职场学习动机自然发生变化。此外,岗位变动、职位升迁等环境的变化对企业员工职场学习动机的影响也是阶段性的。当然,企业员工职场学习动机的阶段性只是相对的,与工作内容联系越为紧密的职场学习动机,其阶段性体现得越明显。

二、企业员工职场学习动机的类型

职场学习动机是一种看不见的、内隐的、假设的结构,是企业员工顺利进行职场学习的心理基础。一方面,企业员工的职场学习动机必然表现出明显的成人学习动机特点;另一方面,企业员工职场学习动机与工作动机密切相关,一定强度的工作动机是学习动机的首要前提。因此,关于企业员工的职场学习动机分类,主要借鉴学习动机和工作动机的分类方法。一般来说,关于动机的分类方法有很多种,按起源、内容、社会来源、在活动中所发挥的作用、持续作用时间长短等标准分类,而工作动机的分类方法主要采用普遍的社会来源分类法,将工作动机分为内部工作动机和外在工作动机两大类。基于实地观察、深度访谈和叙事研究的发现,企业员工的职场学习动机主要表现为六种:职业发展取向、和谐关系取向、满足兴趣取向、胜任工作取向、物质报酬取向和逃避学习取向。

(一)职业发展取向

职业规划是每一个职场人必须面对的现实,为了求得职业上更好的发展,期望通过职场学习增加工作或就业的能力、提高个人在公司的地位,以获得工作上的提拔或重用等等。这一动机取向不仅仅指向当前工作任务,更放眼于整个职业发展规划,目标更为长远。此类动机随着企业员工的个人职业进展而不断调整,以此引领自己的整个职业发展走向并贯穿于整个职业生涯。

(二)和谐关系取向

良好关系取向动机主要表现为对归属感、与他人的和谐感及亲密感的追求而引发的职场学习行为,这主要受中国传统家族文化的影响。彼此之间强调感情,讲究和谐,崇尚集体主义,追求归属感、与他人的和谐感、亲密感,这些对中国人而言是根深蒂固的潜在意识,在企业员工的工作活动中必然会有所表现①。任何个体都无法脱离环境独立工作,因此,为了获得领导及同事的良好印象,为了营造和谐的工作关系而学习,这是一种社会性需要的职场学习动机。

(三)满足兴趣取向

企业员工在工作中发现其独特的价值和挑战性,产生职场学习的兴趣,试图通过职场学习追求一种内心的愉悦感、成就感,从而获得满足的动机。满足兴趣取向的职场学习者以知识型企业员工居多,他们一般有着较高的受教育水平,所从事的工作具有挑战性和创造性,他们自己追求自主,喜欢冒险,渴望征服困难。随着我国综合国力的增强,国民素质的提升,企业的转型升级,越来越多的企业员工开始在工作中发现自己的兴趣,在职场学习中享受工作的挑战性给自己带来的无穷乐趣,这是一种是在基本需求能得到满足基础之上引发的更高层次的职场学习动机。

(四)胜任工作取向

职场学习是以工作为依托的,职场学习的积极性与工作任务本身有着直接性的关系。为了追求工作任务的圆满完成,工作中问题的完美解决而引发的职场学习行为,就是职场学习动机的胜任工作取向。当前,知识呈现爆炸性增长的时代,个体的职业角色和任务已不再是既定的、可预见的,企业员工为了维持自身生存和竞争的优势,必须参与职场学习,更新职业知识和技能。在企业员工的职场学习动机中,这一取向是最重要、最基本的学习动机,工作无法胜任,其他都将无从谈起。当然,工作任务有难易之分,对于一些简单、重复的工作,则很难引发企业员工胜任工作取向的职场学习动机。

(五)物质报酬取向

人类最原始的基本需要就是生存性需要,它是推动人行动的最强大的力量,作为成人的企业员工大多已建立家庭,承担着巨大的家庭责任和社会责任,以追求更多的物质报酬为职场学习动机,这对企业员工来说是最为现

---

① 张剑,郭德俊.企业员工工作动机的结构研究[J].应用心理学,2003(1):3-8.

实、也普遍存在的一种职场学习动机。它分属于职场学习外在动机,是因为职场学习以外的内容即对物质利益的追求而引发的职场学习动机,这种动机所追求的满足不在于职场学习本身,而是在职场学习之后所获得的附属事物上,所以又称作间接性职场学习动机。

（六）逃避学习取向

企业员工的群体中也存在着职场学习动机几乎接近"无动机"的状态,将之称为逃避学习取向,这是职场学习动机最不理想的状态,也是最低层次的学习动机类型。因为企业员工个体及环境的差异性,任何一个企业组织都存在着或多或少没有任何职场学习动机的企业员工,如叙事中的 D 先生,对他来说,工作只是日常生活中的必需品,甚至是周围环境逼迫的结果。

当然,在实际的职场情境中,企业员工的职场学习动机取向往往是多元的,每一种动机所发挥的作用和其所占的地位也是各不相同的,而且它们之间常常是相互联系、互为补充的。同时,由于企业员工的职场学习具有情境性,学习动机的取向会随着情境的变化而变化。

三、企业员工职场学习动机的探析

在田野观察、深度访谈和叙事研究中,发现企业员工职场学习动机的影响因素是复杂而多变的,并且存在较大的个体差异性。一般来讲,企业员工的职场学习动机的来源主要表现为工作任务、学习者个体、单位组织和社会家庭四个层面。

（一）工作任务与企业员工的职场学习动机

工作与学习的关系水乳交融,工作本身就意味着成长和学习的机会。但是,这并不意味着企业员工从事的所有工作都具备学习的价值与意义[①]。情境学习理论认为,企业员工知识、技能的建构发生于其与情境之间的互动,工作任务就是与企业员工的学习有直接关系的情境因子。在企业员工的实际工作活动中,他们从事的工作任务愈复杂,需要的技巧和能力就愈多,能力和

---

① 徐瑾劼.适应下的理想:工作场所学习在职业教育中的价值及策略[D].华东师范大学,2011:56.

自觉控制程度的要求就愈高,个性的和排他主义能力就愈多地一般化为类本质,职场学习发生的可能性就越大,企业员工的职场学习动机就越强。反之,工作愈是简单,所要求的集中程度愈低,它在执行中自然愈发机械与单调。企业员工若是长期从事如此墨守成规而不具有变化的工作活动,所牵涉的排他主义能力就愈有可能萎缩[①]。职场学习发生的可能性就越小,其职场学习动机必然很弱。当然,对于一个职场新手来说,无论其从事的工作简单抑或是复杂,有价值抑或是无意义,职场学习都必然发生,为了尽快适应眼前的工作,其职场学习动机的强度较一般员工都要强。本研究并没有局限于职场新手,而主要着眼于一般的、已经拥有一定工作经验的企业员工,毕竟他们是企业的主力军,能代表企业员工整体职场学习动机的状态。

1. 岗位类别与企业员工的职场学习动机

企业员工的职场学习是基于实际的工作需求而发生的,其职场学习动机与实际的工作需求息息相关。以 GHDL 光缆公司为例,该公司既有基于劳动过程中的操作与功能的技术性分工,又有基于各部门职能分配的社会性分工[②]。其职能分工主要设有生产部、质量检验、产品设计、工艺技术、设备维修、产品销售、资材、营业部、财务部、总务部等部门,其中生产部又设有成缆、造管、铝管造管、包装、着色、绕包、包覆、复绕等产品生产技术性分工。不同的工作对企业员工的技能与知识需求是不同的,如表6-1所示。

表6-1　GHDL 光缆公司企业员工不同岗位知识技能需求一览表(选录)

工作名称	工作内容	技能与知识需求
着色操作员	光纤着色;制品、半成品在生产过程中的存放,运转及出入库的登记。	高中或中专以上学历;具备光纤光缆基础知识;掌握油墨、油漆使用安全技术要求,清楚化学品的贮存知识,接受过应急预案培训;能正确使用消防器材;懂得紧急情况下的逃生知识及受到伤害时的自救与互救。

① ［匈］阿格妮丝·赫勒著,衣俊卿译.日常生活[M].重庆:重庆出版社,2010:63-71.

② 陈建成,王立飞主编.总部经济与农业科技园区发展[M].北京:知识产权出版社,2008:36-41.

（续表）

工作名称	工作内容	技能与知识需求
成缆操作员	检查产品质量和质量完成情况,动态分析影响产品质量的各种因素,积极落实提高质量的各种措施; 根据生产实际情况,在规定时间内有效完成上盘工作; 对成缆车间内的负责的设备、仪器仪表及工器具进行管理、维护和保养及卫生; 严格交接班制度,做好生产及设备方面的记录。	高中或中专以上学历; 英语达到高中英语水平; 计算机具备基本的操作能力; 紧急情况下的逃生知识及受到伤害时的自救与互救。
检验员	操作公司各种测试仪器,并对检验对象出具各类报告; 独立完成公司半成品、成品、原材料检验,并出具检验报告。	高中或中专以上学历; 会熟练使用计算机; 熟悉公司各项材料标准,检验规范及质量体系; 工作责任心强,有条理,服从管理。
产品售后	负责本部门光纤熔接、开盘检测、清点金具数量、督导安装的服务; 解答现场客户提出的疑问、反馈用户的信息。	高中或中专以上学历; 具有光纤光缆基础知识。
采购员	以公司各部门申购单为基础获得供应商提供的报价单,对供应商及其提供的报价单进行有效评估,提出采购订单,制定合同; 收到原料或货物后进行确认和测试; 计算并安排应付款项,联络供应商,向领导汇报工作并提出相关意见。	大专及以上学历,专业不限; 计算机方面,能熟练运用Excel; 外语能力方面,需掌握一门外语,英语或日语; 为人诚实正直。
电工	公司电器管理; 参与各类设备器材的调试与维修; 负责各类设备器材的电器维护与保养。	高中或中专以上学历;持有有效的电工证; 掌握电工知识和操作知识,有培训上岗证; 接受过应急预案培训;能正确使用消防器材; 懂得紧急情况下的逃生知识及受到伤害时的自救与互救。

（续表）

工作名称	工作内容	技能与知识需求
人事专员	组织公司员工的招聘、录用、考核； 管理公司人事档案及其他合同档案； 核算公司员工工资； 负责公司员工的劳动保护及员工福利管理； 办理公司员工劳动保险； 组织和配合公司员工教育、培训计划和实施； 完成部门主管交办的其他工作。	大专及以上学历,管理专业； 计算机方面,能熟练运用Word、Excel； 英语达到 CET-4 水平； 具备两年以上相关工作经验； 工作认真负责,沟通能力强。

注：资料来源于 GHDL 光缆有限公司 ISO 质量管理体系相关内容

    基于 GHDL 光缆公司的产品生产工序,上表列出了部分工作岗位的工作内容及相应的技能与知识需求。从工作内容来看,光缆产品生产部下属的各工种的工作内容相对比较单一,工作内容能在较短的时间内熟悉,并经过一段时间的训练与指导能进行独立操作。其中英语能力的运用也仅局限于对部分进口机器的操作指示识别,部分员工甚至采用死记硬背的方式进行记忆,并没有太多的变化与挑战性,其职场学习的发生一般表现为新手学习期间的岗位适应,而随着员工对工作内容的熟悉,其学习动机呈逐渐减弱的趋势。如叙事中的 C 先生,担任质量检验工作,因为自己的工作内容过于单一,缺乏挑战性,尽管刚刚入职半年,也没能引起其职场学习的兴趣。在实地观察中,因为岗位类别的差异对企业员工的职场学习动机的影响案例屡见不鲜。

    陆师傅,男,一线成缆操作工。80 后,高中文凭,小眼睛,贴着头皮的那一根根短发直直地站立着,如同他那打机关枪式的话语方式般"直来直往"。一早在偌大的充满机器轰鸣声的车间里见到他,正在紧张地忙着上盘工作,控制航车,上盘,接线……动作利索,一切对他来说都是轻车熟路。"这东西啊,给你上几次盘,你也就会了,没啥好看的!一点技术含量都没有!"一边忙着上盘,还一边给我解释着他的工作。陆师傅进公司已有五年之久,主管成缆车间的一台国内成缆机器,在公司算是一名老员工了,只有上盘时才能观察到他对于工作的那份集中与专注,其他就是"油嘴滑舌"

"吊儿郎当"的代名词,这样的概括似乎并不为过。平时上着三班倒的工作,考虑到安全与质量,操作间是没有可以坐下休息的凳子等一类物品,这也就意味着八小时工作期间得全程站立,工作的难度不大,但是单调乏味、身体劳累。所以他们就是每天机械地工作,没有一丝学习的必要。(S1)

相反,对于机电维修、人事专员、产品设计这一类的工作来说,工作内容相对繁杂一些,其面对的工作对象更为变化多样,对员工的知识与技能要求更高,其中更有对员工个人诚实、沟通能力、组织能力等软技能的重视。因此,为了更好地胜任本职工作,从事此类别工作的企业员工需要不断地学习与反思,其职场学习动机一般较强。如叙事中的 A 先生是一名机械维修工,B 小姐是一名人事专员,相对于 D 先生的质量检验工作来说,他们的工作内容充满了更多的不确定性与挑战性,在这样的重重压力与挑战之下,他们表现出了较强的职场学习动机。

自我决定理论认为,人类生来就倾向于对新颖性和挑战做出系统的反应,并在此过程中发展能力①。而企业员工不同的劳动分工之间必然存在着技术与能力的差别,这也是目前企业内普遍存在的岗位技能分布不均而导致企业员工职场学习动机差异的现实写照。现代企业分工的多样性,为企业员工学习的专业性提供了更多的便利,但是对于企业员工职场学习动机的影响也逐步彰显。

此外,工作时间对于企业员工的职场学习动机也有一定的影响,尤其是一线的企业员工,三班制的工作模式对员工的身体健康的影响是显而易见的。

一个班上下来累死了,尤其是夜班,晚上十二点到早上八点,一直都要站着,只能偶尔去外面吸烟区吸一会烟。天冷的话就冻得要命,天热的话热得要死,还要被蚊子咬,心里什么都不想,就想着赶紧早点下班吧。(S1)

---

① ［美］弗兰肯.人类动机［M］.西安:陕西师范大学出版社,2005:314.

在固有生物钟的作用之下,三班制(早、中、晚班)员工原有的工作休息规律被打乱,晚上的睡眠时间不得不用于工作,有些公司甚至还采用12小时工作制,如此疲惫的身体必然不利于促进企业员工的职场学习。人的精力是有限的,因此,工作时间越长的企业员工自然也没有更多的时间和精力去进行职场学习,学习动机自然就弱。

2. 不同职务级别与企业员工的职场学习动机

工作任务对企业员工的职场学习动机的影响程度,不仅可以工作类别层面进行横向的比较分析,还可以从不同职位层级进行纵向的分析。就以GHDL光缆有限公司的生产部为例,不同职位级别员工的工作内容如表6-2所示:

表6-2　GHDL光缆公司不同职务级别企业员工的工作内容

职位级别	工作内容
成缆班长	根据各工程生产表单,制定相应的生产产量计划,落实各机台的生产完成情况; 督促操作人员的在生产时自觉遵守劳动纪律、操作规程和工艺规定; 检查操作人员的在岗情况,检查其生产记录、巡检记录等是否真实有效; 检查本班组5S的情况,每天交接班每个班组5分钟搞卫生; 生产时出现的异常情况及时处理,如不能处理需上报相关部门负责人,附书面记录; 核对每盘缆开车和结束时的数量和质量,并做好相应记录; 监督交接班时的情况,记录本班组员工的上下班时间; 认真填写《生产日报表》《产品长度和质量确认表》并注明异常情况。
生产科长(成缆)	按产品合同通知单计算新工程材料、木盘,做好材料采购表和生产准备表; 根据来料情况及时配盘,并组织生产; 下成缆生产表单,并通知工艺人员下相关工艺卡,复核着色、光单元、铝管、成缆单丝复绕等表单; 落实和跟踪成缆生产进度,及时分析处理生产过程中出现的异常情况(包括人、机、料、法、环),根据成缆和造管生产进度及时调整生产计划和人员配置,做好员工思想工作和技能考核工作; 统计产量、断线、断OP管情况; 每月底对生产能力进行分析; 临工工资计算(每天对成缆工段各机台人员工作考核); 成缆车间现场管理(包括单丝复绕)。

（续表）

职位级别	工作内容
生产部值班长	交接班管理,上下班时间记录,人员去向表翻牌,当班情况交接; 掌握生产计划和全面的生产进度、生产现状; 现场5S巡检,及时处理不合理情况,监督当班人员做好卫生工作,特别是中夜班人员; 检查各机台生产记录,交接记录,巡检记录,不合格品记录等,日班值班长负责收集装订; 全面掌握单丝复绕情况,及时处理,发现短、断,找不到的单丝要迅速做出反应并报告; 经常关注造管车间不合格区、待修复区、合格区,根据生产进度及时做出调整,随时整理; 成缆前确认OP管等原材料状态及成缆后长度和成型率,并做好记录; 填写《生产日报表》《产品长度和质量确认表》并注明异常情况; 对于质量事故及不合格通知单根据实际情况及时处理,处理不了要对下一班交接好,对相关责任人开具处罚单,汇总班上发生的问题并即时通告; 生产及设备出现异常及时处理,不能处理要及时合理调整上班人员,并交代给接班值班长; 监督执行本班上的劳动纪律,实行值班长的责任制。
生产部主任	根据生产计划指令下复绕生产表单并安排好材料的领用(注意生产中各周转盘的使用情况); 负责各生产线(着色、光单元、铝管、成缆、单丝复绕、包装、叉车等)工作协调及统计工作,保质保量完成各项工作,保证各生产线正常运转; 负责监督各生产线员工劳动纪律的执行。安排车间各工段人员工作,合理调配人员,做好人员管理,负责新工人的入厂培训及入厂后的技能培训和考核,做好车间员工思想工作,组织好各项活动; 对各工段现场管理,处理临时突发的事故; 协调维修、检验、门卫等部门的工作; 出勤统计、各工段考核统计; 监督各值班长、组长各项工作的完成情况; 每月一次对下属各班组进行安全培训、技能培训; 负责各生产线的现场管理(着色、造管、成缆、复绕、包装等)。

（续表）

职位级别	工 作 内 容
生产部 经理	按销售计划制定生产计划,有紧急订单及时调整; 将产品合同通知单下达部门各责任人员,有特殊要求的需做出特殊标识; 审核生产部管理人员按产品通知单和工艺部门的材料计算单下达材料采购单; 审核生产部管理人员按产品通知单下达的各工序的生产表单; 跟踪生产表单的完成情况,对未按计划完成情况的要进行分析,对在生产时出现异常情况时,及时与质量、技术部门沟通,确定正确的处理方法后做出决定报主管领导; 统计每天的生产产量,汇总每天出现的异常情况,于每天的晨会上进行公布; 按日统计,按月汇总生产产量; 生产现场的总体管理与指导; 对实行计件工资的员工的工资进行审核; 按质量奖罚制度对各责任人进行质量奖罚。

注:资料来源于 GHDL 光缆有限公司 ISO 质量管理体系相关内容

从上表可以看出,随着职位的逐级递升,相应职位的企业员工所承担的工作任务的范围逐渐扩大,由一线操作工对一台机器的生产运作负责制到值班长和生产部经理对生产部所有生产机器的生产运作的管理,承担的责任也愈来愈大。处于生产部最基层的是成缆、造管、着色、绕包、包覆、复绕的一线操作工,他们只负责一台机器的生产运作情况,只需要掌握局部的生产技能,从事局部的生产活动,职场学习的内容相对比较单一。职位越高,生产技能的广度和生产活动的范围越大,其工作的复杂性也逐渐加大,职场学习的内容则愈发丰富,但是其职场学习动机并不必然存在着正向的辩证关系。叙事中的 C 先生,是一位总务主管,其职场学习动机就存在一个变化的过程,在他只身闯荡、孤注一掷的时候表现出了强烈的职场学习动机,但是随着他的职务级别的提升,由于各方面的原因,职场学习动机逐渐减弱。"职场学习的动力并不如之前那么强了",但是"对于职场学习会有针对性地选择"。这里所说的"选择"就是工作中迫切需要掌握的知识和能力。但相较于一般员工,其职场学习意识仍然较强。

作为一线操作工的陆师傅,拥有五年工作经验的他自觉工作的单调与乏味,一切无须学习,更多的是因为工作本身并不需要学习,由于公司实行分级负责制,所以一旦出了问题,作为一线操作工的他是没有权利自行处理的,必须第一时间上报班长、值班长,视问题大小分级处理。所以多一事不如少一事,事不关己,高高挂起,何必惹是生非!（S1）

　　邱师傅,生产部值班长,2003 年进入公司,从最开始的一线操作工一步步发展提升为现在的生产部值班长,多年的成缆操作经验让他倍加自信,他直言,对成缆的所有机器都已经熟得不能再熟了,一般情况下,出问题都能准确判断,轻松搞定。在生产部的每一个角落总能看到他那忙碌的身影,有时忙于记录生产情况,有时忙着开叉车运生产材料和产品至指定地点,有时忙于处理生产过程中出现的随机问题,有时也会与一线操作工们插科打诨,联络情感。（S3）

　　吴经理,大专文化,生产部经理。12 年进入公司,从生产计划员做起,后来因为工作出色,荣升为生产部经理。由于其生产车间一线工作经验的相对匮乏,对一线生产缺乏深入的了解,因此虽身为生产部经理,但是与一线操作工在沟通上似乎有一个难以逾越的鸿沟。他坦言,从他上任后公司生产部门的电缆生产产量和质量都得到了很大的提升,但是对于员工的管理却有些束手无策。也许因为他很年轻,威信不够,生产部车间员工曾搞过一次大罢工,要求增加工资。这对他来说是一次莫大的打击,也激发了他强烈地要求学习企业员工管理相关知识的愿望,没事的时候,总会搜一搜相关的文章阅读,寻求更好的员工管理策略。（S7）

同为生产部的企业员工,一线成缆操作工陆师傅由于公司实行分级负责制,出了问题都由领导负责,所以对他来说工作如同一潭死水,有问题找班长,根本没有学习的需求。生产部的中层领导——值班长邱师傅,尽管是基层管理员,但是多年的一线操作工经验使其对自己的工作驾驭能力相当自信,因此其学习动机与身处一线的操作工陆师傅一样,并不十分强烈。而生产部经理吴先生则不同,他缺乏一线生产的足够经验,部门员工频频闹事,无法树立起应有的威信,没有找到合适的管理员工的有效策略,所以他在工作中产生了极大的学习需求,表现出强烈的职场学习动机。因此,不同职位级别的企业员工工作内容虽然有所不同,但是并不一定职位级别越高,职场学习动机就越强。其实,企业员工的职场学习动机与相应职位层级企业员工的实际工作需求密切相关。如果企业员工的工作能力与其担任的相应职位具有较高的匹配度,那么该企业员工的职场学习动机相应较弱。如果企业员工目前的工作能力与其担任的相应职位之间仍然存在一定的距离,实际工作中某一方面的能力提升欲望较强,那么该企业员工往往表现出较强的职场学习动机。但是,从整个群体来看,由于公司实行分级责任制,职务级别越高的企业员工,其工作责任心更强,学习积极性相应更高。

(二)学习者个体与企业员工的职场学习动机

学习动机是推动学习者个体进行、维持学习活动的一种内部动力,学习者是学习活动的主体。自我决定理论中强调,每一个个体都有最基本的能力需要,即个体对学习行为或行动能够达到某个水平的信念,相信自己能胜任工作。在叙事研究中发现,即使是同一企业、同样岗位类别的企业员工,其职场学习动机也各不相同。因此,要想全面探究企业员工职场学习动机的影响因素,学习者个体是一个不容忽视的影响因子。国内外已有大量的研究发现,成人的学习动机受到学习者年龄、性别、教育程度、婚姻状况、学习兴趣、学习策略、自我效能感等学习者个体因素不同程度的影响。本文主要从学习者的个体特征、个性特点、学习特质三个层面系统探析其对企业员工职场学习动机的影响。

1. 企业员工的个体特征与其职场学习动机

(1)性别、婚姻状况与企业员工的职场学习动机

叙事中唯一的女性C小姐,作为一名人事专员,她体现出了强烈的职场学习动机,而身为质量检验员的D先生并没有表现出比C小姐更为强烈的职场学习动机,相反,其在工作中缺乏激情,没有太多的学习动力。因此,从个体角度来讲,企业员工的职场学习动机与性别并不存在必然的关系。由于男女自身生理、心理上的特点,社会对男、女的定位也有所不同,性别差异是一个经常被关注的话题。但是随着社会经济的发展,女性的社会地位已然发生变化,与男性共同进入职场,展示自我,同时承担起挣钱养家的责任。再从婚姻状况上看,叙事中的四位主人公,只有D先生未婚,但是当前职场学习动机不是很强的不仅仅是D先生,还有C先生。

而同为已婚状态的 A 先生、B 小姐和 C 先生,他们的职场学习动机也不尽相同。A 先生因为自己钟爱的机电维修工作而一直保持着强烈的职场学习动机,B 小姐因为一次跨行对人事专员的工作产生了兴趣,激发其强烈的职场学习动机。所以从个体角度来看,企业员工的职场学习动机不会因为婚姻状况而有所区别。

但是放眼男性与女性、已婚和未婚两个群体比较,就会发现,GHDL 光缆有限公司的大部分女性员工与男性员工相比,职场学习动机总体较弱,尤其是已婚女性员在工作上对自己的要求更低,普遍期望自己的家庭幸福,孩子学习生活顺利即可。

> 凌师傅,OPGW 管的修补工,已婚女性。看起来比较柔弱,身材矮小,声音细柔。每次见到她时都是在机器前认真地操作着,后来才知道,她虽然来了很久,但是却不会算光纤的余长。她坦言,自己也四十多岁了,不想学了,就凑合着干干吧,关键是把女儿培养出来,这是她最大的心愿。(S5)

凌师傅是众多已婚女员工群体的代表,作为家里的半边天,他们将更多的精力转移到家庭中去,转移到孩子的教育上面,对于工作的学习认知比较模糊。但是,笔者实地观察的公司属于制造产业,女性员工的比例偏少,有待问卷调查的结果验证。

(2) 年龄与企业员工的职场学习动机

笔者在观察、叙事中发现,年龄并不是直接影响企业员工的职场学习动机强弱的因素,在每一个年龄段都有职场学习动机强弱的案例,A 先生和 B 小姐是分处于不同年龄段的企业员工,他们都有着强烈的职场学习动机。但是,总体来说,20—30 岁和 30—40 岁两个年龄段的企业员工,他们正处于职业发展黄金期,对于职业发展的期待较大,学习需求更大,他们的职场学习动机普遍较其他年龄段的企业员工强一些。笔者深度访谈的研究对象邱师傅就是一个很好的例子,他,80 后,是一个刚刚上任的值班长,对自己的职业发展充满着憧憬,积极参加考取航车证,每次见到的都是他忙碌的身影。谈到职场学习,他对笔者一番畅言:

　　你说,我们这个年纪不努力能行吗?上有老下有小的,压力很
大!但是反过来说呢,我们年轻人工作上的机遇也蛮多的,就看你
能不能抓住机遇,所以关键都在于自己啦!(S3)

　　像邱师傅这样,拥有强烈职场学习动机的一线青年员工还有很多,他们
对自己有着很好的职业发展规划,工作激情高,学习动机强,期待通过自己
的努力能够成就一番事业,而不仅仅是薪酬待遇的提高。
　　(3)学历背景与企业员工的职场学习动机
　　已有的研究已经发现,成人学习者个体先前的教育程度越高,教育经历
越成功,个体参与学习的动机就越强,参与学习的可能性就越大[①]。叙事中,D
先生的学历成了影响其职场学习动机的一大障碍,他对自己的低学历耿耿于
怀,因为学历低,他无法找到更好的工作,因为学历低,习惯差,他没有强烈的
职场学习动机。但是 A 先生并不受学历背景的影响,尽管没有高学历,一样
保持着对机电维修工作的热爱,并且为此不断努力学习、提升。而 B 小姐认
识到自己的学历较低,参与工作后积极参加成人高考,在跨行做人事专员后,
在同行的影响下参加考取人力资源师的证书。A 先生和 B 小姐尽管没有非
常高的学历,但是他们用自己的实践行动向我们证明,他们拥有同样的工作
激情与学习热情。因此,关注每一个企业员工个体背后的职场故事,关注到
企业员工的个体差异,这样方能全面显示科学研究的人类学意义。从整体来
看,GHDL 光缆有限公司的办公室员工学历普遍高于生产车间的员工,在职
场学习动机的表现上看,办公室员工的动机总体更强,他们对工作价值的认
知普遍高于生产车间的员工。当然,至于从整体上看不同学历背景的企业员
工职场学习动机是否存有差异,有待问卷调查更多数据的研究发现。
　　2.企业员工的性格个性与其职场学习动机
　　个性是个体在遗传和环境相互作用的过程中形成的独特的、典型的、比
较稳定的各种心理特征的总和,它是一个人的整个心理面貌的表现,具有整
体性、独特性、稳定性和社会性。其中性格是个性的核心,本研究中着重强
调的也是企业员工的性格。目前,关于个性类型的理论主要有类型论和特
质论两种,20 世纪 80 年代兴起的现代特质理论提出了个性的"大五因素模

---

　　① 高志敏.成人教育心理学[M].上海:上海科技教育出版社,1997:84.

型"(详见表6-3),运用词汇学的方法描述了人们个性的五种特质,并且普遍认为其与工作绩效有积极的密切关系,可用于公司员工的选拔、培训和评估①。

表6-3　大五因素模型的具体维度及内容②

因素	特点
神经质或情绪稳定性	焦虑,敌对,压抑,自我意识,冲动,脆弱等。
外倾性	热情,乐群,果断,活跃,冒险,乐观等。
开放性	想象力,审美,感情丰富,尝新,求异,思辨,智能等。
宜人性	信任,直率,利他,依从,谦虚,移情等。
尽责性	胜任,公正,条理,可依赖,追求成就,自律,谨慎,克制等。

其实,就像"世界上没有两片一模一样的叶子"所言,每一个个体都是全面性和独特性的结合体,表现出各不相同的个性,是这个世界独一无二的存在。在田野观察和叙事研究中发现,企业员工的个性的确对其职场学习动机存在一定的影响。B小姐是一个热情、开朗、乐观的人事专员,有着良好的人际关系,工作中尽职尽责,严谨自律,因此,在没有公司领导的要求之下,能自发地报名参加人力资源师考试,借此机会提升自身的职业能力。处理工作事务时,尽量不麻烦别人,希望自己能够很好地服务于别人,在周围人的影响下善于冒险,公司内跨行就是一个冒险的行为表现,正因为这些个性铸就了其较强的职场学习动机。相反,D先生的个性在工作中则表现出悲观、压抑、脆弱的一面。尽管拥有伟大的梦想,但是却不愿意在实践中付诸行动,对自己的职业生涯充满了悲观、失望的情绪,自卑于自己的低学历,并沉溺于自卑之中无法自拔。工作中没有太多的激情,只是完成该做的事情即可,对自己没有更高的要求,不追求更多的成就,只是"混日子"而已。总之,他是一个想象远远多于实干,悲观远远大于乐观的人,这样的个性无法激起其强烈的职场学习动机。

性格本身并无好坏之分,它们都因个体、环境不同而呈现出积极或消极的驱动作用,每一种类型个性里既有不足又有优势存在,所以不同性格的人

---

①　顾琴轩主编.组织行为学新经济新环境新思维[M].上海:格致出版社,2011:73.

②　黄辛隐,范庭卫主编.心理学教程[M].苏州:苏州大学出版社,2007:223.

都可以成功,关键是如何充分运用。对于企业员工个体来说,其个性的发展已相对稳定,如何全面了解企业员工的个性,有针对性地引导其在工作中扬长避短,激发其职场学习动机显得意义重大。

3. 企业员工的学习特质与其职场学习动机

企业员工作为成人已经具备相对稳定的个性,投射到学习上来就形成了相对稳定的学习特质,其对企业员工的职场学习动机的影响也不容忽视。

(1) 工作认知水平与企业员工的职场学习动机

认知水平是学习者对外界事物的认识、判断和评价的能力,处于工作情境的企业员工的认知水平与个体的工作经验、原有知识水平、思维能力、信息储量等因素有着密切的关系。与企业员工的职场学习动机密切相关的是企业员工对工作价值、意义的认知、理解。叙事中的 A 先生是一个对自己的工作有极高认知水平的企业员工,从小就喜欢半导体,后来多次更换公司,但是工作内容一直不变——机电维修,他觉得自己在这份工作中能够获得满足,认识到自身能力的不够,利用周末时间自费培训,参加高级电工证考试虽然屡屡失败,甚至成为办公室的笑话,但是他并不为此所动,他有着自己的判断与评价,正是因为这样的认知推动着他不断地进行职场学习。D 先生的工作认知水平相对较低,尽管他所从事的质量检验员是一份非常有价值的工作,但是他对自己当前的工作实况没有科学的、正确的认识、判断和评价能力,所以工作中没有强烈的学习欲望,更多的是安于现状,充满了消极悲观情绪。

(2) 自我归因方式与企业员工的职场学习动机

归因是人们根据有关的外部信息、线索判断自己或他人的内在状态,或依据外在行为表现推测行为原因的心理过程。心理学家韦纳认为个体成败的原因可以从原因源、稳定性、控制性三个层面进行描述,而能力、努力、运气、任务难度是个体分析工作成败的主要原因(详见表6-4)。

表6-4　三维归因模型

	内部		外部	
	稳定	不稳定	稳定	不稳定
可控	努力程度	心境和情绪	他人偏见	他人偶然帮助
不可控	相应能力	身体状况	任务难度	运气突发事件

企业员工如果把自己成功的原因归结于个人努力和能力强等内在因素,则会感到非常满意和自豪,反之,如果将成功归结于任务容易和运气好等外在因素,更多的是惊讶和感动。同样,失败归因如果集中在能力任务难等稳定因素,就会降低工作、学习的积极性,而归因于不够努力、运气不佳等不稳定因素,则可能提高工作和学习的积极性。叙事中,B 小姐将自己的成功归因于自己的努力这一内部的、稳定的原因,职场学习的自信愈发增强,成功的欲望更强"别人可以,我应该也可以!"当工作中遇到问题或是阻碍时,B 小姐将之归因于自己的不够努力这一不稳定因素,所以更加激发了她的工作、学习的积极性。与之相对的是 D 先生,他习惯于将自己的失败归因于学历低,家庭教育的失败,自己能力差等稳定的原因,他看不到成功的曙光,因此消沉、自卑,循环往复,不愿意努力,职场学习动机甚弱。

（3）终身学习习惯与企业员工的职场学习动机

知识经济时代,信息瞬息万变,竞争日趋激烈,学校学习仅仅是一个开端,终身学习才是永恒的主题,对于成人的企业员工,其意义不仅局限于知识的更丰富,更在于使自己不断地与时俱进,形成更开阔的人生视野与生命内涵,令自己的职业生涯发展与规划有更多的机会及实践的可能性。叙事研究中,企业员工 A 先生是一个典型的具有终身学习习惯的企业员工,不管跳槽的次数多少,学习中遇到的阻碍有多少,从 20 多岁一直到 50 多岁,A 先生都一路坚持了下来,并且为自己的坚持感到无比的骄傲与自豪。而与他年龄差距并不太大的 C 先生,职场学习动机的强度却随着职业的逐渐稳定,职务的逐步提升出现了相应的减弱,或许这与 C 先生的终身学习习惯意识的逐渐淡薄存有一定的关系。其实,牢固树立终身学习的理念,才能保持强烈的职场学习动机,以较强的自主学习能力成功地破解工作中一个又一个问题。

（三）单位组织与企业员工的职场学习动机

不同的企业组织有着不同的企业文化,不同的规章制度,不同的管理模式……这些差异不仅会给企业带来不同的效益或绩效,还对员工的职场学习动机产生不同的影响。叙事研究中发现,单位组织层面对企业员工职场学习动机的影响主要体现在企业文化、领导风格、专家指导等因素。

1. 企业文化与企业员工的职场学习动机

每个企业在其生产经营和管理的过程中,由于企业的经营方式、发展历程、所处的地理位置、文化氛围、企业员工的素质等众多因素的差异,都会形成自己独特的价值观、理想目标、基本行为准则、制度管理规范、外在形式表现等,这就是企业文化。它是企业意识形态、物质形态、制度形态等文化的复合体,是一种凝聚人心以实现自我价值、提升企业竞争力的无形力量和资本,是社会文化体系中的一个重要的组成部分。

(1) 企业价值观与企业员工的职场学习动机

企业价值观是企业文化的核心和灵魂,是企业在追求经营成功的过程中所坚持的基本信念及奉行的行为准则①。它是企业长期经营所沉淀的产物,是绝大多数企业员工认同的价值观,渗透于企业的经营理念、发展战略、制度设计、管理方式、员工准则等每一个生产经营环节和领域。企业价值观一方面可以规范企业与员工行为,另一方面还可以增强企业的凝聚力,促进企业持续健康发展。如宝洁公司以"员工是企业的核心,顾客是企业真正的目标"为其核心价值观,强调树立企业员工的主人翁形象,注重顾客的不同需求,使其一直位于世界卓越企业之列②。阿里巴巴集团坚持"客户第一、员工第二、股东第三"的企业价值观,具体表现为尊重客户、团队合作、拥抱变化、诚信、激情、敬业等,使得1999年刚刚成立的阿里巴巴集团如今已经覆盖电商、云计算、移动互联网等多项业务,发展成为全球最大移动经济体,是人均产能最高的中国互联网公司③。在企业核心价值观的驱动之下,员工的工作、学习热情高涨,从而实现企业与员工的双赢局面。

情境学习理论、活动理论都强调学习的情境性,企业员工的职场学习是根植于工作情境之中,并与其相互作用的过程。企业员工在参与工作活动中使用情境性知识,逐渐成为共同体中的一员,对组织的意义建构和实现目标做出贡献④。笔者实地田野观察的 GHDL 光缆有限公司在生产过程中

---

① 王水嫩.企业文化理论与实务(第2版)[M].北京:北京大学出版社,2015:46.

② 丁孝智,刘浏等.精神动力论:企业价值观及其作用机理[J].经营管理者,2016(25):12-14.

③ 阿里巴巴.阿里巴巴集团公布2016财年全年业绩[EB/OL].http://it.sohu.com/20160505/n447833897.shtml.

④ 赵蒙成.职场学习的优势与理论辩护[J].教育与职业,2010(3):21-23.

特别重视企业员工团结协作的价值观的培养,这一点在 A 先生和 C 先生的叙事分析中都有所体现。A 先生是一名机电维修工,"如果遇到的是一些大的、复杂的机械问题,部门经理、值班长都会在第一时间赶到现场,参与讨论,寻找解决的方案。"团结协作的企业价值观同样影响到了 C 先生,"服务到位,考虑到每一个细节,虽然客户不会提到总务,会说销售部很热情,但是这必然会形成对整个公司的良好印象,这就是部门与部门之间的团结协作,更是总务工作追求的根本宗旨。"笔者也曾经在质量检验部门目睹了生产部、检验部、工艺部等多部门合作积极查找问题光缆的产生原因,剪开电缆外层,抹去纤膏,一截一截地查看,那一刻他们的职场学习动机异常强烈,因为他们有着共同的目标就是查找问题光缆产生的原因。因此,这种团结协作的价值观已经深深地植入每一位企业员工的个人价值观中,在具体的工作实践中会驱动其进行职场学习。约翰斯顿(R. Johnston)和沃克(G. Hawke)认为,组织学习文化是鼓励与支持组织及其员工进行持续学习、共享知识的一种价值观和规范[①]。因此,企业文化建设方面应加强企业组织学习文化建设,以良好的职场学习氛围促进企业员工个体的职场学习。

(2) 企业制度与企业员工的职场学习动机

企业制度作为一种约束企业和员工行为的规范性文化,它的建立影响着企业员工的价值观念,影响着企业的运转状态及目标的实现,带有鲜明的强制性,是培育和塑造企业文化的一个重要手段,为企业组织内部各个构成要素之间、企业与环境系统之间的相互活动和功能结合提供了一种共享的行为准则[②]。企业制度包括很多内容,如企业组织制度、企业产权制度、企业管理制度等等。其中,企业的管理制度是决定企业市场竞争能力和经营业绩的重要因素,是将企业内外各种生产要素有效组合,充分发挥企业的人力、物力、财力,从而提高企业经济效益,实现企业利润最大化[③]。

GHDL 光缆有限公司是一家中日合资企业,采用了 5S 规范管理模式,全员参与,全员监督,在改善生产现场环境、提升生产效率、保障产品品质、

---

① 蒋秀娟,赵小康.组织学习文化对员工组织承诺的影响研究[A]. Johnston, R & Hawke, G. Case Studies of Organizations With Established Learning Cultures[R]. Research Report for National Centre for Vocational Education Research, Adelaide, 2002: 81.

② 徐兴.文化视阈下的日本企业制度变迁研究[D].吉林大学,2014: 56.

③ 陈继红.企业管理制度的伦理视角[J].河北学刊,2003(6): 74 - 77.

营造企业管理氛围以及创建良好的企业文化等方面取得的效果尤为显著，整个公司生产环境干净整洁，物品摆放有序，员工做事讲究，尽职尽责，注重保障品质。对于顾客的来访，员工都表现出了较高的素养，为公司形象奉献了自己的一份力量。但是叙事中的 D 先生认为另一家公司"内部设置各种等级，不管是普通员工还是干部都是要考级，考到几级就定几级的工资，像我们普通工人干得好的话也可以加钱。"的管理制度更胜一筹，因为自己所在公司制度的某些不完善无法激起其强烈的职场学习动机。

随着企业的转型升级，企业纷纷重视员工的学习培训，制定相关的培训制度。笔者调研的 GHDL 光缆有限公司制定了系列的员工培训制度，如新员工入职培训制度、安全生产培训制度、培训考核评估制度等等。公司尤其重视与企业生产密切相关的安全生产培训，如定期开展安全知识讲座、座谈会、报告会、先进经验交流会、事故教训现场会等进行安全内容的学习培训，以标语、标志、图片、安全宣传栏等形式进行宣传，还组织企业员工进行安全操作方法演示、消防演习、触电急救方法演示等现场观摩演示，严格执行公司的三级安全教育制度(见表 6-5)①。

表 6-5　GHDL 光缆公司的培训实施计划

工作内容	责任部门	配合部门	频率/完成时间	备注
法规、标准、制度规程学习贯彻	安全科	各部门、车间	2次/年	查看记录
隐患排查与整改	安全科	各部门、车间	1次/月	查看记录
安全工作例会	分管安全负责人	各部门、车间	1次/月	查看记录
安全经费提取使用	主要责任人	财务、各部门车间	年初及每月	查看台账
按计划检修维修设备	设备科	各车间	按计划安排	查看计划及检修记录
应急预案制定、评估、演练	安全科	各部门、车间	1次/年	查看相关资料和演练记录

---

① 资料来源于 GHDL 光缆有限公司的 ISO 管理材料。

（续表）

工作内容	责任部门	配合部门	频率/ 完成时间	备注
员工教育培训	安全科	各部门、车间	常年工作	查看相关 资料、记录
特种作业人员持证上岗	安全科	设备科各车间	上半年	建台账、附证 书复印件
职业健康排查	安全科	各车间	上半年	登记、建档、 查相关资料

　　在实地观察中,可以发现企业在安全生产培训制度的实施中注入了较多精力,定期培训,一旦出现安全事故给予不同程度的罚款并通报批评,比如未佩戴安全帽、擅离岗位、生产车间吸烟等。笔者也观察到企业员工在生产过程中的安全生产意识较强,具有较强的职场学习动机,并没有重大的安全事故发生。总之,安全培训制度的实施颇有成效。但是,当企业员工具备了一定的独立操作能力之后,其进一步的专业职业成长与发展则主要依靠自主学习,专家指导往往处于一种可遇不可求的缺失状态;①管理层面,企业关于员工的专业技能等其他培训制度显得有些形同虚设,没有落实到位。叙事中的 C 先生,是一名总务主管,他对于公司员工的培训也是颇为烦恼:"现在的公司管理责任逐渐细化,分级责任制一方面明确了不同级别员工的职责,一方面也在一定程度上抹杀了员工的职场学习积极性。"他坦言:"公司每年都会定期进行员工技能培训,有时还会从外面请来专家进行培训,但是参加培训的员工基本都是应付检查,根本不愿意学。反正他们都是逐级负责,无所谓。我们也很为难,不知该如何是好。"很显然,逐级负责制度对企业员工的职场学习积极性产生了一定的阻碍作用。叙事中的 A 先生也正在经历专家指导的缺位,"还有一个让他啧啧称赞的陆师傅,维修技术挺高的,一般人难以解决的机械问题他都能轻松解决。但是再细问具体的维修方法,该师傅往往以沉默应对",深究其原因,应该归因于企业相关制度的不完善,对于已经熟悉工作内容的一般员工缺乏相应的更高层次的专家技术指导与培训的相关制度的出台。

　　因此,要想真正激发企业员工的职场学习动机,不能仅仅停留于安全培

---

① 陶丽.工作场所学习研究的影响因素及障碍分析[J].职教通讯,2010(4):31-35.

训制度、新员工入职培训制度的制定与实施,还应注重企业员工专业继续成长相关培训制度的有效制定和实施,同时要从整体出发,从企业与员工双赢的角度出发制定科学、有效的人力资源培训制度①,进一步完善企业员工组织学习的奖惩激励制度,规范企业员工的组织学习行为,提升其职场学习的兴趣,增强其工作、学习的自觉性和有效性。

2. 领导者风格与企业员工的职场学习动机

领导风格是领导者在其长期的个人经历、领导实践中逐渐形成的处事风格,具有较强的个性化色彩。对于领导者风格的类型有多种划分方法(详见表6-6),每一种领导者风格都有各自不同的特点。

表6-6　领导者风格的类型②

划分标准	类型
权力运用方式	集权式领导者;民主式领导者
创新方式	魅力型领导者;变革型领导者
思维方式	事务型领导者;战略型领导者

领导者风格的不同对企业员工的职场学习动机的影响也是必然的。叙事研究的相关内容也证实了这一观点,B小姐面对突如其来的转行,"公司认为B小姐在平时的工作中表现不错,尤其是做事风格比较严谨,为人处世比较成熟,适合做人事工作。在这样紧急的情况下,又受到公司如此重视的任用,爽快的B小姐什么也没说就答应了。"因为领导的重视和信任,B小姐顶住跨行的巨大压力,毫不犹豫地接受了领导的安排。C先生初入职场时工作充满了激情:"有时甚至因为领导的一句鼓励和一个要求而到处请教别人,看书,奋斗几个晚上直到把问题解决为止。"领导的鼓励、支持与信任对员工来说都是一种莫大的精神支持,有利于激发企业员工的职场学习动机。实地田野观察中,曾有数名老员工对以前的日方总经理表达了无比的怀念,因为曾经的日方总经理是一位喜欢与一线员工打成一片,努力钻研生产技术的民主式、魅力型领导者,让企业员工体会到了更多的尊重、信任与存在感,有利于

①　朱苏,赵蒙成.企业员工职场学习动机的影响因素探析[J].职教论坛,2017(4):54-60.

②　郭占元.管理学理论与应用[M].北京:中国经济出版社,2011:165.

企业员工的职场学习。而相比之下，当前的日方总经理并不是技术出身，每次的车间巡逻只是例行公事，与员工保持巨大的距离感，自然不利于企业民主和谐工作氛围的营造，对员工的职场学习动机具有一定的削弱作用。

自我决定理论认为，如果社会环境支持并促进个体归属感需要的满足，能够从周围环境或其他人的关爱、理解和支持中体验到归属感，那么学习者的学习动机就会得到积极的发展。企业组织中，各级领导者因为职位层级不同，往往扮演着多种不同的角色，优秀的领导者能在企业不同的发展层面推动企业文化的不断创新与形成，是企业文化的倡导者、维护者和管理者。成功的领导者会根据情境需要灵活选用合适的领导风格，营造理想的工作氛围，给予员工尊重、关心与爱护，有利于激发企业员工的职场学习动机，创造更好的企业绩效。

（四）社会家庭与企业员工的职场学习动机

亚里士多德认为，人天生是一种社会性动物，家庭和社会是人的结合体[①]。因此，成人作为承担一定责任的社会人，在社会生活中扮演着多种角色，不可能孤立地从事工作、学习活动，必须以一定的社会关系为前提。企业组织是企业员工的职场学习环境，对企业员工的职场学习动机有着直接的影响，在前文已有专门的分析，下面重点探讨企业员工身处的社会经济大环境和家庭对其职场学习动机的影响。

1. 社会经济形势与企业员工的职场学习动机

经济全球化完全改变了市场竞争的方式，依靠科技革命、市场经济和跨国公司的发展驱动，生产要素在世界范围内进行大规模的自由流动，劳动分工从企业内部扩展为全球性的分工，生产要素在全球范围内得到优化组合，实现了资源优化配置。在这样的社会经济形势背景下，企业员工面临着更多的威胁和机遇。一方面，工作趋于多元化，企业员工在工作岗位和劳动力市场上的流动性更大，可以根据自身的需求寻找更好的工作机会。另一方面，经济全球化对企业员工的专业知识与技能提出了更高的要求，如果不能保持终身学习的习惯，不注重提升自己的专业技能和软技能，最终只能接受淘汰。叙事中的D先生，尽管没有较强的职场学习动机，但是他能够感受

---

① 亚里士多德.亚里士多德的宇宙哲学[M].北京:中国戏剧出版社,2008:180.

到社会经济形势的变化,为自己的低学历感到无比的自卑,只是缺乏实际的行动。B小姐则是一个能够准确洞察社会环境并做出努力的企业员工,刚刚走上工作岗位,意识到自己的学历短板,及时行动——参加成人高考。跨行到人事专员后,听闻前同事的跳槽资本就是人力资源师证,她又赶紧参加人力资源师的考试,包括在人事专员工作中不断地学习、进步,积累经验,在用自己的行动阐释着终身学习的理念。经济全球化背景下,信息和通信技术无处不在,企业员工拥有更多的职业选择机会,但是更应该理性选择,应根据自身的情况和所处的环境,确立好自己的职业目标,选择好职业道路,然后付诸行动,最终实现职业目标①。

2. 家庭环境与企业员工的职场学习动机

(1) 家庭经济环境与企业员工的职场学习动机

家庭是社会的细胞,是人类最基本的社会生活组织形式,也是个体社会化的最早单位。企业员工都是成人,正在或者即将肩负着家庭的责任,家庭环境的方方面面都会影响企业员工职场学习的积极性,其中最为现实的就是家庭经济环境的影响。田野观察的GHDL光缆有限公司已婚企业员工占有率颇高,也就是说大部分企业员工都在承担着家庭经济负担。叙事中的A先生是家里的顶梁柱,儿子尚未成家,他是家里唯一的经济来源,"为了赚更多的钱,也为了满足自己的职业兴趣,他觉得学习很有必要,必须投资,坚持考电工技师证。"尽管赚钱不是激发A先生进行职场学习的最主要因素,却是最现实的因素,拥有强烈家庭责任感的A先生知道,只有通过不断的学习,提升工作能力,得到更多的薪酬待遇,为儿子买房成家。与A先生不同的是,D先生尚未组建家庭,而且家里有多套拆迁房,家庭经济条件甚为优越,基本没有经济负担。因此,工作的好坏似乎并不能给他造成多大的经济压力,没钱有父母接济,因此他对于工作的态度并没有那么积极与重视,以至于在亲戚的公司里大打出手,换了新工作也丝毫没有太多的工作与学习激情,职场学习动机较弱。C先生则呈现了职场学习动机由强转弱的变化过程。刚刚走上工作岗位时,他背井离乡,只身闯荡,经济压力自然不用多说,由贸易跨行到总务,辗转多个公司,表现出强烈的职场学习动机。但是随着家庭的稳定,薪酬待遇的增多,C先生的职场压力减小,职场学习

---

① 叶绍灿.高校辅导员职业生涯规划研究[D].合肥工业大学,2015:13.

动机也随之减弱。

（2）家庭软环境与企业员工的职场学习动机

家庭环境是指以家庭为中心的空间、条件以及相关的人和物的状况的结合体，是社会环境中最基本的微观群落环境。它包含了家庭中人的因素和所有与人相关的因素，涵盖了家庭硬环境和软环境等等。与学校学习不同的是，职场学习是内置于工作场域之中，与工作密切相关。因此，家庭硬环境对企业员工的职场学习动机的影响基本可以忽略，家庭软环境表现为家庭成员的性格、文化、观念、心理、情感、价值观等方面，对企业员工的自我认知、情感都会产生一定的影响，进而投射到自己的工作、学习上。叙事中，B小姐是两个孩子的妈妈，其家庭环境就比较和睦，加班、培训、学习家人都能无条件地以行动支持，尽管没有多少鼓励的话语，但是妈妈的那一句"这倒也挺好的"却给了她无尽的鼓励与安慰，这些都为她更好地进行职场学习增添了一股力量。相反，D先生身处独生子女家庭，享尽了父母的宠爱，由于学生时代未能为他营造一个更好的教育环境，比如没有帮助他形成良好的学习习惯，对他的学习要求不够严格等等，导致走上工作岗位的D先生对父母充满了怨念，尽管这样的归因方式不合情理，但这的确是D先生学生时代的家庭教育环境在他身上的投射，让他徒有梦想，缺乏工作学习激情，止步于行动。

3. 社会交往与企业员工的职场学习动机

马克思的交往理论认为，社会交往是指在一定的历史条件下，人与人之间在生产及其他社会活动中进行物质、精神交流的社会活动。它是文化传播的手段，是社会构成与发展的基础，是成人存在和发展的主要表现形式。伴随着日益激烈的优胜劣汰的竞争氛围，高效率、快节奏的工作压力，功利实惠的市场经济环境，社会交往关系也显得分外丰富、复杂。一方面，大量的沟通工具、信息载体和大众传播媒介，把人们的交往范围无限地扩大，个体拥有了更为自由地选择自己交往对象的平台。另一方面，因为模式、传统、习俗、价值取向等因素的多重遮蔽，个体常常陷于选择的困境之中①。

人际互动网络是个体与他人、与他群体乃至社会之间和谐的关系综合

---

① 蔡东伟.社会信息论域下的社会真相[M].北京：社会科学文献出版社，2013：136.

体,良好的人际互动不仅有利于企业员工个体的心理健康,还可以使企业员工在和谐愉快的环境中专心工作、努力学习,提升自己的职业素养,更是企业员工适应社会程度的体现。尽管企业员工作为拥有稳定世界观、价值观的成人群体,但是在与群体成员的相处与交流中,仍然会潜移默化地受到其他成员的影响。在企业受到同事的影响,在家里受到亲戚、家人的影响,在社会中受到朋友、同学、网友的影响,这种影响程度的大小与企业员工自身的认知有关,需要以自己的经验为背景构建对事物、观点的理解。叙事中的A先生,因为参加电工技师培训,结识了一批志同道合者,他们对电工维修知识有着共同的追求,因此,在这一学习共同体中,A先生不仅习得了知识,还激发了他更强烈的职场学习动机。B小姐因为前同事的一句"我考了一个证,人力资源管理师。"深受影响,萌发了考取人力资源师证的想法。D先生拒绝参加同学聚会,以此来包裹自己的自卑。选择与身边的同事一样,有工作任务时,认真完成工作,没有工作任务的时候,一味地坐在里间刷手机,闲聊,抽烟,如此懒散的同伴对他的职场学习动机势必产生负面的影响。

第七章

企业员工职场学习动机的现状调查及小结

本章第一部分介绍了自主设计的《企业员工职场学习动机调查问卷》的编制情况,包括调查目的、调查对象、编制过程、质量检验、信效度分析等,从而保证了问卷调查的科学有效性。第二、三、四、五、六部分交代了问卷发放、回收和统计分析的情况。本次问卷调查选取了苏南地区(涉及南京、苏州、无锡等地)的十多家企业的 800 多名企业员工,采用 SPSS 统计分析软件分析被调查企业员工的职场学习动机现状,探寻企业员工职场学习动机及各影响因素在性别、婚姻状况、年龄、学历背景、企业类型、岗位类别、职务级别、工作年限、月均收入、工作时间、跳槽次数等因素上的相关性、差异性,对各维度影响因素进行多元回归分析,该数据分析结果对叙事研究的结论进行了验证和补充。第七部分则是综合企业员工职场学习动机的叙事研究和问卷调查的结果,对企业员工职场学习动机的现状进行总结,发现企业员工的职场学习动机水平整体较高,其影响因素主要涵盖工作任务、学习者个体、单位组织、社会家庭四个层面。同时对企业员工的职场学习动机提出一些激发培养策略建议,主要是单位组织和企业员工个体两个层面。

一、调查问卷的编制

(一)调查目的

调查研究作为了解事实、收集第一手资料的手段,其运用涉及社会各个领域。由于本研究聚焦于企业员工职场学习动机的研究,而企业员工本身又是一个甚为宽泛的概念,在社会中所占的数量较大,为了获得更多的信息,采用问卷调查法,以期扩大研究的范围,对叙事研究起到一个很好的补充。通过问卷调查,了解目前苏南地区企业员工职场学习动机的整体状况,探究企业员工职场学习动机的影响因素,在统计调查结果的基础之上,结合相关数据给予客观的评价。一方面,验证叙事研究中的某些研究结果,产生更大的适用效果;另一方面,弥补叙事研究中获取信息的不足,使得研究更为完整与丰满。

(二)调查对象

本研究选取的调查对象来自苏南地区(涉及南京、苏州、无锡等地)的十多家企业,分别是苏州汇川技术有限公司、联通中国苏州分公司、太平人寿保险有限公司苏州分公司、苏州三星电子有限公司、上汽大众汽车有限公司南京分公司、江苏中烟工业有限责任公司、苏州东方建设集团吴江分公司、苏州吴江古河光缆有限公司、无锡天威虎建筑装饰有限公司、诺而达热交换系统(无锡)有限公司、康斯博格汽车部件(无锡)有限公司、无锡 ALPS 电子有限公司、无锡彼欧复合材料有限公司等。调查对象以具有高等教育背景的企业员工为主,但是由于取样的便利性和企业员工学历背景的无法预知性,同时为了更全面地反映不同学历层次的企业员工职场学习动机现状,兼顾了少部分具有中等教育背景的企业员工。为了保证被试样本具有一定的代表性,在取样时注意到企业性质、企业员工的性别、岗位类别等的分布。

(三)问卷编制过程

调查问卷为课题研究提供了标准化、统一化的数据收集方法,其科学性是确保研究具有良好信度和效度的基础,不恰当的问卷设计将导致不完全的信息和不准确的数据,因此,问卷设计需要遵循科学的过程。

本研究的问卷编制在参考国内外较有影响的成人学习动机量表基础上,设计问卷访谈提纲,深入一线企业实地调研,通过实地观察、访谈等方式了解他们的学习需求。在叙事研究中发现,企业员工的职场学习动机主要来源于工作任务本身、学习者个体层面、单位组织层面及社会家庭四个层面,以此作为《企业员工职场学习动机问卷调查》编制的理论依据。同时,还进行了专家咨询,力求更广泛、更精确地反映企业员工职场学习动机现状,为问卷数据具有较强的说服力奠定良好的基础。在具体题目的设计时主要考虑了以下几方面：其一，在衡量某因素的影响时，从不同层面设计相关题目。本问卷从工作本身、学习者个体层面、家庭层面、单位层面及社会层面着手设计子项目；其二，设计题目时充分考虑统计数据的便利性；其三，调查问卷的题目个数一般应控制在 25—70 个，答题时间应控制在 15—30 分钟，避免引起被测者的反感。

经过多次修改，最终确定了该调查问卷的结构与内容。问卷内容主要包括两大部分：

第一部分个人基本信息调查，基本信息主要用于调查企业员工职场学习动机的影响因素，包括以下两方面：其一，企业员工个体特征，具体包括性别（男，女）；婚姻状况（已婚，未婚）；年龄（20 岁以下，20—29 岁，30—39 岁，40—49 岁，50 岁及以上）；受教育程度（初中及以下，高中或中专，大专，本科，硕士及以上）。其二，企业员工职业发展现状的相关信息，具体包括所在企业类型（国有企业、外资企业、中外合资企业、民营企业）；职位级别（普通员工，基层管理人员，中层管理人员，高级管理人员）；月均收入（3 000 元以下，3 000—5 000 元，5 000—7 000 元，7 000 元以上）；日均工作时间（6 小时以下，6—8 小时，8—10 小时，10—12 小时，12 小时以上）；岗位类别（生产类，管理类，营销类，其他）；工作年限（1 年及以下，1—3 年，3—5 年，5—10年，10—15 年，15 年以上）；等等。

第二部分为职场学习动机的现状及影响因素调查。其中职场学习动机的现状包括职业发展、学习态度、学习动力、学习坚持四个子项目，职场学习动机影响因素部分题目共 27 题，划分为四个维度，即工作任务维度、学习个体维度、单位组织维度和社会家庭维度，编写过程严格按照各要素指标的界定定义进行，全部为正向计分题。为避免作者在假设中划分的四个维度对被试产生干扰，故将问卷上各子项的顺序均乱序随机排列。所有问卷均采用 Likert 五级评分方法（1＝"无影响"，2＝"影响较小"，3＝"影响一般"，4＝"影响较大"，5＝"影响很大"），要求被试凭日常感知和实际情况在五个选项中做出选择。为便于统计，五个选项从"影响很大"到"无影响"，从"非常强烈"到"一点也不强烈"依次计为 5、4、3、2、1 分分数越高，表明企业员工职场学习动机越强烈或受该因素的影响越大。

（四）结果

1. 调查问卷的质量检验

（1）项目分析

项目分析用于判断初步编制的企业员工职场学习动机问卷的各题项是否可以被接受,具体采用了同质性检验和临界比率(Critical Ratio,简称 CR 值)两种方法。

首先,同质性检验是以每个题项得分与调查表总得分的相关系数(Pearson correlations)为指标,对有效问卷进行的项目分析。

表 7-1　项目分析 I

题目	与量表总分的相关系数	显著性
题目 C1	0.522	0.000
题目 C2	0.605	0.000
题目 C3	0.492	0.000
题目 C4	0.550	0.000
题目 C5	0.568	0.000
题目 C6	0.604	0.000
题目 C7	0.597	0.000
题目 C8	0.451	0.000
题目 C9	0.537	0.000
题目 C10	0.637	0.000
题目 C11	0.575	0.000
题目 C12	0.694	0.000
题目 C13	0.623	0.000
题目 C14	0.544	0.000
题目 C15	0.550	0.000
题目 C16	0.577	0.000
题目 C17	0.483	0.000
题目 C18	0.402	0.000

题目	与量表总分的相关系数	显著性
题目 C19	0.549	0.000
题目 C20	0.604	0.000
题目 C21	0.668	0.000
题目 C22	0.632	0.000
题目 C23	0.543	0.000
题目 C24	0.466	0.000
题目 C25	0.630	0.000
题目 C26	0.645	0.000
题目 C27	0.620	0.000

如果相关系数小于 0.4 时，表示该题项与问卷总体的相关性不高，予以删除。结果表明（如表 7-1 所示），在同质性检验中，所有题项与问卷总分的相关性均大于 0.4，题项全部保留。

其次，临界比率通过计算企业员工职场学习动机影响因素问卷的总分，选取总得分中前 27% 的被试作为高分组，总得分中后 27% 的被试作为低分组，并将高分组和低分组分别赋值，作为分组变量，对各个题项的得分进行独立样本 T 检验（Independent-samples Test），计算各个题目的区分度。如果 CR 值的显著性大于 0.001 时，说明该题项没有足够的鉴别力，可以删除。通过临界比率分析发现（如表 7-2 所示），题目 8 区分度较差，显著性大于 0.001，予以删除。其余题项的高分组与低分组在所有项目得分上均有显著的差异。

表 7-2　项目分析 II

题目	t 值	P 值
题目 C1	10.752	0.000
题目 C2	10.861	0.000
题目 C3	7.260	0.000
题目 C4	11.817	0.000
题目 C5	12.558	0.000

(续表)

题目	t 值	P 值
题目 C6	12.155	0.000
题目 C7	10.878	0.000
题目 C8	2.758	0.008
题目 C9	11.791	0.000
题目 C10	19.498	0.000
题目 C11	12.315	0.000
题目 C12	16.388	0.000
题目 C13	12.272	0.000
题目 C14	8.867	0.000
题目 C15	10.937	0.000
题目 C16	14.927	0.000
题目 C17	6.837	0.000
题目 C18	5.408	0.000
题目 C19	10.043	0.000
题目 C20	16.859	0.000
题目 C21	16.628	0.000
题目 C22	14.401	0.000
题目 C23	15.482	0.000
题目 C24	8.768	0.000
题目 C25	9.438	0.000
题目 C26	11.505	0.000
题目 C27	12.746	0.000

　　根据以上项目分析的结果,除题目 8 外,其余题目的区分度良好,因此在项目分析阶段去除题目 8,保留其余题目,共 26 个题目。

　　(2) 信、效度分析

　　本研究在问卷设计的初期参考了相关具有良好效度与信度的量表,征询了专家的意见,结合本研究调查对象的实际情况加以修改,在进行小规模访谈以及前测的基础上,对问卷中的部分措辞做了相应的修改,以求问卷内容完善。

① 信度分析

为进一步了解问卷的可靠性和有效性,要做信度检验。内部信度反映问卷中条目之间的相关程度,又称内部一致性,通常用克伦巴赫 α 系数来反映。本问卷通过对测量结果进行内部一致性信度检验,分析量表各个题目对所属维度内部一致性信度的贡献度,当 α 系数大于 0.7 时,可认为问卷具有较好的信度。结果发现(如表 7-3 所示),四个维度题项的内部一致性信度均保持在 0.7 以上,总问卷的内部一致性信度为 0.919,说明该问卷保留项目具有比较理想的内部一致性信度。

表 7-3　问卷的信度分析结果

学习动机维度	内部一致性信度	项数
工作任务层面	0.707	7
学习个体层面	0.769	6
单位组织层面	0.770	6
社会家庭层面	0.768	7
总信度	0.915	26

② 效度分析

效度检验采用的是结构效度,为证明问卷的结构效度,下面对问卷进行 KMO 检验和巴特利球体检验,也作为判断是否适合进行因子分析的基础。使用 SPSS 19.0 分析,得表 7-4:

表 7-4　KMO 和 Bartlett 的检验

KMO 样本测度		.935
Bartlett 的球形度检验	近似卡方	7894.288
	自由度	630
	显著性概率	.000

结合 Kaiser 给出的常用的 KMO 度量标准(0.9 以上表示非常适合;0.8 表示适合;0.7 表示一般;0.6 表示不太适合;0.5 以下表示极不适合),本研究所用问卷的 KMO 统计量均值得分为 0.935,大于 0.9,表示研究所设计的问卷适合进行因子分析(见表 7-5)。

表 7-5 企业员工职场学习动机问卷的探索性因子分析

维度	题目内容	工作任务	学习个体	单位组织	社会家庭
工作任务	工作有挑战性。	.610**			
	对自己的工作很感兴趣。	.668**			
	工作比较自由,有学习的时间。	.621**			
	为了换一份更好的工作。	.526**			
	工作中的要求与规范不断发生变化。	.649**			
	为了保住目前的工作。	.523**			
	可以帮助解决工作中的问题。	.680**			
学习个体	提高自己的工作能力。		.651**		
	工作中,我是一个好强的人。		.705**		
	满足自己的兴趣或好奇心。		.676**		
	新的内容一般都能学会。		.716**		
	我有很好的学习习惯。		.715**		
	保持和提高自己的岗位竞争能力。		.619**		
单位组织	公司要求员工学习。			.607**	
	公司对学习或考证有相应的奖励制度。			.695**	
	工作业绩与能力得到领导的肯定。			.766**	
	通过我的学习可以为公司提高绩效。			.695**	
	害怕工作失误被领导批评。			.637**	
	为了获得公司的重用或提拔。			.694**	
社会家庭	社会就业形势不好,竞争大。				.541**
	增加家庭收入。				.501**
	看到别的同事、同学或朋友学习。				.668**
	工作中认真学习可以得到家人的认可。				.733**
	能够得到更多人的认可与尊重。				.709**
	别人告诉我学习的好处。				.687**
	工作中遇到难题时常能得到别人的帮助。				.676**

结果分析:问卷的 26 个条目得分与其所在维度得分的相关性均较大,相关系数在 0.501—0.766,而与其他维度得分的相关系数较小。

结构效度就是运用相关性分析的方法,比较问卷总分和各维度及各维度之间的相关性,当前者的相关系数大于后者时,表明问卷具备良好的结构效度。

表 7-6　企业员工职场学习动机问卷的效度分析

	维度 1	维度 2	维度 3	维度 4	问卷总分
维度 1	1	0.742**	0.726**	0.705**	0.889**
维度 2	0.742**	1	0.651**	0.708**	0.870**
维度 3	0.726**	0.651**	1	0.724**	0.872**
维度 4	0.705**	0.708**	0.724**	1	0.887**

**. 在 .01 水平(双侧)上显著相关,(双侧)上显著相关。

结果发现(如表 7-6 所示),问卷总分和各维度的相关性均大于 0.800,各维度之间的相关性介于 0.651 和 0.742 之间,表明问卷有良好的结构效度。

综上所述,问卷具有较好的效度。

2. 量表的最终确定

通过对样本数据的信、效度检验,得到了《企业员工职场学习动机调查问卷》的最终版本(问卷具体内容详见附录 2),包含两部分 30 道题目,第一部分:1—4 题,是职场学习动机现状调查;第二部分:5—30 题,是企业员工职场学习动机影响因素调查,将四个层面的影响因素揉和在一起,四个一级维度下设 26 个二级维度。其中"工作任务"维度包含 7 个题目,"学习个体"维度包含 6 个题目,"单位组织"维度包含 6 个题目,"社会家庭"维度包含 7 个题目。该问卷采用所有问卷均采用利克特五点记分法,会大范围从"影响很大"到"无影响",从"非常强烈"到"一点也不强烈"分为 5 个层次,各题依次计为 5、4、3、2、1 分。

由以上的数据分析结果得出,将 30 个题目组成正式的《企业员工职场学习动机调查问卷》,作为本研究的评价工具。

二、问卷的发放与回收

此次问卷的发放集中于苏南地区的企业,采用现场填写、现场回收的办法,对施测者进行简单的培训,足以保证调查对象有疑问时,能够得到及时的解答,可以有效控制问卷现场,避免填写过程中的随意性,保证问卷能够及时有效地回收。

调查问卷共发放 860 份,对回收的问卷进行完整性和真实性的检查,问卷尚未全部完成或作答有明显反应倾向如答案全部一致或以某种规律出现的予以剔除。共剔除无效问卷 53 份,得到有效问卷 807 份,有效问卷回收率为 93.8%,符合统计分析要求。

三、统计方法

本调查回收的数据输入 SPSS 19.0 软件进行分析,在企业员工职场学习动机问卷编制部分主要运用了项目分析,信效度等以检验问卷的信度和效度。企业员工职场学习及工作的现状和职场学习动机影响因素分析部分采用了描述性统计分析、差异性分析、相关分析和多元回归分析。

四、问卷基本情况及描述性统计分析

(一)调查对象的基本情况分析

本次调查样本全部为苏南地区的企业员工,由于在调查时无法局限于高等教育背景的企业员工,只能在个性特征上加以区分,以便后面其他的数据分析。所调查样本个体特征的具体分布情况如表 7-7 所示:

表 7-7 企业员工情况一览表

调查项目	分组	人数	比例(%)
性别	男	488	60.5
	女	319	39.5
婚姻状况	已婚	583	72.2
	未婚	224	27.8
年龄	20 岁以下	7	0.9
	20—29 岁	377	46.7
	30—39 岁	317	39.3
	40—49 岁	94	11.6
	50 岁以上	12	1.5

（续表）

调查项目	分组	人数	比例（%）
学历	初中及以下	74	10.2
	高中或中专	251	34.3
	大专	193	25.2
	本科	257	31.8
	硕士及以上	32	4.0
企业类型	国企	159	19.7
	外资企业	308	38.2
	中外合资企业	182	22.6
	民营企业	158	19.6
岗位类别	生产类	319	39.5
	技术类	152	18.8
	管理类	186	23.0
	营销类	96	11.9
	其他	54	6.7
职务	普通员工	558	69.1
	基层管理人员	150	18.6
	中层管理人员	79	9.8
	高级管理人员	20	2.5
月均收入	3 000 元以下	139	17.2
	3 000—5 000 元	416	51.5
	5 000—7 000 元	116	14.4
	7 000 元以上	136	16.9
工作年限	1 年及以下	87	10.8
	1—3 年	117	14.5
	3—5 年	147	18.2
	5—10 年	192	23.8
	10—15 年	202	25
	15 年以上	62	7.7

(续表)

调查项目	分组	人数	比例(%)
跳槽次数	0 次	141	17.5
	1 次	124	15.4
	2 次	235	29.1
	3 次	193	23.9
	4 次及以上	114	14.1

从表 7 - 7 可以看出,所调查的样本有如下特点:

(1)在性别比例上,男性企业员工居多,占 60.5%,本次调查样本以制造业企业为主,而制造业,尤其是一线企业员工,又以男性居多。

(2)从婚姻状况和年龄分布来看,由于企业员工为成人群体,中青年是主体,20—39 岁的企业员工占 86%,已婚占 72.2% 属于情理之中,同时也说明中青年是企业中职场学习的主要研究对象。

(3)从学历层次来看,只有 10.2% 的企业员工属于初中及以下学历层次,其余的员工都有高等教育学历背景,由此可以看出,企业员工的学历层次有显著的提升,这与我国高等教育的普及密切相关。

(4)从企业类型来看,外资企业的企业员工所占比例略大,占 38.2%,其他企业类型较为平衡,这与调查时的便利取样有关。

(5)从岗位类别来看,各类岗位的员工人数也有较大差别,尤其是生产类员工占 39.5%,大大超过了其他类别的员工比例,这是一线生产类员工在企业中的比例本来就比较大导致的结果。

(6)从职务级别来看,企业员工的分配比例并不均衡,其中,普通员工所占的比例最大,高达 69.1%,基层管理人员占 18.6%,他们是企业的主要人员分布聚集地,也是本次研究的主要对象。

(7)从工作年限来看,本次的调查样本分布较为均匀,能较为全面地反映各个工作经验层次的企业员工职场学习动机现状及其影响因素情况。

（二）数据的描述性统计结果

1. 企业员工职场学习动机现状

表7-8　企业员工职场学习动机各题项得分统计

题　项	均值	标准差	极小值	极大值
职业发展	4.42	.737	2	5
学习态度	3.97	.773	1	5
学习动力	3.78	.797	1	5
学习坚持	3.56	.831	1	5

从表7-8可以看出，企业员工职场学习动机各题项的得分均值大多在3.5—4.5分，说明被调查企业员工的职场学习动机较强。题项的排序如下：职业发展＞学习态度＞学习动力＞学习坚持。

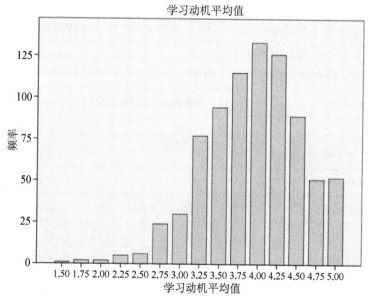

图7-1　学习动机平均值分布图

从图7-1的学习动机平均值条形图可以看出，所调查的企业员工的学习动机水平大多在3.25分以上，且集中于4分。这说明，所调查的企业员工的职场学习动机水平较高,甚至接近很高。

2. 被调查企业员工对职场学习的认知情况分析

通过 SPSS 19.0,对被调查企业员工的职场学习认知情况进行了描述性统计分析,结果表明,大部分企业员工对职场学习有着积极的认知。

(1) 被调查企业员工认为职场学习对自身职业发展的作用

表 7-9 职场学习对职业发展的作用

职业发展	人数(人)	所占比例(%)
根本不重要	2	.2
不重要	8	1.0
一般	85	10.5
重要	270	33.5
非常重要	442	54.8
合计	807	100.0

从描述性分析结果(见表 7-9)可以看出,88.3%的被调查者认为职场学习对自身职业发展具有重要的作用。

(2) 被调查企业员工的学习态度

表 7-10 被调查企业员工的学习态度

学习态度	人数(人)	所占比例(%)
非常消极	2	.2
有点消极	20	2.5
一般	182	22.6
积极	400	49.6
非常积极	203	25.2
合计	807	100.0

结果发现(见表 7-10),74.8%的被调查者认为自己的学习态度是积极的,22.6%的被调查者学习态度一般,只有不到 3%的人认为自己的学习态度消极。

（3）被调查企业员工的学习动力强度

表 7-11　被调查企业员工的学习动力

学习动力	人数（人）	所占比例（％）
一点也不强	7	.9
稍微有点	24	3.0
一般	252	31.2
比较强	383	47.5
非常强	141	17.5
合计	807	100.0

结果分析（见表 7-11）：总体来讲，被调查者还是存有一定强度的职场学习动机的，但是只有65％的被调查者认为自己的学习动机较强，31.2％的被调查者认为一般。

（4）被调查企业员工的职场学习坚持性

表 7-12　被调查企业员工的职场学习坚持性

学习坚持性	人数（人）	所占比例（％）
从不会	7	.9
基本不会	41	5.1
偶尔会	368	45.6
经常会	274	34.0
总是会	117	14.5
合计	807	100.0

结果分析（见表 7-12）：职场学习是与工作密切相关的，在繁忙的工作之余，仍有94％的被调查企业员工会进行职场学习，其中45.2％的被调查企业员工是偶尔进行职场学习。

3. 被调查企业员工职场学习动机的总体情况分析

表 7-13　企业员工职场学习动机整体感知的描述性统计

问卷维度	样本量	均值	标准差	最大值	最小值
工作任务	807	3.579 4	.607 65	5.00	1.00
学习个体	807	3.564 0	.688 36	5.00	1.00

(续表)

问卷维度	样本量	均值	标准差	最大值	最小值
单位组织	807	3.639 2	.648 1 9	5.00	1.00
社会家庭	807	3.506 6	.647 50	5.00	1.00

从表 7-13 可以看出,各影响因素及对其整体感知的均值得分均在 3.00 以上,由此可以说明,从整体上看,问卷中所选取的影响因素对成人职场学习动机都产生了一定的影响,总体而言并没有较大的偏差。统计结果显示,在这四大类影响因素中,均值得分差距并不大,其中,"单位组织"平均得分为 3.639 2,得分最高,职场学习动机受其影响最大。其他依次为"工作任务""学习个体"以及"社会家庭"。

五、企业员工职场学习动机及其影响因素的差异性分析

(一) 企业员工职场学习动机的差异性分析

1. 不同性别的企业员工在其职场学习动机上的差异分析

采用独立样本 T 检验对不同性别企业员工的职场学习动机进行差异分析。以企业员工职场学习动机总分和各题项得分作为检测变量,以性别作为分组变量,结果如下:

表 7-14　不同性别的企业员工职场学习动机的差异分析

题项	男(488 人)	女(319 人)	T	P
职业发展	4.43±0.75	4.39±0.72	0.631	0.528
学习态度	4.00±0.79	3.92±0.75	1.518	0.129
学习动力	3.84±0.80	3.69±0.78	2.629	0.009
学习坚持	3.62±0.85	3.47±0.80	2.645	0.008
总分	15.89±2.47	15.47±2.39	2.420	0.016

从表 7-14 可以看出,除学习动机中职业发展作用、学习态度外,不同性别的职场学习动机总分及其他题项上均存在显著性差异($P<0.05$),这说明不同性别的企业员工在其职场学习动机上存在差异,且男性得分略高于女性。这就是说,男性的职场学习动机高于女性,且两者之间存在差异。由

于叙事研究的对象太少,是对叙事研究结果的很好补充。

2. 不同婚姻状况的企业员工在职场学习动机上的差异分析

采用独立样本 T 检验对不同婚姻状况的企业员工的职场学习动机进行差异分析。以企业员工职场学习动机总分和各题项得分作为检测变量,以婚姻状况作为分组变量,结果如下:

表7-15　不同婚姻状况的企业员工职场学习动机上的差异分析

题项	已婚(583 人)	未婚(224 人)	T	P
职业发展	4.45±0.71	4.34±0.75	1.962	0.050
学习态度	3.99±0.77	3.92±0.77	1.032	0.303
学习动力	3.82±0.77	3.68±0.86	2.178	0.030
学习坚持	3.62±0.81	3.41±0.87	2.988	0.003
总分	15.87±2.34	15.36±2.66	2.685	0.007

从表7-15可以看出,除学习动机中的学习态度外,不同婚姻状况员工的职场学习动机总分及其他题项上均存在显著性差异($P \leq 0.05$),这说明婚姻状况不同的企业员工在其职场学习动机上是存在差异的。在企业员工学习动机总体情况和其中的职业发展、学习动力方面,已婚员工的学习动机略强于未婚员工。但是,在学习坚持方面,已婚员工的学习动机略弱于未婚员工。这可能是已婚员工因为家庭琐事占用太多自己的时间和精力,从而没有办法坚持学习。

3. 不同年龄的企业员工在职场学习动机影响因素上的差异分析

采用单因素方差分析对不同年龄段企业员工的职场学习动机进行差异分析。以企业员工职场学习动机的总分和各题项总分作为因变量,以年龄段为因子,结果如下:

表7-16　不同年龄段的企业员工在其职场学习动机上的差异分析

维度	20 岁及以下 (7 人)	20—30 岁 (377 人)	30—40 岁 (317)	40—50 岁 (94 人)	50 岁以上 (12 人)	F	P
职业发展	3.57±0.79	4.42±0.73	4.46±0.72	4.34±0.80	4.17±0.72	3.214	0.012
学习态度	3.71±0.76	3.97±0.81	3.99±0.75	3.89±0.74	4.25±0.62	0.853	0.492
学习动力	3.43±0.54	3.79±0.87	3.78±0.73	3.70±0.75	4.08±0.52	1.013	0.400

(续表)

维度	20 岁及以下 (7 人)	20—30 岁 (377 人)	30—40 岁 (317)	40—50 岁 (94 人)	50 岁以上 (12 人)	F	P
学习坚持	3.43±1.13	3.51±0.89	3.63±0.76	3.51±0.79	3.92±0.79	1.561	0.183
总分	14.14±2.61	15.69±2.67	15.85±2.20	15.45±2.35	16.42±1.73	1.525	0.193

从表 7-16 可以看出,除学习动机中的职业发展方面外,不同年龄段的员工在职场学习动机的得分上均不存在显著性差异($P>0.05$),这说明不同年龄段的企业员工在其职场学习动机的学习态度、学习动力、学习坚持方面是不存在显著差异的。而在职场学习动机的职业发展方面,不同年龄段的员工之间会对此表现出较大的不同,具体表现为从 20 岁之后,员工越来越看重学习对促进职业发展的作用,从而具有较高的学习动机;但是,当员工在 30—40 年龄段时,他们会越来越不看重学习对职业发展的作用,从而学习动机减弱。

4. 不同学历背景的企业员工在职场学习动机上的差异分析

采用单因素方差分析对不同学历背景企业员工的职场学习动机进行差异分析。以企业员工职场学习动机的总分和各题项总分作为因变量,以学历为因子,结果如下:

表 7-17 不同学历背景的企业员工在职场学习动机上的差异分析

维度	初中及以下 (74 人)	高中或 中专(251 人)	大专 (193 人)	本科 (257 人)	硕士及以上 (32 人)	F	P
职业发展	3.80±0.84	4.29±0.80	4.49±0.69	4.63±0.54	4.63±0.55	24.262	0.000
学习态度	3.46±0.88	4.00±0.77	3.87±0.75	4.11±0.70	4.41±0.62	14.684	0.000
学习动力	3.32±0.94	3.75±0.81	3.74±0.73	3.92±0.75	4.09±0.69	9.978	0.000
学习坚持	3.14±1.034	3.50±0.85	3.50±0.75	3.76±0.77	3.81±0.64	10.279	0.000
总分	13.72±2.89	15.53±2.38	15.60±2.30	16.43±2.17	16.94±1.81	22.404	0.000

从表 7-17 可以看出,不同学历背景的员工在职场学习动机各方面的得分上均存在显著性差异($P<0.001$),这说明不同学历背景的企业员工,其职场学习动机存在较明显的不同,从均值上看,具体表现为,初中及以下<高中或中专<大专<本科<硕士及以上。也就是说,随着企业员工学历的增加,他们的职场学习动机也随之明显加强。

5. 不同企业类型的企业员工职场学习动机的差异性分析

采用单因素方差分析对不同企业类型员工职场的学习动机进行差异分析。以企业员工职场学习动机的总分和各维度总分作为因变量,以企业类型为因子,结果如下:

表 7-18　不同企业类型的企业员工在职场学习动机上的差异分析

维度	国企 (159 人)	外资企业 (308 人)	中外合资企业(182 人)	民营企业 (158 人)	F	P
职业发展	4.53±0.56	4.27±0.78	4.42±0.79	4.58±0.70	8.179	0.000
学习态度	4.16±0.72	3.92±0.84	3.90±0.68	3.96±.78	4.126	0.006
学习动力	3.98±0.77	3.73±0.81	3.68±0.86	3.78±0.69	4.820	0.002
学习坚持	3.86±0.85	3.49±.86	3.47±.76	3.51±.76	8.562	0.000
总分	16.52±2.39	15.41±2.61	15.47±2.29	15.83±2.16	8.362	0.000

从表 7-18 可以看出,身处不同类型企业的员工在职场学习动机各方面的得分上均存在显著性差异($P<0.001$),这说明企业员工所处的企业类型不同,他们的职场学习动机也存在较明显的不同。从均值上看,在职业发展方面,民营企业>国企>中外合资企业>外资企业;在学习态度、学习动力和学习坚持方面,国企>民营企业>外资企业>中外合资企业。

6. 不同岗位类型的企业员工在职场学习动机上的差异性分析

采用单因素方差分析对不同岗位类型企业员工的职场学习动机进行差异分析。以企业员工职场学习动机的总分和各维度总分作为因变量,以岗位类型为因子,结果如下:

表 7-19　不同岗位类型的企业员工在职场学习动机上的差异分析

维度	生产类 (319 人)	技术类 (152 人)	管理类 (186 人)	营销类 (96 人)	其他 (54 人)	F	P
职业发展	4.19±0.83	4.61±0.60	4.56±0.63	4.59±0.55	4.39±0.76	14.32	0.000
学习态度	3.83±0.84	4.06±0.74	4.07±0.68	4.02±0.73	4.07±0.77	4.16	0.002
学习动力	3.69±0.88	3.82±0.77	3.87±0.74	3.74±0.68	3.89±0.66	1.99	0.094
学习坚持	3.45±0.91	3.64±0.82	3.72±0.74	3.61±0.77	3.41±0.71	4.10	0.003
总分	15.16±2.70	16.13±2.25	16.22±2.19	15.97±2.12	15.76±2.24	7.66	0.000

从表7-19可以看出,身处不同岗位类型的员工在职场学习动机各方面的得分上均存在显著性差异(P<0.05),这说明企业员工从事不同的工作岗位,他们的职场学习动机也存在较明显的不同。从均值上看,在职业发展方面看员工的学习动机,其他>营销类>管理类>其他>生产类;在学习态度、学习坚持方面,其他>管理类>营销类>技术类>生产类;在学习动力方面,其他>管理类>技术类>营销类>生产类;在学习坚持方面,管理类>技术类>营销类>生产类>其他;在学习动机总分上,管理类>技术类>营销类>其他>生产类。从中可以看出,生产类企业员工的职场学习动机最弱,而管理类企业员工的学习动机相比较其他岗位,职场学习动机较强。

7. 不同职务级别的企业员工在职场学习动机上的差异性分析

采用单因素方差分析对不同职务级别企业员工的职场学习动机进行差异分析。以企业员工职场学习动机的总分和各维度总分作为因变量,以职务级别为因子,结果如下:

表7-20 不同职务级别的企业员工在职场学习动机上的差异分析

维度	普通岗位 (558人)	基层管理岗 位(150人)	中层管理岗 位(79人)	高级管理岗 位(20人)	F	P
职业发展	4.35±0.77	4.57±0.63	4.49±0.62	4.65±0.67	4.388	0.004
学习态度	3.93±0.79	4.07±0.73	4.01±0.74	4.00±0.65	1.394	0.243
学习动力	3.74±0.82	3.89±0.75	3.85±0.72	3.65±0.67	1.848	0.137
学习坚持	3.49±0.85	3.74±0.79	3.75±0.76	3.60±0.68	5.261	0.001
总分	15.51±2.49	16.27±2.32	16.10±2.30	15.90±2.10	4.607	0.003

从表7-20可以看出,身处不同职务级别的员工在职场学习动机职业发展、学习坚持方面和总体情况的得分上均存在显著性差异(P<0.05),这说明不同职务级别的企业员工,他们的职场学习动机也存在较明显的不同,具体表现在看待学习对职业发展的作用和学习坚持上。从均值上看,高级管理岗位的企业员工更看重学习对职业发展的作用,而普通岗位的员工最不看重;中层管理岗位的员工在坚持学习的长度最大,而普通岗位的员工最短。从总体上看,基层管理岗位的员工,其职场学习动机最强,普通岗位的最弱。

8. 不同工作年限的企业员工在职场学习动机上的差异性分析

采用单因素方差分析对工作年限不同的企业员工职场学习动机进行差异分析。以企业员工职场学习动机的总分和各维度总分作为因变量，以工作年限为因子，结果如下：

表7－21　不同工作年限的企业员工在职场学习动机上的差异分析

维度	1年及以下（87人）	1—3年（117人）	3—5年（147人）	5—10年（192人）	10—15年（202人）	15年以上（62人）	F	P
职业发展	4.28±.86	4.25±.79	4.35±.73	4.57±.61	4.50±.74	4.32±.72	4.558	0.000
学习态度	4.06±.87	3.90±.87	3.93±.82	4.04±.70	3.97±.79	3.87±.74	1.014	0.408
学习动力	3.79±.79	3.72±.84	3.77±.92	3.80±.71	3.82±.78	3.69±.74	.398	0.850
学习坚持	3.53±.86	3.56±.89	3.53±.92	3.54±.76	3.62±.83	3.55±.69	.331	0.894
总分	15.66±2.37	15.43±2.65	15.58±2.79	15.94±2.12	15.91±2.46	15.44±2.16	1.166	0.324

从表7－21可以看出，工作年限不同的员工只在职场学习动机的职业发展作用上的得分存在显著性差异（$P < 0.001$），这说明企业员工的工作年限不同，他们看待学习对职业发展的作用程度也明显不同。从均值上看，工作5—10年的企业员工最看重学习对职业发展的作用，其次是工作10—15年的员工、工作3—5年的员工、15年以上的员工、1年以下、1—3年的员工。

9. 不同月均收入的企业员工在职场学习动机上的差异性分析

采用单因素方差分析对月均收入不同的企业员工职场学习动机进行差异分析。以企业员工职场学习动机的总分和各维度总分作为因变量，以月均收入为因子，结果如下：

表7－22　不同月均收入的企业员工在职场学习动机上的差异分析

维度	3 000元以下(139人)	3 000—5 000元(416人)	5 000—7 000元(116人)	7 000元以上（136人）	F	P
职业发展	4.13±0.88	4.39±0.75	4.53±0.57	4.70±0.51	15.529	0.000
学习态度	3.78±0.84	3.99±0.78	3.97±0.70	4.09±0.73	3.871	0.009

(续表)

维度	3 000 元以下(139 人)	3 000—5 000元(416 人)	5 000—7 000元(116 人)	7 000 元以上(136 人)	F	P
学习动力	3.62±0.78	3.77±0.85	3.91±0.72	3.85±0.68	3.345	0.019
学习坚持	3.25±0.86	3.55±0.84	3.78±0.76	3.73±0.73	11.263	0.000
总分	14.78±2.55	15.70±2.49	16.19±2.28	16.36±2.02	11.771	0.000

从表 7-22 可以看出,不同月均收入的员工在职场学习动机各方面的得分均存在显著性差异($P<0.05$),这说明企业员工的月均收入不同,他们的职场学习动机也有明显差异。通过对均值大小的排序比较可以发现,月均收入越高的员工越重视学习对职业发展的促进作用;7 000 元以上月均收入的员工学习态度最积极,而月均收入 3 000 元以下的员工学习态度最消极;在学习动力和学习坚持上,员工的月均收入越高,其两者的得分就越高,但是都在 7 000 元以上这一区域开始下降。从总体上看,员工月均收入越多,其职场学习动机就越强。

10. 不同日工作时间的企业员工在职场学习动机上的差异性分析

采用单因素方差分析对日工作时间不同的企业员工职场学习动机进行差异分析。以企业员工职场学习动机的总分和各维度总分作为因变量,以日工作时间为因子,结果如下:

表 7-23　不同日工作时间的企业员工在职场学习动机上的差异分析

维度	6 小时以下(13 人)	6—8 小时(26 人)	8—10 小时(526 人)	10—12 小时(153 人)	12 小时及以上(89 人)	F	P
职业发展	4.69±0.63	4.65±0.49	4.43±0.71	4.47±0.74	4.15±0.89	4.424	0.002
学习态度	4.08±0.86	4.19±0.69	3.99±0.72	3.95±0.85	3.80±0.94	1.801	0.127
学习动力	3.69±0.63	4.08±0.63	3.78±0.77	3.80±0.82	3.63±0.97	1.777	0.131
学习坚持	3.92±1.04	3.92±0.74	3.59±0.80	3.51±0.77	3.30±1.01	4.404	0.002
总分	16.38±2.53	16.85±2.17	15.79±2.27	15.74±2.50	14.88±3.15	4.442	0.001

从表 7-23 可以看出,不同日工作时间的员工在职场学习动机中的职业发展方面、学习坚持以及学习动机的总体情况的得分上均存在显著性差异($P<0.05$),这说明企业员工的日工作时间不同,他们的职场学习动机也有明显的差异。通过对均值大小的排序比较可以发现,日工作时间越长,员

工职场学习动机的职业发展和学习坚持方面基本上表示越弱；总体上看，员工日工作时间在其职场学习动机的强弱排序为 6—8 小时＞6 小时以下＞8—10 小时＞10—12 小时＞12 小时以上。

11. 不同跳槽次数的企业员工在职场学习动机上的差异性分析

采用单因素方差分析对跳槽次数不同的企业员工职场学习动机进行差异分析。以企业员工职场学习动机的总分和各维度总分作为因变量，以跳槽次数为因子，结果如下：

表 7-24　不同跳槽次数的企业员工在职场学习动机上的差异分析

维度	0 次(13 人)	1 次(26 人)	2 次(526 人)	3 次(153 人)	4 次及以上(89 人)	F	P
职业发展	4.48±0.66	4.41±0.69	4.37±0.77	4.43±0.74	4.39±0.82	0.512	0.727
学习态度	4.21±0.71	3.83±0.78	3.96±0.79	3.97±0.740	3.83±0.81	5.505	0.000
学习动力	4.04±0.83	3.66±0.74	3.75±0.80	3.77±0.78	3.64±0.79	5.606	0.000
学习坚持	3.84±0.81	3.52±0.84	3.50±0.78	3.50±0.86	3.48±0.85	5.080	0.000
总分	16.58±2.52	15.43±2.31	15.58±2.40	15.68±2.36	15.35±2.55	5.807	0.000

从表 7-24 可以看出，除在职场学习动机中的职业发展方面外，跳槽次数不同的员工在职场学习动机总分及其他方面的得分上均存在显著性差异（P＜0.001），这说明跳槽次数不同的企业员工在职场学习动机（除职业发展外）上存在差异。通过对均值大小的排序比较可以发现，没有跳槽过的企业员工的学习动机（除职业发展外）最强；跳槽一次的员工在学习态度上最不积极，跳槽 4 次及以上的员工学习动力和学习坚持最低。从总体上看，企业员工的职场学习的动机强弱排序为：0 次＞3 次＞2 次＞1 次＞4 次及以上。

（二）企业员工职场学习动机各影响因素的差异分析

1. 不同性别的企业员工在职场学习动机影响因素上的差异分析

采用独立样本 T 检验对不同性别的企业员工职场学习动机的影响因素进行差异分析。以企业员工职场学习动机影响因素总分和各维度得分作为检测变量，以性别作为分组变量，结果如下：

表 7 - 25　不同性别的企业员工在其职场学习动机影响因素上的差异分析

维度	男(488 人)	女(319 人)	T	P
工作任务	25.16±4.34	24.88±4.10	0.355	0.354
学习个体	22.05±3.95	21.49±3.75	0.236	0.045
单位组织	21.29±4.16	24.51±4.07	0.192	0.470
社会家庭	24.61±4.76	24.44±4.15	4.922	0.597
总分	93.13±15.21	92.33±14.32	0.902	0.453

从表 7 - 25 可以看出,除学习个体维度外,职场学习动机影响因素总分及其他各维度因素上均不存在显著性差异(P>0.05),这说明在倡导男女平等的现代社会,企业员工的职场学习动机总体及分维度上不因性别因素而存在差异。从存在显著差异的学习个体维度均值得分上看,男性得分略高于女性,也就是说,学习个体维度对男性的影响程度要高于女性,这表明,相较于女性来说,男性被调查企业员工更注重学习个体自身的工作能力和学习品质,在他们看来,只有提升了自己的工作能力,具备了良好的学习品质,职场学习才会更加地顺畅。

2. 不同婚姻状况的企业员工在职场学习动机影响因素上的差异分析

采用独立样本 T 检验对不同婚姻状况的企业员工职场学习动机的影响因素进行差异分析。以企业员工职场学习动机影响因素总分和各维度得分作为检测变量,以婚姻状况作为分组变量,结果如下:

表 7 - 26　婚姻状况在企业员工职场学习动机影响因素上的差异分析

维度	已婚(583 人)	未婚(224 人)	T	P
工作任务	24.99±4.25	25.24±4.26	0.506	0.477
学习个体	21.86±3.84	21.75±4.00	0.222	0.637
单位组织	21.14±4.21	22.04±3.84	1.084	0.298
社会家庭	24.48±4.61	24.70±4.32	0.179	0.673
总分	92.49±14.98	93.75±14.60	0.018	0.894

从表 7 - 26 可以看出,职场学习动机影响因素总分及其他各维度因素上均不存在显著性差异(P>0.05),这说明婚姻状况不同的企业员工在其职场学习动机影响因素上是不存在差异的。

3. 不同年龄的企业员工在职场学习动机影响因素上的差异分析

采用单因素方差分析对不同年龄段企业员工职场学习动机的影响因素进行差异分析。以企业员工职场学习动机影响因素的总分和各维度总分作为因变量，以年龄段为因子，结果如下：

表7-27　不同年龄的企业员工在职场学习动机影响因素上的差异分析

维度	20岁及以下 （7人）	20—30岁 （377人）	30—40岁 （317）	40—50岁 （94人）	50岁以上 （12人）	F	P
工作任务	22.85±5.87	25.13±4.29	25.50±4.11	23.72±3.95	23.08±5.24	4.939	0.001
学习个体	19.85±5.17	21.75±4.01	22.20±3.69	21.05±3.72	22.00±4.63	2.182	0.069
单位组织	21.14±4.33	21.78±4.10	21.54±3.97	19.45±4.18	19.75±4.61	6.782	0.000
社会家庭	22.57±6.07	24.96±4.41	24.54±4.51	23.05±4.59	24.25±5.20	3.742	0.005
总分	85.42±20.91	93.63±14.95	93.80±14.33	87.28±14.21	89.08±18.56	4.584	0.001

从表7-27可以看出，除学习个体维度外，不同年龄段的员工在职场学习动机总分及各维度的得分上均存在显著性差异（P<0.05），这说明不同年龄段的企业员工在职场学习动机影响因素（除学习个体维度外）上存在差异。通过对均值大小的比较可以发现，20—30岁和30—40岁两个年龄段的企业员工受学习动机各维度因素（除学习个体维度外）的影响较大，20岁及以下的企业员工受单位组织维度的影响大于40岁以上两个年龄段的员工，而工作任务和社会家庭维度因素对其的影响都是最弱。20—30岁和30—40岁这两个年龄段的被调查企业员工正处于职业生涯的黄金期，他们更注重工作任务的价值和挑战性，更看重单位组织的认可与重视，更容易受到社会家庭的影响。20岁及以下的被调查员工，一方面由于社会工作经验的匮乏，稳定性不够，尚未找准自己在企业中的合适定位，也没有太多的家庭经济负担。因此，他们在工作任务和社会家庭方面的需求最低，但是在单位组织的重视和认可方面的需求却高于40—50岁和50岁以上两个年龄段的被调查员工，可见，他们也渴望尽快融入社会、集体之中，渴望得到大家的认可。

4. 不同学历背景的企业员工在职场学习动机影响因素上的差异分析

采用单因素方差分析对不同学历背景的企业员工职场学习动机的影响因素进行差异分析。以企业员工职场学习动机影响因素的总分和各维度总

分作为因变量,以学历为因子,结果如下:

表 7-28　不同学历背景的企业员工在职场学习动机影响因素上的差异分析

维度	初中及以下 (74 人)	高中或中专 (251 人)	大专 (193 人)	本科 (257 人)	硕士及以上 (32 人)	F	P
工作任务	21.81±4.79	23.81±4.59	25.57±3.63	26.63±3.39	26.46±2.69	30.520	0.000
学习个体	18.62±4.25	20.89±4.03	22.24±3.63	23.17±3.10	23.46±2.72	29.499	0.000
单位组织	19.21±3.98	20.67±4.75	22.06±3.95	22.07±3.37	22.34±3.09	11.000	0.000
社会家庭	22.50±5.12	24.14±4.96	25.08±4.22	25.07±3.96	24.93±4.19	6.010	0.000
总分	82.14±16.54	89.52±16.52	94.96±13.54	96.21±11.63	97.21±9.83	21.218	0.000

从表 7-28 可以看出,不同学历背景的员工在职场学习动机影响因素总分及各维度的得分上均存在显著性差异(P<0.001),这说明不同学历背景的企业员工受职场学习动机各因素的影响存在较明显的不同。从均值总分上看,具体表现为,初中及以下<高中或中专<大专<本科<硕士及以上。也就是说,随着企业员工学历的增加,他们受职场学习动机因素的影响也随之明显加强。其中,社会家庭维度的因素对大专学历背景的企业员工影响最大,这说明大专学历的企业员工更注重社会的整个工作就业大环境,更重视亲人、朋友的评价。

5. 不同企业类型的企业员工在职场学习动机影响因素上的差异分析

采用单因素方差分析对不同企业类型的员工职场学习动机的影响因素进行差异分析。以企业员工职场学习动机影响因素的总分和各维度总分作为因变量,以企业类型为因子,结果如下:

表 7-29　不同企业类型的员工在其职场学习动机上的差异分析

维度	国企 (159 人)	外资企业 (308 人)	中外合资企业 (182 人)	民营企业 (158 人)	F	P
工作任务	26.93±3.50	23.90±4.44	24.86±4.25	25.62±3.80	20.234	0.000
学习个体	23.28±2.98	20.66±4.18	21.75±3.74	22.75±3.54	21.055	0.000
单位组织	22.96±3.25	20.65±4.37	20.96±4.25	21.69±3.83	12.350	0.000
社会家庭	26.27±3.42	23.39±4.98	24.81±4.54	24.74±3.93	15.426	0.000
总分	99.45±11.21	88.62±16.08	92.40±14.63	94.82±14.86	21.208	0.000

从表 7-29 可以看出,身处不同类型企业的员工在职场学习动机各影响因素的得分上均存在显著性差异(P<0.001),这说明企业员工所处的企业类型不同,他们受职场学习动机的影响也存在较明显的不同。从均值上看,具体表现为,国企>民营企业>中外合资企业>外资企业。由此可以看出,职场学习动机的各因素对国企员工影响最大,紧随其后的是民营企业的被调查员工。相反,外资企业的员工受各方面因素的影响最小。

6. 不同岗位类型的企业员工在职场学习动机影响因素上的差异分析

采用单因素方差分析对不同岗位类型的企业员工职场学习动机的影响因素进行差异分析。以企业员工职场学习动机影响因素的总分和各维度总分作为因变量,以岗位类型为因子,结果如下:

表 7-30　不同岗位类型的企业员工在职场学习动机影响因素上的差异分析

维度	生产类 (319 人)	技术类 (152 人)	管理类 (186 人)	营销类 (96 人)	其他 (54 人)	F	P
工作任务	23.65±4.73	25.67±3.49	26.47±3.35	26.02±3.55	24.98±4.72	17.158	0.000
学习个体	20.46±4.29	22.84±3.44	22.83±3.14	22.64±2.99	22.18±4.01	18.077	0.000
单位组织	20.52±4.59	21.50±3.89	22.12±3.37	22.69±3.45	21.22±4.34	7.675	0.000
社会家庭	23.80±5.14	24.71±3.94	24.92±4.13	25.86±3.63	24.81±4.33	4.688	0.001
总分	88.45±16.94	94.73±12.56	96.36±11.68	97.22±11.96	93.20±15.82	13.012	0.000

从表 7-30 可以看出,身处不同岗位类型的员工在职场学习动机各方面的得分上均存在显著性差异(P≤0.001),这说明企业员工从事不同的工作岗位,他们受职场学习动机各因素的影响也存在较明显的不同。从均值上看,在工作任务维度上员工的影响程度表现为,管理类>营销类>技术类>其他>生产类;在学习个体维度上,技术类>管理类>营销类>其他>生产类;在单位组织维度和总分上,营销类>管理类>技术类>其他>生产类;在社会家庭维度上,营销类>管理类>其他>技术类>生产类。从中可以看出,生产类企业员工受职场学习动机各因素的影响最小。

7. 不同职务级别的企业员工在职场学习动机影响因素上的差异分析

采用单因素方差分析对不同职务级别的企业员工职场学习动机的影响因素进行差异分析。以企业员工职场学习动机影响因素的总分和各维度总分作为因变量,以职务级别为因子,结果如下:

表7-31 不同职务级别的企业员工在职场学习动机影响因素上的差异分析

维度	普通岗位（558人）	基层管理岗位(150人)	中层管理岗位(79人)	高级管理岗位(20人)	F	P
工作任务	24.68±4.43	25.87±3.92	25.78±3.49	26.45±2.72	4.835	0.002
学习个体	21.59±4.06	22.40±3.43	22.16±3.57	23.05±2.56	2.666	0.047
单位组织	21.29±4.27	21.87±3.72	21.07±4.08	21.40±3.03	0.933	0.424
社会家庭	24.53±4.61	25.24±4.09	23.75±4.79	22.80±3.39	3.001	0.030
总分	92.10±15.57	95.40±12.96	92.78±13.91	93.70±9.17	1.970	0.117

从表7-31可以看出,身处不同职务级别的员工在职场学习动机影响因素总分和单位组织维度不存在显著性差异,在工作任务、学习个体和社会家庭三个维度的得分上存在显著性差异(P<0.05),这说明不同职务级别的企业员工,他们的职场学习动机受工作任务、学习个体和社会家庭各维度因素的影响不同。从均值上看,高级管理岗位的企业员工受工作任务、学习个体两个维度因素的影响最大,基层管理岗位的员工受社会家庭维度因素的影响最大。

8. 不同工作年限的企业员工在职场学习动机影响因素上的差异分析

采用单因素方差分析对工作年限不同的企业员工职场学习动机的影响因素进行差异分析。以企业员工职场学习动机影响因素的总分和各维度总分作为因变量,以工作年限为因子,结果如下:

表7-32 不同工作年限的企业员工在职场学习动机影响因素上的差异分析

维度	1年及以下（87人）	1—3年（117人）	3—5年（147人）	5—10年（192人）	10—15年（202人）	15年以上（62人）	F	P
工作任务	25.02±4.94	24.38±4.83	24.88±3.93	25.50±4.23	25.32±3.89	24.51±3.82	1.421	0.214
学习个体	21.86±4.17	20.93±4.40	21.57±3.92	22.36±3.66	22.03±3.64	21.83±3.59	2.234	0.049
单位组织	22.18±4.42	21.28±4.47	21.42±3.86	21.78±3.88	21.20±4.12	19.69±4.00	3.229	0.007
社会家庭	25.26±4.63	23.81±4.82	24.68±4.15	25.26±4.56	24.17±4.67	23.59±3.68	2.874	0.014
总分	94.33±16.39	90.41±17.00	92.55±13.93	94.91±14.45	92.74±14.25	89.64±12.84	2.149	0.058

从表 7-32 可以看出，工作年限不同的员工只在学习个体、单位组织和社会家庭维度上的得分上存在显著性差异（P＜0.001），这说明企业员工的工作年限不同，他们受学习个体、单位组织和社会家庭维度因素的影响也明显不同。从均值上看，工作 5—10 年的企业员工受学习个体、社会家庭维度因素的影响最大，1 年及以下的企业员工受单位组织因素的影响最大。

9. 不同月均收入的企业员工在职场学习动机影响因素上的差异分析

采用单因素方差分析对月均收入不同的企业员工职场学习动机的影响因素进行差异分析。以企业员工职场学习动机影响因素的总分和各维度总分作为因变量，以月均收入为因子，结果如下：

表 7-33　不同月均收入的企业员工在职场学习动机影响因素上的差异分析

维度	3 000 元以下（139 人）	3 000—5 000元（416 人）	5 000—7 000元（116 人）	7 000 元以上（136 人）	F	P
工作任务	23.93±4.35	24.60±4.45	26.69±3.29	26.19±3.59	17.158	0.000
学习个体	20.74±3.72	21.47±4.11	23.19±3.01	22.88±3.46	18.077	0.000
单位组织	21.23±4.25	21.24±4.33	22.39±3.42	21.19±3.82	7.675	0.043
社会家庭	23.76±4.62	24.66±4.55	25.81±3.50	23.91±4.91	4.688	0.001
总分	89.67±15.20	91.95±15.72	98.10±10.91	94.18±13.53	13.012	0.000

从表 7-33 可以看出，不同月均收入的员工在职场学习动机影响因素总分及各维度的得分均存在显著性差异（P＜0.05），这说明企业员工的月均收入不同，他们的职场学习动机受各因素的影响也有明显差异。通过对均值大小的排序比较可以发现，月均收入越高的员工，受各因素的影响越大，5 000—7 000 元的企业员工受各维度及总分的影响最大，但是都在 7 000 元以上这一区域开始下降。

10. 不同日工作时间的企业员工在职场学习动机影响因素上的差异分析

采用单因素方差分析对日工作时间不同的企业员工职场学习动机的影响因素进行差异分析。以企业员工职场学习动机影响因素的总分和各维度总分作为因变量，以日工作时间为因子，结果如下：

表7-34 不同日工作时间的企业员工在职场学习动机影响因素上的差异分析

维度	6 小时以下 (13 人)	6—8 小时 (26 人)	8—10 小时 (526 人)	10—12 小时 (153 人)	12 小时及以上 (89 人)	F	P
工作任务	25.30±5.67	27.46±3.71	25.23±4.03	25.11±4.43	23.14±4.56	7.027	0.000
学习个体	22.46±4.75	24.26±2.82	22.04±3.66	21.75±3.82	19.94±4.70	8.601	0.000
单位组织	21.46±4.77	24.15±2.97	21.52±3.94	21.03±4.31	20.34±4.69	4.825	0.001
社会家庭	24.84±5.12	26.65±4.53	24.66±4.31	24.33±4.61	23.53±5.32	2.711	0.029
总分	94.07±19.41	102.53±11.51	93.46±13.99	92.24±15.28	86.97±17.25	6.729	0.000

从表7-34可以看出,不同日工作时间的员工在职场学习动机影响因素总分及各维度的得分上均存在显著性差异(P<0.05),这说明企业员工的日工作时间不同,他们的职场学习动机受各因素的影响也有明显差异。通过对均值大小的排序比较可以发现,日工作时间越长,员工的职场学习动机受各因素的影响基本上表示越弱,其中,日工作时间为6—8小时的企业员工受各因素的影响最大。总体上看,员工日工作时间受职场学习动机各因素的影响大小排序为6—8小时>6小时以下>8—10小时>10—12小时>12小时以上。

11. 企业员工不同的跳槽次数在职场学习动机影响因素上的差异分析

采用单因素方差分析对跳槽次数不同的企业员工职场学习动机的影响因素进行差异分析。以企业员工职场学习动机影响因素的总分和各维度总分作为因变量,以跳槽次数为因子,结果如下:

表7-35 不同跳槽次数的企业员工在职场学习动机影响上的差异分析

维度	0 次 (141 人)	1 次 (124 人)	2 次 (235 人)	3 次 (193 人)	4 次及以上 (1144 人)	F	P
工作任务	26.56±4.05	25.12±4.29	24.50±4.11	24.73±4.36	24.78±4.17	5.978	0.000
学习个体	23.07±3.59	21.68±3.77	21.38±4.00	21.75±3.96	21.53±3.74	4.672	0.001
单位组织	22.73±3.53	21.45±4.20	21.01±4.12	20.87±4.43	21.26±3.90	5.093	0.000
社会家庭	25.90±3.64	24.10±4.53	24.36±4.58	24.28±4.84	24.16±4.62	3.952	0.003
总分	98.26±13.14	92.37±14.96	91.27±14.57	91.64±15.80	91.74±14.44	5.993	0.000

从表7-35可以看出,跳槽次数不同的员工职场学习动机影响因素总

分及各维度的得分上均存在显著性差异($P<0.05$),这说明跳槽次数不同的企业员工的职场学习动机受各因素的影响也有明显差异。通过对均值大小的排序比较可以发现,没有跳槽过的企业员工的学习动机受各因素的影响最大。从总体上看,企业员工的职场学习动机受各影响因素的大小排序为:0次>1次>4次及以上>3次>2次。

六、企业员工职场学习动机对其影响因素的相关回归分析

(一)企业员工职场学习动机及其影响因素的相关分析

为了明确企业员工职场学习动机各题项及其影响因素各维度之间的关系,笔者对企业员工职场学习动机各题项及其影响因素各维度之间进行相关分析,结果如下:

表7-36　企业员工职场学习动机及其影响因素的相关分析

	工作任务	学习个体	单位组织	社会家庭	影响因素总分
职业发展	.319***	.347***	.232***	.251***	.323***
学习态度	.205***	.344***	.196***	.276***	.287***
学习动力	.214***	.348***	.194***	.264***	.287***
学习坚持	.201***	.306***	.153***	.227***	.249***
学习动机总分	.299***	.431***	.247***	.326***	.366***

*.显著性水平为 0.05;**.显著性水平为 0.01;***.显著性水平为 0.001.

从表7-36可以看出,企业员工学习动机各题项与其影响因素各维度之间均呈现非常显著的正相关,说明在统计学意义上,企业员工学习动机与其影响因素之间呈现非常密切的联系。为了进一步考察影响因素各维度对企业员工职场学习动机的详细关系,特对企业员工职场学习动机及其影响因素之间的关系进行多元回归分析。

(二)企业员工职场学习动机对其影响因素的回归分析

1. 以企业员工学习动机总分为因变量的回归分析

为了明确影响因素各维度对企业员工学习动机产生影响的具体情况,以影响因素各维度为自变量,企业员工学习动机总分为因变量,采用逐步回

归分析,结果如下:

表 7-37 影响因素各维度对企业员工学习动机总分的回归结果

模型		标准系数	t	R 方	调整 R 方	共线性统计量	
						TOL	VIF
1	学习个体	.431	13.533***	.185	.184	1.000	1.000

*.显著性水平为 0.05;**.显著性水平为 0.01;***.显著性水平为 0.001.

从表 7-37 可以看出,模型 1 中的 R 方为 0.185,调整后的 R 方为 0.184,说明模型 1 可以解释学习个体因素对企业员工学习动机总体状况的因果关系的 18.4%,体现了模型 1 较好的拟合度;对多重共线性进行诊断的指标通常有容差(TOL)、方差膨胀系数(VIF)等,一般认为当容忍度小于 0.1,方差膨胀系数大于 10 时都能预测在这个回归分析中存在共线性的问题。但是因为本回归分析中仅进入了一个自变量,所以本回归分析中不存在多重共线性的问题。

在经过逐步回归分析之后,t 值呈现非常显著水平,说明模型 1 中的回归系数有统计学意义,影响因素中的学习个体对企业员工学习动机产生正向影响,存在一定的因果关系;这与先前叙事访谈所得出的企业员工的个体特征、性格特征、学习特质和终身学习习惯对企业员工学习动机产生影响的结论相佐证。

2. 以企业员工职业发展作用为因变量的回归分析

为了明确影响因素各维度对企业员工学习动机中职业发展维度产生影响的具体情况,以影响因素各维度为自变量,企业员工学习动机中职业发展方面为因变量,采用逐步回归分析,结果如下:

表 7-38 影响因素各维度对企业员工学习动机中职业发展的回归结果

模型		标准系数	t	R 方	调整 R 方	共线性统计量	
						TOL	VIF
1	学习个体	.347	10.504***	.121	.119	1.000	1.000
2	学习个体	.246	5.005***	.129	.127	.449	2.225
	工作任务	.137	2.785**			.449	2.225

*.显著性水平为 0.05;**.显著性水平为 0.01;***.显著性水平为 0.001.

从表 7-38 中可以看出，模型 2 的 R 方为 0.129，调整后的 R 方为 0.127，说明模型 2 可以解释学习个体和工作任务对企业员工学习动机中职业发展动机的因果关系的 12.7%，体现了模型 2 较好的拟合度；对多重共线性进行诊断的指标通常有容差（TOL）、方差膨胀系数（VIF）等，一般认为当容忍度小于 0.1，方差膨胀系数大于 10 时都能预测在这个回归分析中存在共线性的问题。本回归分析中容差的值均大于 0.1，VIF 的值均小于 10，说明本回归分析中不存在多重共线性的问题。

在经过逐步回归分析之后，t 值呈显著水平，说明模型 2 中的系数有明显的统计学意义，学习个体和工作任务对企业员工学习动机中职业发展动机产生正向影响，存在一定的因果关系；根据标准化系数的值，对企业员工职场学习动机中职业发展动机产生影响最大的是学习个体，其次是工作任务。这与之前叙事研究中个人特征和学习特点、工作任务难易程度会对企业员工的职场学习动机产生影响的结论相佐证。

3. 以企业员工学习动机中学习态度为因变量的回归分析

为了明确影响因素各维度对企业员工学习动机中学习态度维度产生影响的具体情况，以影响因素各维度为自变量，企业员工学习动机中学习态度方面为因变量，采用逐步回归分析，结果如下：

表 7-39　影响因素各维度对企业员工学习动机中学习态度的回归结果

模型		标准系数	t	R 方	调整 R 方	共线性统计量	
						TOL	VIF
1	学习个体	.344	10.392***	.118	.117	1.000	1.000
2	学习个体	.426	8.657***	.124	.122	.449	2.225
	工作任务	−.111	−2.255**			.449	2.225
3	学习个体	.376	7.047***	.130	.127	.381	2.622
	工作任务	−.160	−3.022**			.385	2.599
	社会家庭	.123	2.450*			.427	2.343

*.显著性水平为 0.05；**.显著性水平为 0.01；***.显著性水平为 0.001.

从表 7-39 可以看出，模型 3 的 R 方为 0.130，调整后的 R 方为 0.127，说明模型 3 可以解释学习个体、工作任务和社会家庭对企业员工学习动机中学习态度的因果关系的 12.7%，体现了模型 3 较好的拟合度；对多重共线性进行诊断的指标通常有容差(TOL)、方差膨胀系数(VIF)等,一般认为当容忍度小于 0.1,方差膨胀系数大于 10 时都能预测在这个回归分析中存在共线性的问题。本回归分析中容差的值均大于 0.1,VIF 的值均小于 10,说明本回归分析中不存在多重共线性的问题。

在经过逐步回归分析之后,t 值呈显著水平,说明模型 3 中的系数有明显的统计学意义,学习个体和社会家庭对企业员工学习动机中学习态度产生正向影响,存在一定的因果关系。但是,工作任务对企业员工学习动机中学习态度产生负向影响。也就是说,工作任务越困难,企业员工的学习态度越积极。根据标准化系数的值,对企业员工职场学习动机中学习态度产生影响最大的是学习个体,其次是工作任务、社会家庭。这与之前叙事研究中个人特征和学习特点、工作任务难易程度和职务级别、周围同事的学习行动和提高家庭收入的愿望等因素会对企业员工的职场学习动机产生影响的结论相佐证。

4. 以企业员工学习动机中学习动力为因变量的回归分析

为了明确影响因素各维度对企业员工学习动机中学习动力维度产生影响的具体情况,以影响因素各维度为自变量,企业员工学习动机中学习动力方面为因变量,采用逐步回归分析,结果如下:

表 7 - 40　影响因素各维度对企业员工学习动机中学习动力的回归结果

模型		标准系数	t	R 方	调整 R 方	共线性统计量	
						TOL	VIF
1	学习个体	.348	10.532***	.121	.120	1.000	1.000
2	学习个体	.421	8.553***	.125	.123	.449	2.225
	工作任务	−.098	−1.994*			.449	2.225

*.显著性水平为 0.05;**.显著性水平为 0.01;***.显著性水平为 0.001.

从表 7 - 40 可以看出,模型 2 的 R 方为 0.125,调整后的 R 方为 0.123,说明模型 2 可以解释学习个体、工作任务对企业员工学习动机中学习动力的因果关系的 12.3%,体现了模型 2 较好的拟合度;对多重共线性进行诊断的指标通常有容差(TOL)、方差膨胀系数(VIF)等,一般认为当容忍度小于 0.1,方差膨胀系数大于 10 时都能预测在这个回归分析中存在共线性的问题。本回归分析中容差的值均大于 0.1,VIF 的值均小于 10,说明本回归分析中不存在多重共线性的问题。

在经过逐步回归分析之后,t 值呈显著水平,说明模型 2 中的系数有明显的统计学意义,学习个体对企业员工学习动机中的学习动力产生正向影响,存在一定的因果关系;但是,工作任务对企业员工学习动机中的学习动力产生负向影响。也就是说,工作任务越困难,企业员工的学习动力越强。根据标准化系数的值,对企业员工职场学习动机中学习动力产生影响最大的是学习个体,其次是工作任务。这呼应之前叙事研究中学习个体特征和工作任务特点对企业员工职场学习动机产生影响的结论。

5. 以企业员工学习动机中学习坚持为因变量的回归分析

为了明确影响因素各维度对企业员工学习动机中学习坚持方面产生影响的具体情况,以影响因素各维度为自变量,企业员工学习动机中学习坚持方面为因变量,采用逐步法做多元回归分析,结果如下:

表 7 - 41　影响因素各维度对企业员工学习动机中学习坚持的回归结果

模型		标准系数	t	R 方	调整 R 方	共线性统计量	
						TOL	VIF
1	学习个体	.306	9.113***	.094	.092	1.000	1.000

*.显著性水平为 0.05;**.显著性水平为 0.01;***.显著性水平为 0.001.

从表 7 - 41 可以看出,模型 1 的 R 方为 0.094,调整后的 R 方为 0.092,说明模型 1 可以只能解释学习个体对企业员工学习动机中学习坚持的因果关系的 9.4%,模型 1 的拟合度不理想,还存在其他解释变量没有被纳入模型。

但是,在经过逐步多元回归分析之后,t 值呈非常显著水平,这也能从一定程度上说明,学习个体对企业员工学习动机中学习坚持产生正向影响,存在一定的因果关系;这呼应之前叙事研究中学习个体特征对企业员工职场学习动机产生影响的结论。

七、企业员工职场学习动机的研究小结

（一）研究结论

笔者采用叙事研究和问卷调查相结合的混合研究方法,以苏南地区企

业员工为研究对象,全面了解了企业员工的职场学习动机现状,探析了企业员工职场学习动机的影响因素,主要结论如下:

1. 企业员工职场学习动机整体水平

企业员工的职场学习动机水平整体较高,具有鲜明的情境性、复杂性、阶段性等特点,其类型主要有六种:职业发展取向、和谐关系取向、满足兴趣取向、胜任工作取向、物质报酬取向和逃避学习取向。

2. 企业员工职场学习动机的影响因素

通过田野观察、深度访谈、叙事研究等方法,发现企业员工职场学习动机的影响因素主要涵盖工作任务、学习者个体、单位组织、社会家庭四个层面。然后通过调查问卷收集数据,并对其进行简单描述性统计分析、差异性分析、相关分析和多元回归分析,发现所得结论与叙事研究的结论基本相佐证。具体阐述如下:

(1) 工作任务层面:问卷调查中发现,不同岗位类别、职务级别、日均工作时间的企业员工,其职场学习动机存在着显著性差异。影响因素方面,一般情况下,具有挑战性、变化复杂、有价值的工作任务更能激发企业员工的职场学习动机,一成不变、简单重复的工作任务则无法激起企业员工的职场学习动机。但是在叙事中发现,对于不同职务级别的企业员工,其职场学习动机的强弱程度与其工作中的实际需求程度相关。企业员工的工作时间与其职场学习动机不存在相应的比例关系,其中,日均工作时间6—8小时的企业员工职场学习动机最强。

(2) 学习者个体层面:问卷调查结果发现,个体特征方面,不同年龄的企业员工职场学习动机不存在显著性差异,不同性别、不同婚姻状况、不同学历背景的企业员工职场学习动机存在着显著性差异。一般情况下,处于职业生涯的黄金期20—30岁和30—40岁两个年龄段的企业员工在总分及各维度得分均位于前列,职场学习动机更强。学历层次越高的企业员工,其职场学习动机也越强。但是在对个体的叙事研究中发现,与问卷调查的结果不相一致,高龄的A先生并没有受自己的低学历背景影响,表现出比高学历的C先生更为强烈的职场学习动机,这也体现了本研究采用混合研究的意义。性格个性方面,积极、开朗、乐观、认真、坚持、具有强烈责任心的企业员工表现出更为强烈的职场学习动机。学习特质方面,企业员工的认知水平、自我认知方式、终身学习习惯等对其职场学习动机具有一定的影响。

问卷调查的数据显示,企业员工对职场学习的职业发展作用的不同认识、不同的学习态度、不同的学习坚持性与其职场学习动机均存在着显著性差异。此外,不同工资收入、不同跳槽次数等职业特点的企业员工在职场学习动机上也存在着显著性差异。

(3)单位组织层面:比较四个一级维度得分发现,单位组织维度的平均得分最高,也就是说,企业组织对企业员工的职场学习动机影响最大。不同的企业类型的企业员工,其职场学习动机存在着显著性差异。总之,单位组织层面对企业员工的职场学习动机的影响主要表现为企业文化、领导风格、专家指导等因素。不同企业的价值观、不同的制度文化、不同的领导者风格、不同层次的专家指导均会影响到企业员工的职场学习动机。

(4)社会家庭层面:每一个人都无法脱身于其所处的社会经济大环境和家庭这一微观群落环境,成人也是如此。与学校学习不同的是,职场学习的发生是以工作场域为中心展开的,因此,社会家庭层面对企业员工职场学习动机的影响主要表现在社会经济形势、家庭环境、社会交往等方面。经济全球化、竞争国际化为企业员工提供更多、更自由的职业选择机会,同时也对企业员工的职业素养提出了更高要求。问卷调查中,72.2%的企业员工是已婚状态,作为家庭责任的承担者,家庭经济环境是影响企业员工职场学习动机的最为现实的因素。

(二)激发企业员工职场学习动机的策略建议

1. 单位组织层面的策略建议

(1)加强企业组织学习文化建设,营造良好的职场学习氛围

情境学习理论、活动理论都强调学习的情境性,企业员工的职场学习是根植于工作情境之中,并与其相互作用的过程。企业员工在参与工作活动中使用情境性知识,逐渐成为共同体中的一员,对组织的意义建构和实现目标做出贡献①。激发企业员工的职场学习动机,企业组织有必要充分利用良好的社会文化情境,营造良好的职场学习氛围。正如彼得·圣吉所言,未来真正出色的企业将是那些能够设法使企业员工全身心投入,并有能力不

---

① 赵蒙成.职场学习的优势与理论辩护[J].教育与职业,2010(3):21-23.

断学习的组织①。因此,企业文化建设方面应加强企业组织学习文化建设,以良好的职场学习氛围促进企业员工个体的职场学习。约翰斯顿(R. Johnston)和沃克(G.Hawke)认为,组织学习文化是鼓励与支持组织及其员工进行持续学习、共享知识的一种价值观和规范②。

企业组织通过为员工创造一种支持工作中反思、对话、提问和相互反馈的组织文化,鼓励员工以部门、班组为单位组成工作单元共同学习、共同工作,最终通过协同合作完成工作目标,实现组织愿景。在组织学习文化氛围的影响和感召之下,可吸纳更多的企业员工参与其中,激发企业员工的职场学习动机。当然,在组织学习文化建设中,领导的战略思考至关重要,相关部门、班组领导要以身作则,资源共享,为其他员工树立良好榜样,在这样的环境下,有利于增强企业员工职场学习需求③。此外,还要完善企业员工组织学习的奖惩激励制度,规范企业员工的组织学习行为,提升其职场学习的兴趣,增强其工作、学习的自觉性和有效性。

(2) 创设良好工作环境,提升企业员工的组织归属感

美国著名的管理学者波特(Lyman W.Porter)、斯蒂尔兹(Richard M. Steers)等人认为,企业员工对企业的归属感主要指员工对企业的认同与投入程度,具体成分包括员工认同并接受企业的目标和价值观念;员工愿意努力为企业工作;员工强烈地希望保持自己的企业成员资格④。企业员工归属感的建立不仅有利于企业人才体系的良性循环,保障工作绩效,提高企业经济效益,还有利于激发企业员工的职场学习动机。但是,企业员工的组织归属感受到多种环境因素的影响,既有薪酬福利待遇、工作场所环境等物质环境因素,又有企业文化,企业管理制度、人才激励机制,企业员工个人的性

① 彼得·圣吉.第五项修炼——学习型组织的艺术与实务[M].上海:上海三联书店,1998:3.

② 蒋秀娟,赵小康.组织学习文化对员工组织承诺的影响研究[A]. Johnston,R & HAwke,G. Case Studies of Organizations With Established Learning Cultures[R]. Research Report for National Centre for Vocational Education Research, Adelaide, 2002:81.

③ 帅良余.创建学习型组织背景下的成人学习和成人个性发展研究[D].华东师范大学,2012:182-184.

④ 林美珍,汪纯孝等.支持型领导与授权氛围对旅游企业员工角色压力和工作绩效的影响[M].广州:中山大学出版社,2010:93-94.

格、人际关系、思想观念等软环境因素的影响①。

基于此,企业组织可从以下几方面着力:其一,完善企业的薪酬福利制度。薪酬待遇的设计应遵循内部公平性、外部竞争性、全员激励性等原则,与员工进行有效沟通,理解员工的具体需求,力求动态满足员工合理的多层次需求,激励其工作激情、学习欲望。其二,完善企业的管理制度。致力于创造有利于员工实现工作目标的环境,关心员工的职业发展,帮助员工进行科学合理的职业生涯规划,为员工提供更多的发展平台与学习机会。其三,注重企业的环境建设。为企业员工提供整洁、明亮、舒适、无噪音、无污染、无安全健康隐患的硬件工作环境,关注员工的生活状态、情绪变化、心理健康,营造积极向上、团结合作、互相尊重、互相理解与支持的工作氛围,提高员工在企业的幸福指数。

(3) 加强企业员工的职业角色建设,融入企业价值观,激发员工学习能动性

企业员工的职业角色是其在企业中所承担或者履行某一岗位职能的反映,只有充分明了该角色扮演的意义、效能、情境等,才能进行相应的角色创造,从而实现自己的角色期望。叙事中的 A 先生是一个对自己的机器维修工角色高度认同的典型代表,他高度认同自己的职业角色,并为之不懈努力,甚至利用工作之余的时间参加专业知识培训,体现出较强的职场学习动机。B 小姐跨行做人事专员后对其职业角色的领悟体验推动着她不断学习实践,将人事专员的角色要求逐渐地内化为自己的行为模式:考取人力资源师证书,积极向前同事学习各种人事管理方法,参与区里的相关培训等等。因此,企业应加强员工的职业角色建设。

职业角色建设是指组织根据职业角色的基本要求,引导员工个体强化自身担当的职业角色所应有的职业意识、规范、形象以及方法等的建设,并促进个体将职业角色的要求内化为自己的行为模式②。企业组织在员工职业角色建设的过程中,可以制定相关的制度、政策、具体措施,培育企业组织价值观,加大对企业员工继续学习资源的投入,最大限度地为其创造良好的学习条件,激发员工学习能动性,实现企业与员工个体的双赢。

---

① 马耀荣.如何提高企业员工归属感浅析[J].现代经济信息,2013(23):49.
② 奚从清.角色论——个人与社会的互动[M].杭州:杭州大学出版社,2010:174.

（4）重视所有企业员工的成长发展，加强行业专家的指导

当前的企业人力资源开发部门对于新员工的培训倾注了很多的精力，其效果是显著的，但是对于已经熟悉工作内容却未达到专家或是熟手程度的一般员工的相关培训，往往流于形式，收效甚微。在激烈的市场竞争中，企业的人才管理观念和方法影响着企业的生存和长远发展。只有通过对所有人力资源的投资，提升企业员工的整体素质，才能促成企业的快速高效发展。

企业人力资源开发部门，一方面要避免只重视新员工的培训指导，忽略已具备一般职业技能的企业员工的专业成长。认知学徒制的观点认为，专家或者熟练员工对个体进行近距离直接指导具有非比寻常的重要性，一般企业员工的专家指导也应避免缺位。他们已经具有一定的知识和技能储备，基于一定工作经验的专家指导，领悟得会更加透彻，技能提升更快，从而更好地激发企业员工的职场学习动机，如此形成职场学习的良性循环。另一方面，企业人力资源开发部门应充分重视对行业专家的考量与评价，不能仅仅局限于专业学历层次或专业证书等级，应多方位综合考量。因为直接指导产生的学习效果与指导者自身的语言表达能力、专业知识结构、技能水平、指导态度与方法等诸多因素有直接关系①。一般企业员工已经具备一定的知识技能，对专家的要求更高，一旦该专家指导不能产生应有的效果，比如专家出于对自身技能地位的保护有所保留或是以不负责任的态度、非常规的操作直到解决问题，那么对企业员工职场学习动机的影响将会适得其反。最后，企业组织可以充分利用网络信息资源，采用员工网络听课、论坛交流等形式吸取企业外的优质资源，避免空有形式而无实际效果的表面培训。

2. 企业员工个体层面的策略建议

（1）全面认识自我，设计科学合理的个人职业生涯规划

职业生涯是个人生命周期中的与职业或者工作有关的经历，是个体生命质量和价值的重要体现。职业生涯规划起源于 20 世纪六七十年代的发达国家，企业员工通过对市场趋势性的问题进行研究得出结论，将自

---

① 朱召萍.工作场所学习过程及其影响因素分析[J].当代继续教育,2014(6):59-62.

己的职业发展和行业市场发展紧密结合,以促成自己职业发展的成功。科学、合理的个人职业生涯规划对于促进企业员工个体职场学习动机具有重要意义。在经济全球化背景下,信息和通信技术的无处不在,企业员工拥有更多的职业选择机会,但是更应该理性选择,应根据自身的情况和所处的环境,确立好自己的职业目标,选择好职业道路,然后付诸行动,最终实现职业目标①。

科学、合理的职业生涯规划要做到以下几点:首先,企业员工对自己要有较为全面的认知和把握,了解并评估自身的职业兴趣、技能发展、知识水平、职业价值观、个性特征等。已经处于就业状态的企业员工对自己的职业已经具备一定的认知,在此基础上再结合自己的特点综合考虑,能够获得更为深入、全面的自我职业认知。其次,企业员工应结合自己对目前从事职业的清晰认知,准确判断自己的性格、知识与能力与其是否匹配。自身的职业胜任力与性格有着密切关系,比如让内向的员工去做销售显然是不合适的,因此,企业员工可以通过职业性格测试等方式进行科学的评价。最后,确定自己职业发展的长期目标和短期目标,进行学习实践,并在此过程中对自身的职业成长和发展做出科学的评估,因为个人职业生涯规划并不是一成不变的,它是与时俱进的。随着年龄的增长、环境的变换,受企业员工个体内在的知识、观念、经验、能力、兴趣价值观和外部的工作单位、工作时间、工作内容、工作职务、薪酬待遇等因素变化的影响,企业员工需要通过不断的调整、转换设计,以便于找到更适合的职业定位和发展方向,不断激发自己的职场学习动机,通过工作、学习实践提升个人竞争力,寻求职业自我完善。

(2)牢固树立终身学习的理念,提高企业员工的自主学习能力

知识经济时代,社会竞争的加剧,终身学习已成为当下一种颇受瞩目和认可的教育潮流和理念。对于企业员工来说,牢固树立终身学习理念的核心目的就在于凸显企业员工学习的主体性,强调企业员工有意识、自主地进行学习。与学校学习不同的是,企业员工的职场学习并不是以掌握、储备系统知识以备将来需求为目的,而是直接指向解决当下的、真实的问题②。人事专员 B 小姐在办理国外人员国内任职许可的时候遇到阻碍,于是在解决

---

①　叶绍灿.高校辅导员职业生涯规划研究[D].合肥工业大学,2015:13.

②　赵蒙成.论职场学习的建构性品质[J].职教通讯,2015(22):35-40.

问题中明白了相关的行事流程和注意事项。在企业员工的工作中,可能会遇到各种各样的问题,熟悉的,不熟悉的,只有牢固树立终身学习的理念,才能保持强烈的职场学习动机,以较强的自主学习能力成功地破解工作中一个又一个问题。

企业员工在职场中的自主学习能力可以从以下几方面努力:其一,改变对学习的认知,增强自主学习的意识。职场学习是与工作融合在一起的,以解决工作中的问题为导向的,需要明确学习的目的、内容,掌握与工作情境相吻合的学习方式,在学习过程中需要进行自我调节、自我激励、自我监控和自我评估。其二,进行有效的自我激励,采用积极的归因方式,提升企业员工的学习自我效能感。企业员工可以通过职位晋升、提高工作胜任力、获得更好的薪酬待遇、实现自我增值等工作目标激励自我,在工作中增加解决问题或是完成任务的成功学习体验、观察榜样的成功学习体验,以此提高自我效能感[①]。比如叙事中的 B 小姐常常以"别人能做,我应该也能做"来激励自己不断学习。当工作中出现失误时,应避免能力、运气等不可控制因素的消极归因,鼓励进行努力不够或是方法不对等可以控制的积极归因,树立职场学习的自信心,保持强烈的职场学习动机。其三,加强时间管理,培养持之以恒的意志力。企业里的工作本身是繁忙的,再加上时间、精力的有限,企业员工应坚定自己的学习目标,加强时间管理,克服环境、困难等干扰因素增强自身的意志力。只有这样,才能拥有源源不断的职场学习动力。

(3)以工作为轴心,建立良好的人际互动网络

一般情况下,职场中工作任务的完成、问题的解决往往是个人能力无法企及的,需要通过团队合作进行,员工在解决问题的过程中不可避免地需要交流、沟通,在团队学习中扬长避短。如 GHDL 光缆公司中,成缆工人的上缆工作任务,机电维修工面临的复杂机械问题,问题产品的原因查找等等,都是在多位企业员工、多部门的合作中进行的。如果没有良好的人际互动网络,可能会影响到企业员工的职场学习动机,因为已有研究证明基于工作的、和谐的人际关系能够极大的促进企业员工的职场学习[②],正如马克思所

① 霍辉.中小企业员工工作场所学习的现状、问题及对策研究[D].广西师范大学,2015:37.

② 赵蒙成,严晓芳.影响职场学习的环境要素探微[J].职教通讯,2011(10):70-73.

说:"社会——不管其形式如何——究竟是什么呢,是人们交互作用的产物。"①叙事中的人事专员 B 小姐就拥有较好的人际互动网络,不管遇到什么工作问题,总是能有人出手相助,而且不限于本公司的同事。因此,基于工作的人际互动网络不应局限于本公司,只要与目前工作相关的或是将来可能有关的人都应该建立良好的联系与互动机制。

　　人际互动网络是个体与他人、与他群体乃至社会之间和谐的关系综合体,良好的人际互动不仅有利于企业员工个体的心理健康,还可以使企业员工在和谐愉快的环境中专心工作、努力学习,提升自己的职业素养,更是企业员工适应社会程度的体现。构建良好的人际互动网络首先要提升自我,完善个性。人际互动的过程是综合运用各方面素质的过程,以工作为核心的人际互动涉及专业知识素养、表达理解能力、心理洞察能力、解决问题能力、人际融合能力等多方面因素,只有不断提升自我,完善自身人格,才能在人际互动中游刃有余。其次,善于把握人际互动的机会。工作中因为考虑问题的角度和处理的方式不同,对领导的某些决定有不同意见时,可以在恰当的时候直接想起表达自己的想法;处理工作问题时,主动向身边较有资历的老同事请教,聆听他们的见解寻找可以借鉴的地方;同事、朋友遇到工作问题时,主动关心帮助并伸出援助之手;等等。最后,在实践中摸索,在不断地总结和反思中掌握人际互动的原则和技巧。人际互动的技巧是在具体的人际交往实践中总结出来的,只有不断摸索,不断反思,才能构建良好的人际互动网络,为自己的职场学习助上一臂之力。

---

① 中共中央编译局编.马克思恩格斯选集第 1 卷[M].北京:人民出版社,1995:532.

第八章

高职学生学习动机的启示

本章基于企业员工职场学习动机的研究反观当前高职院校学生的学习动机,第一部分简要叙述了当前高职院校学生的学习动机现状,总体来讲,高职院校学生学习动机水平是不尽如人意的,主要表现为学习目标模糊,学习动机功利性强,学习信心不足,学习自主性欠缺等。第二部分具体分析了高职学生学习动机不理想的深层次原因,主要受到学生个体、学校、社会家庭等多个层面因素的影响。第三部分与企业员工职场学习动机进行比较,主要从学习动机总体水平、类型、影响因素三个方面进行比较。第四部分结合企业员工职场学习动机的研究结果,对高职学生职场学习动机提出一些培养策略建议,主要包括学生个体、学校、社会家庭等等层面。

追根溯源,由企业员工的职场学习动机再反思当前培养应用技能型人才的高职院校学生的学习动机状况颇具深意。《教育部关于全面提高高等职业教育教学质量的若干意见》曾明确指出:"我国高等职业教育蓬勃发展,为现代化建设培养了大量高素质技能型人才,对高等教育大众化做出了重要贡献,丰富了高等教育体系结构,构成了高等职业教育体系框架,顺应了人民群众接受高等教育的强烈需求。高等职业教育作为高等教育发展中的一个类型,肩负着培养面向生产、建设、服务和管理第一线需要的高技能人才的使命,在我国加快推进社会主义现代化建设进程中具有不可替代的作用。"[①]因此,高等职业教育的发展是现代国民教育体

---

① 中华人民共和国教育部. 教育部关于全面提高高等职业教育教学质量的若干意见 [EB/OL]. http://www. moe. gov. cn/publicfiles/business/htmlfiles/moe/moe_1464/200704/21822.html.

系建设的重要组成部分,是学习型社会构建过程中必须大力发展的一种教育类型。尤其是进入工业社会后,随着科学技术的迅猛发展和先进技术的大量应用,社会经济发展对高级技术技能人才的需求持续增长,"技能短缺"问题愈发严重,高职院校作为集中培养技能人才的教育组织,被寄予厚望。然而,随着高等教育从精英文化转向大众教育,高职院校不断扩张,大学分批次招生等原因,导致高职院校学生入学门槛降低,生源质量欠缺等问题,职业院校学生的学习状况和学习质量受到质疑,不同程度上制约着高职院校的人才培养,成为高等职业院校教育质量提升的瓶颈。其实,高职院校学生和普通高校学生的智力并没有明显差异,但是在学习动机、学习习惯等非智力因素上却存在诸多问题。因此,了解高职院校学生学习动机的现状和特点,探究激发高职院校学生学习动机的策略,对于提升高职院校人才培养质量,为企业输出更多高质量的应用技能型人才具有十分重要的理论和现实意义。

一、高职院校学生学习动机的现状

近年来,国内很多研究者开始关注高职院校学生学习动机的研究,既有学生学习动机的实证研究,也有学生学习动机的理论研究,其中实证研究又包含干预研究和相关研究。现结合已有的研究成果对高职学校学生学习动机的现状进行系统的探析。易佳(2015)在对 500 名来自六个有代表性专业的大一、大二的高职院校学生的问卷调查中发现,高职院校学生在学习过程中面临的最大的阻碍就是学习动力严重缺乏[①],张立春(2016)通过对 343 名来自不同专业、不同年级的高职院校学生的网络学习动机的问卷调查也发现,尽管学生平均每天上网的时间很多,但是用于网络学习的时间很少,网络学习动机整体水平不高[②]。甘露(2012)在其问卷调查中发现,高职院校学生的学习动机水平基本符合正态分布,学习动机虽然呈中等水平,但是学习动机总平均分小于中等临界值的比例相当大,其中还不排除调查对象

---

① 易佳.高职院校学生学习动力激发与培养对策研究[D].湖南大学,2015:17-19.

② 张立春.网络学习环境中高职学生的自主学习动机研究[D].西南大学,2016:19-37.

在问卷中的利好趋向①。尽管不同性别、不同年级和不同专业的高职院校学生的学习动机水平均存在着显著性差异②③，但是总体来讲，高职院校学生的学习动机水平是不尽如人意的，主要表现为学习目标模糊、学习动机功利性强、学习信心不足、学习自主性欠缺等方面。

（一）学习目标模糊

高中阶段的学习课程具有一定的连续性，学生的学习目标唯一而明确，就是在高考中取得好成绩，进入理想大学，在此过程中，老师、家长的督促和监管力度较大，很多时候是不得不进行相关课程的学习。但是进入高职院校学习以后，一方面，大学的课程设置变得更为多元化，除了公共基础课，还有各个专业开设的专业课、选修课等等，选择自由度增加的背后是他们仍然习惯于家长的安排，习惯于高中时期老师的学习指导方式，对自己的专业并没有深入的了解，没有短期的学习目标，也从未考虑过自己三年的高职学习目标和未来的职业发展规划，在众多的选择之中他们无法分清主次，导致学习目标模糊。另一方面，由于高职学校的管理模式、教师授课方式、学习内容等与高中阶段有着本质的区别。进入大学后，他们拥有相对自主宽松的学习环境，更强调学生的自主学习。一时之间，高职学生没有了沉重的学习负担，没有了老师家长的严加管教，突然的自由时间、空间让学生一下子放松下来，甚至是不知所措，以致相当部分的学生随心所欲地逛街购物、打游戏、上网等等，早已将学习目标抛诸脑后。有的学生尽管也想好好学习，但是对高职学习生活还未完全适应，并没有清晰可靠的学习目标，无法对自己的学习进行有效的规划和实施。

（二）学习动机的功利性强

与企业员工的职场学习动机一样，高职院校学生的学习动机功利性在许多高职院校中表现得也较为普遍和明显。如易佳（2015）在其问卷调查中

---

① 甘露.高职大学生学习习惯及其与学习动机的关系[D].西南大学,2012:38.

② 丁洁.90后高职学生学习动力现状及原因探析[J].现代企业与教育,2014(2)：64-65.

③ 杨媛.高职学生一般自我效能感与学习动机的关系研究[D].天津大学,2012:20.

就发现,被调查的高职院校学生外部所产生的学习动机高于内部因素所产生的学习动机,其中61.3%的高职院校学生的学习动机是为了自己的就业考虑①。刘一村(2013)也在其问卷调查中发现,高职学生物质追求的动机过强,更容易受到外部因素的干扰,无法对学习产生真正的兴趣,一旦物质强化物消失,学习动机也会消失②。究其原因主要表现为以下两方面:其一,在严峻的就业形势下,高考中并没有尽如人意的高职学生更能感觉到就业压力的沉重感,很大一部分学生认为进入企业就业是高职院校学习的唯一目的,因此,他们只是片面地迎合找工作的需要来选择学习的内容,考级考证,参加比赛,不过是增加就业的砝码。其二,有相当一部分同学意识到能力对就业的重要性,于是大学期间就开始锻炼能力,整天奔波于各种社会活动、各种比赛,做兼职,增强所谓的社会适应能力。结果在学习上却置若罔闻,不思进取,不肯努力,甚至有的同学痴迷于学生干部工作,整天忙忙碌碌,奔波于各种社团活动,交朋友、拉关系,把"工作"当主业,把学习当副业。总之,在大学里,有相当多的人把相当多的时间和精力倾注于课堂和书本之外。即便是在一些专业课的学习中,也只是对老师所举的例子或是实用的部分感兴趣,对理论知识毫无兴趣,因为在他们看来,这些知识以后到企业工作根本用不上,学也是白学。尽管高职院校注重的是学生应用能力,但是它也是以一定的基础知识为根本构建的,只有掌握扎实的基础知识,才能将实用性、及时性的技能应用知识活学活用,才能很好地应对当前国家的经济结构转型,以不变应万变。

（三）学习信心不足

对于考入高职院校的学生来说,他们大多是经过高考的失败之后才无奈选择进入高职院校,内心的失落感和自卑情绪比较突出,而且学习内容方面的变化对他们来说又是一个巨大考验。由于高职院校的学生入学前接受的是传统的普通中等教育,主要学习目的是为高考升学奠定知识基础,其学习的内容和知识结构多以理论知识为主,很少涉及具体的技术原理和实践

---

① 易佳.高职院校学生学习动力激发与培养对策研究[D].湖南大学,2015:17.

② 刘一村.高职院校学生积极学习心理培养策略研究[D].西北农业科技大学,2013:28.

技能,但是高等职业教育发展就是以行业为指导,以就业为前提,高职课程学习应该以技术原理为主,注重学生的实践操作能力发展。因此,当高职学生以如此消极的心态面对与中等教育阶段截然不同的学习环境和学习内容模式时,很多高职学生表现出学习信心的不足,学业情绪的低迷,处于学习动力尽失的状态①。

（四）学习自主性欠缺

从高中封闭式的、紧张的学习环境到开放的、相对宽松自由的大学生活,对于初入高职院校的大学生来说,远离了封闭与监督、控制,丰富多彩的生活开阔了他们的眼界,老师管理的民主自由给了他们更大的自由空间,学习成绩不再是衡量一个学生好坏的标准,这一切都将直接影响到他们的学习自主性。再加上高职学生是最后一个批次录取的高校学生,单以文化成绩而言,他们在高中时期的学习并不十分理想,与本科生相比,他们的自我学习能力和自我约束能力比较薄弱②,学习自主性仍然处于较低的水平,学习动机水平难以提升。刘一村(2013)在调研中发现,高职院校大部分学生表示"自己仅靠课堂学习和实践课训练,课下很少复习巩固"③,与高中学习相比,高职学生的学习内容更为丰富多元,可供自我支配的时间大幅度增加,作业的弹性加大,尤其是在实训阶段,学生必须通过产学结合,边学边实践,自我计划、实施、调节自己的学习,但是由于高职学生是整个大学生中的"弱势群体",处于个体从不成熟走向成熟的过渡时期,表现出自觉性与不自觉性相互交织的复杂现象,自我意识明显加强,热衷于显示自己的力量和才能,但是自制力不够,容易受到外部因素的影响④。

二、高职院校学生学习动机的影响因素分析

针对目前高职学生学习动机不足的种种表现,可以发现影响高职学生

---

① 宋锦韬.高职学生学习动机激发和培养对策[J].中国市场,2016(43):119-120.
② 刘哲.基于高职学生学习动机分析的教学设计与评价研究[J].青岛职业技术学院学报,2015(5):33-35.
③ 刘一村.高职院校学生积极学习心理培养策略研究[D].西北农业科技大学,2013:26.
④ 梁辉.运用暗示优化高职学生学习心理的研究[J].职业教育研究,2011(11):152.

学习动机的因素是复杂的、多元的,主要表现为学生个体、学校、社会家庭三个层面。

（一）学生个体层面

个人因素是影响高职学生学习动机的内部因素,在高职学生的学习活动中具有关键作用。其中,学生的学习价值观、自我效能感、学习习惯和学习自主性等对高职学生学习动机的影响最大。

1. 学习价值观

学习价值观是学习者看待学习活动与其他活动关系、看待其社会作用的一种认识,是学习者进行学习活动最主要的内在动力,也是学习者的人生价值观在学习活动中的具体表现。新一轮工业革命进一步加剧了全球化的竞争,面对如此严峻的就业形势,许多高职院校的学生深知自己处于高等教育系统中的弱势地位,形成了一些不利于激发学习动机的学习价值观。其一,对所学专业的不认同。由于现行的高考体制,高中生对自己将来报考的专业、发展目标、就业前景等情况并不是很了解,进入高职院校后发现当初想象的与实际情况有很大出入,或是就读的专业并不是自己所选择的理想专业,更谈不上热爱了,由此导致学习上的茫然和被动状态。因此,在他们看来,这样的学习毫无价值和意义,如此消极的学习价值观根本无法引发学习动机。其二,在工作压力的影响下,很多学生把学习当成是谋生的手段,把学习与工作、生活联系在一起,形成以能力为主、学习为辅的学习价值观,追求学习的急功近利,根本没有心思和兴趣进行深入的学习和思考的动力。即使是某种操作技能的学习也仅限于了解该技能的操作步骤和要领,无法有效迁移到相似的同类其他技能中去,根本不明白为什么要这样操作,一旦学习到错误的操作方法也不能及时有效地发现并改正,并没有形成一定的技术认知。任何知识与技能的学习都有其系统性,需要循序渐进地学习,才能很好地掌握。其三,许多大学生高中阶段由于繁重的学业负担,没有时间和精力培养自己的特长和业余爱好,进入高职院校后,他们拥有更多的自由支配时间,于是将大量的精力与时间花在兴趣爱好的培养,对学习却失去了应有的动力,导致主次不分。只有高度重视学习价值观的引导与启发,高职学生才能保持持久、强烈的学习动机。

2. 自我学习效能感

有相关研究显示,高职学生的一般自我效能感低于全国大学生的常模水平[①],这与高职学生特有的学习背景、失败经历等密切相关。一方面,我国的高职教育仍然处于初步发展阶段,本质上难以摆脱学科本位的影响,受限于人们对传统的精英教育培养模式的推崇,校企合作的有效性难以提升,学生的就业竞争力并不理想,高职教育的社会认可度偏低,高职院校的学生就业压力居高不下。另一方面,高职学生在高考中的失败经历直接影响到高职学生的学习积极性,在中国应试教育盛行的大环境中,社会、学校、家庭普遍以学习成绩论成败,在高考这一决定人生走向的全国性考试中,他们就是所谓的"失败者",进入高职院校是他们无奈的选择,而高职院校的学习环境与普通高校也的确存在着一定的差距,这会极大地打击学生的学习主动性和积极性,导致其自我定位较低,对自己有着较低的自我评价,缺乏学习信心,进而产生失落感和自卑感,学习动力明显不足。因此,自我效能感低是高职院校学生在社会环境影响之下的结果,也是他们在学习中的一次次失败经验累积的恶果。有研究显示,一般自我效能感较高的学生表现出较强的内生学习动机,他们倾向于选择更具挑战性的任务,有着更高的学习热衷性,同时一般自我效能感水平也能很好地预测学生的外生学习动机[②]。因此,激发高职学生的学习动机,必须提升他们的学习自我效能感,提升其对自我的积极认知,重燃学习信心。

3. 自主学习能力

自主学习能力是学习者在与外部环境长期相互作用的结果,是个体在不同的情境中表现出来的一种相对稳定的学习特征。随着学生年龄的增长,其学习能力也逐步提升。进入大学的学习阶段,因为教学模式、学习内容等的变化,对学生的自主学习能力提出了更高要求,但是进入高职院校后,相当一部分学生仍然不适应大学的学习生活,依然保持高中阶段的思维模式和学习方法进行学习,学习比较被动,寄希望于老师的监管,将学习的

---

① 杨媛.高职学生一般自我效能感与学习动机的关系研究[D].天津大学,2012:19.

② 杨媛.高职学生一般自我效能感与学习动机的关系研究[D].天津大学,2012:19.

成效寄托在老师和家长身上,忽略了学习过程中最重要的主体其实是自己本身①,于是便产生了学习适应困难。其一,对于大学生活中突然多出来的大量自由时间缺乏一定的时间管理能力,不会合理规划自己的学习时间,缺乏学习计划,导致三年里忙忙碌碌却一无所获。其二,不能结合自身的实际情况和所学专业确定自己的学习需求,受周围同学的影响,盲目地考证、参加比赛等等。其三,信息获取能力方面,对网络资源、学校资源的利用缺乏把控。上网不是学习,而是打游戏、逛论坛、看新闻等,课堂学习中,与老师缺乏互动,不会寻求帮助,疑难问题得不到及时解答,越积越多,部分学生甚至因为无法听懂授课内容而产生苦恼,对学习失去信心。因此,高职学生的自主学习能力极大地影响着其学习动机,学习动机同时也贯穿于整个学习活动过程中,与自主学习能力相互影响,相互促进。

(二)学校组织层面

1. 课程设置

高等职业教育作为职业教育的一种新型形式,兼具高等教育和职业教育双重角色与双重任务,即"高教性"与"职教性"的统一。其中,高等职业教育的核心目标是培养学生的职业能力,即教育的"职业性",很多高职院校在其办学理念和方向上也都强调培养面向基层和一线工作的一线技能型人才的首要任务,但是在其课程实施过程中,很多高职院校仍然效仿本科院校的课程设置模式,出现定位不准确、发展方向与市场需求、企业需求、人才发展需求等分离的问题。由此引发的课程设置问题颇为明显。其一,课程设置缺乏科学性。部分高职院校课程设置时缺乏充分的科学论证,过度追逐本科课程设置模式,专业课与文化课,专业基础课和专业课之间没有形成完整的逻辑结构体系甚至出现结构性断裂等。如过度关注专业课的设置,忽视了公共基础课程的设置,导致对学生的政治、道德、法律、人文、科学等综合素养的培养缺失。其二,课程设置滞后于就业市场需求。随着社会的发展与进步,课程内容也应与时俱进,而现实的高职院校课程设置内容并没有得到及时的更新,部分知识已经无法满足社会化的职业需求,学生在学校习得

---

① 刘燕,高艳等.大学生学习动力影响因素及作用机制研究[J].思想教育研究,2013(7):19-21.

的知识已经无法与就业接轨,这将直接影响学生将来的职业发展①。其三,课程设置盲目性强,趋同化现象严重。办学过程中,部分高职院校的课程设置颇为随意,甚至可以随意更改②。受当前部分高职院校"宽基础""工作过程导向"等新的课程模式的影响,其他高职院校纷纷效仿,置本校的发展定位于不顾,这种趋同化现象极大地束缚了学校的发展特色和学生创新能力的发展,学生面对千篇一律的课程也无法提起学习的兴趣。此外,课程实施的功利化倾向、课程评价的单一化等都不利于当前的高职课程改革,更不利于学生学习动机的激发。

2. 校园文化建设

校园文化是以校园全体师生和教职工为主体,涵盖第一课堂以外所有与师生有关的其他一切文体教育活动,以校园精神为主要特征的一种群体文化。其文化类型主要表现为校园物质文化、制度文化和精神文化。当前各高职院校深知校园文化建设的重要性,但是重视程度还远远不够,导致生活在其中的学生学习动机受到影响,主要表现为这几个方面:其一,校园重物质文化的构建,轻视软文化的建设。这是国内整个高等教育系统存在的普遍现象,重视学校的基础设施建设,大兴土木,投入大量资金,对于学校软环境的建设却不着笔墨,一带而过,很多学生对于学校的办学理念、校训、校歌等内涵都一概不知,无法发挥校园文化的激励作用。其二,制度文化的不健全。很多高职院校为了生源问题,盲目招生的直接后果就是生源水平的参差不齐,在此情况下,学校相应的教育管理制度却没有跟上变化,其三,"亚文化"的不良影响。现在的高职院校内充斥着各种所谓的"亚文化",如"上课特困生""宿舍游戏党""旷课特长生",同学之间攀比炫耀③,校园欺凌事件时有发生,如此消极的校园文化对高职学生学习动机的影响不容小觑。其实,不同校园文化浓缩到班级就是班风,不同班风的学习状态和学习效果显然是不同的。如果一个班级具有良好的学习风气,那么该班级的学生的学习动机相对要强,学习兴趣会更浓,整个班级就会呈现出积极向上、努力

① 徐坚.从教改角度看高职课程设置存在的问题及对策[J].高教学刊,2015(18):162-163.

② 黄雪霞.高职院校课程商榷[J].邢台职业技术学院学报,2009(3):22-24.

③ 罗屏旗.关于高职院校校园文化建设的思考[J].现代职业教育,2016(15):181.

学习的良好班级氛围;反之,如果一个班级里绝大多数学生都表现出虚度光阴、漠视学习的状态,那么班级的学生就很容易整体学习态度消极,不思进取。

3.课堂教学

高职院校以培养专业技术应用型人才为主要任务,其教学模式偏重于学生的实践操作能力,要求学生不仅具备专业基础知识,还要具备一定的动手实践操作能力。这一人才培养模式对教师的教学能力提出了更高的要求,不仅需要具有充足的理论知识储备,还应具有丰富的实践经验,但是目前高职院校的教师队伍中,"双师型"教师人才所占比例并不高,与庞大的学生数量比例严重失衡。现实的高职院校中,教师在课堂教学中使用的教学方法和教学手段比较单一、传统,课堂氛围沉闷,一方面是高职院校教师自身的知识水平和专业素质不足,没有能力顺应学生身心发展的规律来创造性地组织教学和活动,不会采取有效的手段调动学生参与学习的积极性和主动性。另一方面,由于高职院校的学生生源参差不齐,导致学生的知识接受水平的差异,但是由于大学扩招、生师比等因素,往往几个班合在一起上大课,教师一味地采用灌输式或注入式教学,无法与学生有效互动,更难以顾及学生的个体差异。甚至有些教师受功利主义的影响,为了考试而教,敷衍了事,对于与考试无关的但是却有利于学生人格健康发展的德育等课程更是形式主义,师生之间的互动更是少之又少,因而课堂上学生玩手机、聊天、吃零食,甚至旷课等现象屡见不鲜,如此低效、被动的课堂教学与高中的课堂教学模式形成鲜明的对比,学生的学习动机自然难以启动。

(三)社会家庭层面

与企业员工相比,高职院校的学生尚未走上社会,自我世界观、价值观正处于逐步形成阶段,自身的阅历还不够丰富,因此社会、家庭等因素对其学习动机的影响更大一些。

1.社会偏见对学生学习动机的影响

社会舆论是在社会中广泛形成的一种共识,能在大多数人的心里产生强烈的反应,并在较长的一段时间里产生效力,从而发展成为一种稳定的心理制约力量。近年来,国家相继出台了一系列政策文件强调职业教育的重要性,并加大对职业教育的扶持力度,但是我国当前的高考招生制度使得高职院校仍然面临巨大的挑战和压力,社会上"重学术,轻技术"的传统观念使得高职院校在社会上受到了一些不公平待遇,对高职院校学生带有歧视的看法,认为高职教育的发展就是为了使普通教育的"落榜生"有学可上,缓解社会的就业压力,保持社会的稳定。因此,在整个高等教育系统中,高职院校的学生整体上处于弱势群体,他们被认为是考不上普通高校的低等生[①]。与进事业单位当"白领"相比,即使是将来进入企业当"蓝领",也是低人一等。在这样的社会舆论压力之下,学生容易产生巨大的心理压力,学习动机必然受到影响。

同时,市场经济发展引发的利益之上、钱权交易、假冒伪劣等道德问题,社会上普遍存在的享乐主义、拜金主义、奢靡之风等一些不良风气都会对学生的思想意识和价值观念产生严重的冲击和影响。如"学好数理化,不如有个好爸爸"的社会不良风气等直接影响着学生学习价值观,进而动摇他们的学习动机和学习兴趣,失去学习目标和价值[②]。身边一些成绩并不是很理想的学生,却因为家庭条件优越或是有一定的社会关系,他们整天游手好闲,到处炫耀,给班级学风建设带来了极为消极的影响。

2. 就业压力

我国高等教育的大众化一方面给予更多的学生高等教育的机会,另一方面也导致了高等教育毕业人数的迅猛增长(如图8-1所示)。

从图中的数据可以看出,从2001年起,全国高校毕业生人数逐年增长2016年更是创出新高,达到765万,被称为"史上更难就业季"。其实,伴随着数据新高的,还有经济下行压力的加大和结构性改革,高职院校毕业生的就业压力越来越严峻。过大的就业压力和尚不健全的就业体系使部分学生并不能一毕业就找到理想工作,与学生和家长对于教育投入回报期望值过高形成鲜明对比,读书无用论的思想在紧张激烈的就业竞争中开始蔓延,大学文凭对他们来说已经失去了原有的意义,这种自卑的挫折心理将会严重阻碍高职学生走向社会,影响其实现自我价值和发挥应有的潜能,更有学生因此产生强烈的学习倦怠感、学习成绩下滑、丧失学习兴趣和学习动力等不

① 高宏涛.关于高职学生学习动机及其成因分析[J].辽宁高职学报,2014(10):107-109.

② 陈昌华.大学生就业压力大与学习动力不足的矛盾分析与对策[J].重庆工程学院学报:社会科学版,2007(9):173-177.

良后果,将来走上工作岗位之时,面对职场中的竞争环境也往往会表现出无法迅速适应、抗压能力低等负面现象①。

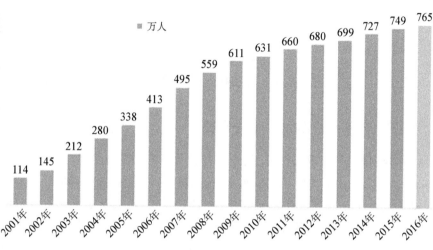

2001-2015年全国高校毕业生人数

图8-1　全国高校毕业生人数增长趋势②

3. 家庭环境

家庭环境对高职学生学习动机的形成起着非常重要的作用。父母是孩子的第一任老师,家庭的结构、文化背景、家庭氛围、父母的言行举止、对孩子的教育方式方法等常常以潜移默化的形式影响着高职学生的学习动机。研究者在研究中普遍发现,有一部分高职院校学生的学习动机是为了"满足家人的要求,不让父母失望""自己不想学,是被家人逼的"如此种种(刘一村,2013),正是很多家长在孩子成长过程中不断灌输"考高分—上大学—找好工作—多挣钱—过上高品质的生活"的求学观念的结果。因此,不同家庭背景的高职学生,其学习动机也会有所不同。有些家庭对孩子不闻不问,放任自由,只是希望能拿张文凭,找一份工作,忽略对其学习应有的关注与关心,很容易导致孩子学习自由散漫,缺乏目的性,学习态度消极,自主学习能

---

① 韦朝忠.高职学生就业压力下的心理健康塑造机制[J].教育与职业,2014(29):88-90.

② 2016年全国高校毕业生人数765万,史上"更难就业季"大学生就业形势分析[EB/OL]. http://www.eol.cn/html/c/2016gxbys/index.shtml.

力差。有些家庭奉行家长权威,"望子成龙、望女成凤",过度关注孩子的学习,却忽略孩子的内心想法,导致其学习产生过大压力,从而产生厌学情绪。此外,家庭关系的和谐度也会影响着其学习动机,和谐的家庭环境有利于学生学习动机的激发,相反,不和谐的家庭环境容易造成孩子各种各样的心理问题,如性格孤僻、脾气暴躁、任性、叛逆等等,都容易对孩子的学习动机产生不良影响。

三、企业员工的职场学习动机与高职学生学习动机的比较分析

(一)学习动机总体水平的比较

结合田野观察、叙事研究、问卷调查以及现有的研究结果,从总体情况来看,企业员工的职场学习动机水平普遍偏高,而且远远高于高职学生的学习动机水平。问卷调查中,企业员工的职场学习动机水平大多在 3.25 分以上,且集中于 4 分。而其他众多研究者对高职学生的学习动机进行问卷调查,结果发现普遍处于中等及中等以下水平。一方面,企业员工的职场学习动机与工作情境密切相关,在完成任务、解决问题的过程中,职场学习动机无法避免,如果不学习,可能会影响到任务的完成质量、问题的解决程度等。而高职院校学生的学习动机与学习内容的关系显然没有如此紧密,对他们来说学习的好坏并没有那么严重。另一方面,较为现实的因素是企业员工的工作表现与其工资薪酬存有一定的关联,甚至涉及其职业发展、职位晋升等等,但是高职院校的学生学习显然与其将来的就业关系没有如此紧密,因为目前高职学生的就业并不是以学校表现的好坏作为评判的唯一标准,相反,其在校表现所占的份额并不是很大,而且即使学科考试不过,还可以补考。此外,还有企业和学校的评价体系、制度文化等因素的巨大差异,造成了企业员工职场学习动机水平与高职学生学习动机水平的差距,但是对于学习者个体来说并不具有比较意义,因为无论是企业员工个体,还是高职学生个体,都存在学习动机水平高或者低甚至缺失的情况。

(二)学习动机类型的比较

企业员工的职场学习动机类型主要表现为物质报酬取向、胜任工作取向、职业发展取向、满足兴趣取向、和谐关系取向和逃避学习取向等,高职学

生的学习动机主要表现为认知动机取向、崇高理想动机取向、实现自我动机取向、义务动机取向、依附动机取向、受迫动机取向等①。总体来看，企业员工的职场学习动机和高职学生的学习动机取向既有直接近景动机，又有间接远景动机，符合成人学习动机的一般特点。但是，由于企业员工和高职学生的角色定位不同，其动机取向也存在一些区别，如企业员工的职场学习动机取向更侧重于工作、薪酬等物质方面有所回报的取向，这与企业员工的多重社会角色有着密切的关系。而高职院校学生的学习动机则更倾向于获得肯定、承担义务、受迫、依附等方面，他们尚未走出校园，没有承担起家庭的经济责任，对物质方面的需求并不是很强烈，更渴望的是得到社会、家庭的认可与接纳。此外，无论是企业员工，还是高职学生，其学习动机取向并不是单一的，一成不变的，而是多元的，随着环境的变化动态发展的。

（三）学习动机影响因素的比较

总体来看，企业员工与高职学生都属于成人，他们的学习观、世界观已逐步稳定，而且具有一定的学习能力和学习基础，因此，学习者个体层面的因素对企业员工职场学习动机和高职学生学习动机的影响都比较大。外部环境因素方面，企业员工的职场学习动机受工作任务本身和单位组织因素的影响比较大，社会家庭环境因素的影响相对来说比较有限。相比之下，高职学生还没有正式工作，尚未有意向或已经组建属于自己的小家庭，仍然有着很强的依附倾向，其学习动机受学校环境和社会家庭的影响比企业员工更大。由此可以看出，不管学习者的身份如何，学习者个体层面对其学习动机的影响总是存在的，并且是其学习动机的关键性内在因素，但是对于外在因素的影响与成人学习者自身的特点、处境相关。企业员工是走上工作岗位的成人，他们有着成熟的社会认知，因此受社会家庭的影响相对较小，而高职院校的学生尚未走上社会，其价值观、世界观正在逐步形成中，因此对社会家庭的依附性更强。

总之，企业员工的职场学习动机研究发现对于高职院校学生学习动机的培养与激发具有很大的现实意义，本研究的最终目的是通过企业员工的职场学习动机研究为高职院校学生学习动机的培养与激发探寻有效策略，

---

① 温泉.高职学生学习动机的调查与分析[J].辽宁高职学报,2004(4):51-52.

促进高职教育改革,提升高职院校高级技能型人才的培养。

四、高职学生学习动机的培养策略建议

通过前面的研究发现,企业员工的职场学习动机水平显著高于高职学生的学习动机水平,二者的影响因素也有一些相似之处,而且高职学生毕业后就将走上社会、进入企业。因此,由企业员工来反观高职学生对其学习动机的激发与培养有着一定的借鉴意义,本文拟基于企业员工职场学习动机的相关研究,对高职学生学习动机的培养与激发提出一些策略建议,具体包括学生个体层面、学校层面、社会家庭层面的建议。

(一)学生个体层面的策略建议

1. 提升自我认知,明确目标,合理规划三年高职生活

企业员工是走上工作岗位的成人,具有一定的职业实践经验,他们对自己当前的职业状态具有较为理性的认知,对行业发展的大体状况也能有所感知,因此,企业员工能够更理性地根据自己的情况,确定自己的职业目标,有选择性地进行职场学习。而高职学生对工作只是处于初步认知的阶段,更没有相应的职业实践,在浑浑噩噩中度过三年,结果这就造成了就业时,往往缺乏职业规划的意识,他们考虑的常常是用人单位的待遇、福利、工作环境、生活环境等情况,对自身情况并不做认真分析,不知道自己能做什么,适合做什么,结果在职场中屡屡碰壁,即使找到工作,也无法适应。比较典型的案例就是叙事中的 D 先生,他在高职院校学习期间对自己就没有客观全面的认知,毕业后尽管做着一份质量检测员的工作,却并不满意,但也不知道自己究竟做什么工作更适合。因此,三年高职生活的合理规划显得尤为重要。

首先,高职学生应具有一定的自我认知和职业认知能力。刚刚进入高职院校,就要对自我进行客观地剖析,结合所学专业,逐渐发现自己的特长,寻找适合自己个性特点的职业兴趣,从而真正拥有自我特色的、合理的职业定位,而不是一味地盲从、随大流。如有些学生比较外向,爱好与人交际,语言表达能力比较强,可以根据自己的特长选择公司前台、产品销售等相关职业。有些学生比较内敛,羞于表达,但心思缜密,做事有条不紊,可以选择从事助理、秘书、财务等方面的工作,当然,其中还有其对专业内容的兴趣,如

机械制造、动漫设计、电子商务、物流管理、汽车维修等等。

其次，高职院校学生在对自身的职业素质有了较为科学、清晰的认识基础上，需要确定适合自己的高职学习目标。成就动机理论认为，每一个个体都有追求成功的内在动力，高职学生也不例外。尽管高职学生在高考中经历了失败，但是大学阶段是高职学生价值观形成和知识储备的重要时期，越早进行职业生涯规划，确定好职业奋斗目标，就越容易在职场中具有良好的表现。当然，在实施规划的过程中，应时刻关注职业生涯发展因素的变化，并不断对自己的生涯规划进行评估与修订。比如叙事中的 C 先生，他在自己的职业生涯中就是不断地调整，从国家分配工作到贸易工作，再到公司总务工作，在调整中不断发现自己的职业发展路径。B 小姐也是如此，由原来的质量管理员到人事专员，在职业调整中最终发现自己原来最适合、最喜欢的工作是人事专员。当然，高职学生的高职生活规划，尤其是毕业生涯规划应有一定的执行力和可持续性。找准自己的学习重点，并能够权衡利弊，避免一些功利性因素的困扰，只有这样，才能保证高职学生职业发展的可持续性①。

最后，个人职业生涯规划并不是一成不变的，它是与时俱进的。随着年龄的增长、社会环境的变换，受高职学生个体内在的知识、观念、经验、能力、兴趣价值观等因素变化的影响，高职学生需要通过不断调整自己的三年高职生活，逐步找到更适合的职业定位和发展方向，不断激发自己的学习动机，通过学习实践提升个人就业竞争力，寻求职业自我完善。

2. 转变传统的学习观念，着力提高自主学习的能力

经济全球化大背景下，职场学习已经成为企业员工的职业生涯中必不可少的一部分。对于高职学生来说，三年后即将走向社会，必须为自己的终身学习奠定良好的能力基础。否则，其最终的结果就是叙事中的 D 先生，尽管知道在当前的形势下，自己应该学习，却无法付诸行动，失去了自主学习的能力。因此，高职学生必须走出高中时期被动学习的泥潭，学会有意识、自主地学习。

其一，树立正确的学习观，增强自主学习的意识。自我决定理论尤其强调学习者个体在学习中的决定作用，该理论认为人们倾向于去完成那些自

---

①　魏东红，吴节军主编.高职学生就业指导教程［M］.北京：高等教育出版社，2011：21.

己感兴趣的、对于自身发展有利的活动,这是个体的内在动机。叙事中的机械维修工 A 先生因为对自身的机械维修工作有着较高的认同感,所以他在做好工作的同时还能自主参加培训考证等专业学习,表现出了较强的自主学习能力。而当下高职学生的学习动机水平普遍偏低,其主要原因就是学习观出现了偏差,如学习无用论等。因此,高职学生要想培养自身的自主学习能力,首先需要对所学专业、所学内容有认同感,认为其有价值,才会更有学习动力。其实高职学生的学习与工作是有一定关联的,尤其是进入三年级的实训阶段,其操作技能的学习就是以解决工作中的问题为主要导向的,如果高职学生对所学技能感兴趣,就倾向于确定明确的学习目标,采取合适的学习方式,不断探究技能背后的原理,知其然的同时还知其所以然。然后在学习过程中才会不断地进行自我调节、自我激励、自我监控和自我评估。在实际的高职学习生活中,高职学生可以根据学校丰富的专业课程设置有所侧重,选择自己感兴趣的课程认真学习钻研,除了老师的讲解,还可以通过网上课程、相关论坛等方式进行拓展学习,让自己成为学习的主人。

其二,进行有效的自我激励,采用积极的归因方式,提升学习自我效能感。班杜拉认为,在动机形成的过程中,起关键作用的不是能力,而是个体对自己能力能否胜任某项任务的判断,即自我效能感。也就是说,个体学习活动进行的前提是学习者对自己的能力是否充满信心,自我效能感制约着学习者的学习动机。自我决定理论中也强调个体需要体验到自己有能力从事某项活动,即胜任需要。在企业员工的职场学习动机研究中发现,他们通过工作中获得的嘉奖、薪酬甚至是对自己能力肯定的积极暗示等方式激励自我不断学习,提升自我效能感。而高职学生在学习中也可以通过一定的自我激励方式提升自我效能感,如得到老师、同学、家长的肯定和鼓励,在某次技能大赛中获得佳绩,争取奖学金等等。总之,不能因为一次的高考失败全盘失败否定自己,更不能自暴自弃,而应对自己进行积极的归因,将高职学习生活作为人生一个新的开端,增强学习胜任感,比如学习活动中选择难度适中、能力范畴之内的学习任务,观察榜样的成功学习体验等等①。当然,高职学生的学习活动中,难免会遇到困难或面临失败,这时应该学会调

---

① 霍辉.中小企业员工工作场所学习的现状、问题及对策研究[D].广西师范大学,2015:37.

整自我,对自己的学习失败经历进行积极归因,如努力不够、方法不对等,只有这样才能树立学习的自信心,保持强烈的学习动机。

其三,加强时间管理,培养持之以恒的意志力。在前面的研究中发现,日工作时间 6—8 小时的企业员工职场学习动机最强,并不是工作时间越多,职场学习动机越强。往往职场学习动机强的企业员工,他们能够有效利用工作时间,抓住工作中的关键内容进行学习,在有限时间内的学习效率。甚至有一些企业员工,他们能够利用工作之余的休息时间坚持学习。因此,学习动机的强弱与时间的利用管理有密切关系。与企业员工相比,高职学生在学校的自由时间多了很多,但是他们的学习动机并不是很理想,学习缺乏计划性,安排不合理,缺少对时间的反思和总结,长期下来,养成了懒散的坏习惯。因此,高职学生应该做好大学学习期间的总体计划,分清楚事情的轻重缓急,确定好近期目标和长期目标,合理规划自己的时间,处理好工作和学习的关系,处理好不同科目的学习时间,并持之以恒。此外,由于高等教育大众化,高职院校的学生的素质参差不齐,学习目标不一,甚至可能存在着一些消极的学习氛围和学习观,高职学生应坚定自己的学习目标,加强时间管理,克服环境、困难等干扰因素,增强自身的学习意志力。如自行制定学习计划表,精确到小时,并每天反思时间利用情况,以此提升自我监控能力。

（二）学校层面的策略建议

活动理论认为,学生的学习活动是学习者个体与环境交互作用的过程,情境学习理论也高度重视情境在学习中的重要作用,企业员工的职场学习动机研究中也发现,企业组织层面的因素对企业员工职场学习动机的影响最大。叙事中的 C 先生在工作中就一再强调公司团结协作组织文化对其职场学习动机的积极影响。B 小姐更是在组织的人事变动下,在生疏的人事工作中保持着强烈的职场学习动机。但是,企业员工职场学习的情境是以企业组织为主,而高职学生学习的情境则以高职院校为主,二者具有明显的区别。首先,发展目的不同。企业是以生存盈利为首要目的,赚钱之余才是培养人,企业员工是以自力更生或是养家糊口为根本。高职院校则以培养人为主,学生的经济来源于其原生家庭,并没有生存的危机感。其次,紧张程度不同。企业的工作环环相扣,设计、生产、检验、销售等,各司其职,容不得工作中的一丝放松与出错,具有一定的紧迫性。高职院校的学习显然紧张不足,慵懒有余。睡觉睡到自然醒,整夜打游戏等比比皆是。再次,竞争激烈程度不同。企业员工面临的竞争远比高职院校大。他们身处错综复杂的人际关系中,工作的好坏与薪酬待遇直接相关,甚至面临淘汰。高职院校的竞争也存在,但是没有太多物质上的关联或是退学危险,而且学习的伙伴都是同龄人,交往对象比较单一。也许正是企业情境的现实生存目的、工作紧张、竞争激烈的情境,才造就了企业员工职场学习动机水平的居高不下。基于此,高职院校织情境的建设更应该转变视角,加大力度为学生提供有利于激发其学习动机的条件,帮助学生挖掘职业发展潜力,引导学生在交往活动中形成不同的学习共同体,从而促进其更强的学习动机。

1. 重视学生发展,完善校园学习文化建设,营造良好的学习氛围

对于高职院校的学生来说,校园环境对于世界观、价值观形成波动之中的高职学生更会起到决定性的作用。良好的校园文化不仅有助于提升学校的文化品位,有助于提高师生员工的凝聚力,更能促进学生学习动机水平的提升,激励学生健康向上、自强不息、全面发展。因而,外在的校园学习文化对高职学生的学习动机所起的作用不容忽视。但是,目前高职院校的学风普遍不太理想,直接影响学生的学习动机。为了创建良好的学习环境,各高职院校必须从实际出发,从学生的学习角度出发,与时俱进,不断丰富校园文化内涵。具体表现为以下几个方面:

其一,明确学校的发展目标,凸显学生的学习与发展,营造浓厚的学习氛围。高职院校是高等教育的组成部分,又是职业教育的范畴,所以,高职院校的校园文化既应具有高等教育校园文化的内涵和共性,又应该以服务地方企业、社会区域等为宗旨,融入更多的职业特点,注重营造更多职业特征、职业技能、职业道德、职业理想、职业人文素质的校园文化[1]。而高职院校培养的学生最终将进入企业,接受社会的考验,因此,学生的职业学习与发展应成为学校的首要目的。但是就目前的实际情况来看,由于很多高职院校都是由中职学校发展而来,其校园文化底蕴较弱,尤其是学习文化建设颇为欠缺。因此,高职院校更应跳出中职院校的文化牢笼,按照高职教育的

---

① 贺继明,蒋家胜.高职校园文化建设的探索与实践[M].城都:电子科技大学出版社,2009:103.

特点和规律,从实际出发,找准办学定位,突出学校的高职特色,开展各种以学习活动为主的具有专业特色的实践活动,如职业技能大赛、知识竞赛、讲座、见习实习等,让学生在实践体验中运用课堂上学到的相关知识,检验其知识掌握情况,在乐趣中直观感受到知识的应用,加深对专业知识和行业的认识,了解本专业的知识及发展前景,拓宽学生的实践平台。但是,开展实践活动时应注重活动的趣味性和丰富性,以寓教于乐的形式,引导学生主动学习,开拓知识视野,陶冶学生乐学与好学情操。此外,对于学校中学习能力突出、学习成绩优异的学生应加大宣传表扬力度,可以通过邀请校内优秀学生进行学习经验交流、作品展览等各种社团活动开展,以榜样的力量影响学校学生,引领学生,从而营造浓郁的学习氛围,以此增强学生的学习动力。

其二,严格日常管理制度,完善制度文化建设。企业的各项规章制度大多与员工的现实工资待遇、职位晋升挂钩,可操作性强。因此,企业规章制度对员工的约束力显得比高职学生大。在许多高职院校中,很多管理制度形同虚设,缺乏可操作性,对学生没有任何约束力。基于此,在校园制度文化建设过程中,高职院校不仅要突出制度创新,更重要的是让学校制度具有科学的可操作性,提升学校制度的执行力。如学生的日常学习管理制度建设,针对学生的迟到、早退、逃课、拖拉作业等不良学习现象,应及时进行批评指正,采取有效途径杜绝各种不良学风的蔓延,如旷课多次则不予及格必须重修本科目等等。而对于在学习中刻苦努力、表现优异的同学则应建立相应的评奖机制,如减免学费,免修部分课程等等,加大班级中优秀学生的榜样示范作用,为学生营造良好的班级学习氛围。同时,在日常管理中,还应该针对当前巨大的就业压力,学生的参差不齐,积极引导学生进行科学合理的职业生涯规划,认清学习与就业的关系,合理规划自己的学习生活和职业发展方向,为学校管理省时助力。教师管理中则要规范教师职业能力、教学能力的相关培养机制,建立与之相对应的教师评价机制,增强校园制度文化对学生学习的促进作用,为学生的学习保驾护航。

其三,建立有效的心理健康疏导机制,积极应对消除学习倦怠和就业压力等不良情绪。高职学生是个特殊的群体,他们的心理状态受到社会舆论、就业压力、学习倦怠、人际障碍、家庭环境等多方面因素的影响,而个人生活经历少、社会阅历浅,更容易导致各种各样的心理健康问题,如很多学生经历高考失败后的一蹶不振,面对全新的学习内容束手无策,脱离家庭环境、拥有大量自由支配时间后的无所适从,与宿舍同学的格格不入,对未来就业的悲观自卑,甚至还有学生沉迷网络、网购、谈恋爱等等,这将直接影响到学生的学习动机。因此,高职院校应充分重视学生的心理健康教育,给予他们特别的关照,建立有效的心理健康疏导机制。通过设置有针对性、多样化的心理健康课程,安排拥有丰富辅导经验的心理老师进行团体辅导、一对一心理咨询、心理测试与辅导等形式的心理建设辅导,适当的时候家校联合,及时解除学生在人际交往、求职择业、恋爱交友、专业学习等方面的心理困惑,消除学生因此而产生的焦虑、害怕、紧张、愤怒、悲伤等情绪,避免行为或思想上的不寻常表现,为学生的学习奠定健康、良好的心理基础①。高职院校是以培养人,培养健康向上、能服务于社会的人为主要目的,而且大部分高职学生刚刚脱离家庭,开始住宿生活,所以,学校应给承担起更多的培育辅导的责任,与家庭联手,为学生的学习发展扫清障碍,轻装上阵。

2. 加大课程设置的有效性、灵活性,给学生更多自由选择的空间

高等职业教育课程设置是高职院校培养高级技术应用型人才的总体规划,其中包括培养目标所要求的教学科目及其目的、内容、进度和实现方式等。因此,高职课程设置处于高等职业教育的核心地位,对学校培养人才的质量、学生学习动机的激发具有重要的影响。针对我国当前高职院校课程设置中存在的众多问题,可以借鉴国外主流的高职课程模式,如德国的"双元制"模式、加拿大的 CBE 课程模式、美国的 MES 课程模式等,再根据我国的高职教育实情和学校自身的发展定位进行有效的课程设置创新,增强课程设置的丰富性、灵活性和职业性。

其一,与社会紧密结合,提升校企合作的实效性。情境学习理论、活动理论都强调学习的情境性,莱夫和温格提出的"学习即参与"主张学生的学习应该是在真实工作情境中的"合法的边缘性参与",企业员工能够在紧张的工作情境中保持如此强烈的职场学习动机,与其工作实践中的迫切需要密切关联。如叙事中的 A 先生,如果机器故障无法维修,影响的是企业的生产进度,客户的不满意甚至违约罚款,而不仅仅是扣除奖金那么简单。当前的校企合作也为学生提供了一种真实的工作学习的环境,即走入企业真

---

① 何艳瑾.关于构建高职院校心理健康助人自助模式的思考[J].现代职业教育,2016(21):12-13.

实的工作场所,以一种合法化的身份在具体的岗位中习得技能。由师傅的悉心指导,到自己摸索独当一面,这需要一个漫长的过程,但是他们却能够真实地感受到工作情境下学习的紧迫性、解决问题能力的重要性,更有利于激发学生的学习动机。但是在当前高职院校的课程设置中,校企合作沦为压榨廉价劳动力的合法屏障,打着培养学生职业实践能力的招牌做着与本专业毫不相关的工作,这样的情况屡有报道。因此,高职院校在校企合作中应加强对对接企业的岗位考察力度,增强学生学习实践的实效性。同时,学校仍然需要从学生的学习实践、职业能力发展的角度对学生的职场学习能力进行深度挖掘,探寻培养学生如何在真实的工作情境中运用已有的知识和能力诊断情境、解决问题、反思问题、进而更加胜任工作的能力[①],以此提升校企合作的质量。

其二,根据专业岗位需求灵活设置课程,增强职业性。企业员工的职场学习并不系统,他们的学习动机起源于现实工作实践中的需求,有些企业员工就是因为对工作内容的极大兴趣引发强烈的职场学习动机,如叙事中的企业员工 A 先生对机电维修工作的痴迷,B 小姐对人力资源工作的欣赏等等。再审视当前的高职学生学习兴趣淡薄,学习倦怠感强与其学习内容——课程有着必然的关系。高职学生刚刚走出系统的高中学习,与职业相关的专业课程只是初步接触,如果在课程设置上能够从学生的视角出发,为学生提供一个宽松、自由的专业学习环境,激发其对专业的内在学习兴趣,将更有利于激发学生的学习动机。如高职院校在入学前给学生更大的选择专业的自由,入学后仍然为学生留有一定的转专业空间。因此,高职院校的课程设置可以更加地灵活多样。如专业实践课的课程设置以职业为导向,紧密围绕岗位需求,增加设置与岗位能力有直接关系的实践课程的比例,理论联系实践。同时,开设一些与专业内容相近或相关的其他专业课程作为选修课,以此扩大学生专业课学习和能力培养的视野,为将来的就业奠定广而深的基础,缩短学校和社会的距离,以便学生尽快融入工作环境中,提升高职学生的就业竞争力[②]。此外,校内课程的设置应注意课程内容的

---

① 陈珺霞.我国高职课程设置的问题与思考[J].教育与职业,2015(28):96-98.
② 徐坚.从教改角度看高职课程设置存在的问题及对策[J].高教学刊,2015(18):162-163.

选择和更新,要顺应科学发展趋势,与技术创新产业紧密相连,为学生开设一些网络课程,适应学生的个性化需求等等,以此激发学生强烈的学习兴趣。

最后,高职院校的课程设置应以培养学生的能力为目标,为其终身发展服务。职场情境中能力本位教育是世界职业教育改革的主要方向,重视学生知识应用、创新知识和分析、解决问题能力的培养,加大高职学生动手能力、操作能力的教授比例①。但是,高等职业教育作为高等教育的一部分,除了职业培训的目的之外,还兼具教育性,即既要满足职业变动的需要,又要满足个性发展的就业需要②。如果仅仅限于针对某一职业岗位的能力已然不能满足受教育者的需求,高职教育课程设置必须着眼于高职学生的整个职业生涯③,即重视学生的全面的、可持续的发展④。因此,高职院校仍然需要开设一些品德教育课程,培养学生具有一定的职业兴趣,形成良好的职业精神素养,为进入社会奠定良好的职业基础理念。

3. 重视教师教学,努力凸显高职院校的教书育人功能

职场环境中,企业员工的领导风格对其职场学习动机具有重要影响,如叙事中的 B 小姐,由于领导对其工作的信任与肯定毫不犹豫地选择由质量部门转到总务部门。生产部门一线操作工们对曾经的日方领导念念不忘。因此,领导作为企业员工的职场引领者,对企业员工的职场学习动机有着重要的影响,这也是情境理论中不可忽视的一个情境因素。以此投射到高职学生,他们学习的主阵地是课堂,教师是课堂教学活动的组织者和实施者,他们对学生学习动机的激发具有重要的作用。俄国教育家乌申斯基说过:"没有丝毫兴趣的强制性学习,将会扼杀学生探求真理的欲望。"因此,要想激发高职学生的学习兴趣和学习动机,还必须着力提升教师素质,改善课堂教学,提升课堂教学的质量,这是高职院校当前迫切需要解决的问题,也是

---

① 朱瑜.高职学生学习厌倦问题的调查研究[J].陕西广播电视大学学报,2016(4):24-27.

② 姜大源.高等职业教育的定位[J].武汉职业技术学院学报,2008(2):5-8.

③ 司研方,王芳.高等职业教育课程设置的要求及其原则[J].宿州学院学报,2007(1).

④ 陈杏莉.苏州地区高职院校课程设置的现状研究[J].重庆电子工程职业学院学报,2012(2):12-14.

激发学生学习动机的重要措施。

其一，树立教师的榜样示范作用。在日常的教育教学中，教师对待教学的态度，在课堂上的一言一行等都会影响学生对这门课程的学习态度和课堂表现。如果教师本身积极向上、严谨治学、工作兢兢业业、上课全情投入、生活充满激情、对待学习一丝不苟，那么他的这种态度和情绪必然会给身边的每一位学生带来正能量。同样，教师在工作中的玩世不恭、敷衍了事也会成为阻碍学生学习热情的因素。因此，高职院校应加强教师的师德建设，打造教师的个人人格魅力，为学生树立良好的榜样示范作用，以积极的工作、学习和生活态度影响学生，推动学生的学习与工作。

其二，积极转变教学方式，激发学生的学习兴趣。高职课程内容较为丰富，既有专业理论知识又有复杂的实践操作，如果老师只是一味地采用照本宣科式的灌输教育，那只能让学生觉得枯燥无味，了无兴趣。因此，高职院校教师应当广泛采用各种辅助教学手段，全面了解学生的学习情况，深入探究教学内容，教学设计时注重实用性、新颖性和参与性，教学过程中强调学生的"主体"地位，教师扮演学习探究过程中的指引者角色，引导学生主动参与到教学活动中，将"学与做的统一"落到实处，并在具体的教学活动中注重对学生学习兴趣的培养和学习方法的指导，以风趣幽默的教学方式调动学生的学习积极性，让学生在轻松活泼的氛围中学会学习、爱上学习。当然，教师教学方式的转变要借助于教师教学能力的提升，高职院校应采用多种方式加强教师培训，加大优秀人才引进力度，尤其是行业和企业的专业技术人才。

其三，建立平等、真诚、信任的和谐师生关系。高职师生关系是在教育教学活动中作为教育者的教师和作为受教育者的学生之间形成的一种极为复杂的关系，它贯穿于高职教育教学全过程，是高职教育中最基本、最重要的人际关系[①]。师生关系会影响学生的学习动机，当学生喜欢任课教师时，就会喜欢他所教授的相关课程，乐于学习并有所收获。因此，和谐的师生关系有利于激发其学习的兴趣，有利于高职学生形成良好的个性品质。如果教师能够在平时的教学活动中不仅仅承担知识传授者的角色，还能做学生

---

① 李兰巧.教与学的和谐高职院校师生关系构建艺术[M].北京:北京大学出版社,2013:148.

生活中的引路人,真诚地付出,善意地引导,真正地把学生当成自己的朋友,去关心、爱护他们,从他们的角度出发体会其真实的内心需求和内心想法,与学生互相尊重、互相信任,必然能够有效地调动学生学习的积极性。

(三)社会家庭层面的策略建议

在企业员工职场学习动机的现状调查中,叙事研究中的企业员工,对工作任务、学习者个体、单位组织和社会家庭四个维度的影响因素比较发现,尽管社会家庭层面因素的影响有限,但是仍然影响着企业员工的职场学习动机。问卷调查中同样印证了这一发现,即四个维度影响因素的总体均分比较中,尽管社会家庭维度的得分最低,但仍然在 3 分以上。由此可以推断,企业员工作为承担更多社会角色的职场成人,尽管他们拥有自己独立的价值观、世界观、学习观,但是社会家庭的因素仍然影响着他们的职场学习动机,这也充分体现了社会人的本质。而高职学生尚未形成成熟的学习观、世界观,他们对社会家庭的依附性更大,因此,激发高职学生学习动机,必须高度重视社会家庭层面因素的影响,结合高职学生的特点,基于企业员工职场学习动机的研究成果,具体可以从以下几方面进行:

1. 尊重高职,凸显高职的社会服务功能,提升高职的社会地位

长期以来,社会上对高等职业教育重要性的认识远远不足,未能凸显高等职业教育对社会的人才服务功能,以至于高职院校成为高考失败者的避风港湾,失去其在社会上应有的社会尊严和社会地位,甚至造成一些负面的社会舆论,如"读书无用论""好成绩不如好爸爸"等。尽管高职院校学生尚未走向社会,但是与中小学相比,即将走上工作岗位的高职院校学生对社会生活的参与度更高,他们在与社会的互动中已经形成了自己的社会价值观念,具有一定的认知和判断能力,也常常以自己的理论架构解释社会现象,即使是高职院校也难以消除社会的消极因素给他们带来的影响。因此,社会环境对高职院校学生的成长有着直接、重要的影响。社会环境的优化对国家的人才培养、高职院校的发展、高职学生学习动机的激发都具有重要意义。首先,政府在出台一系列支持、重视高职教育发展的法律、法规和政策之余,还应该出台相应的配套政策措施,将相关精神落实下去,如政府对高职教育经费拨款、促进高层次人才引进、完善就业体系等,一同提高高职院校人才培养的质量。同时,协助高职院校加大宣传力度,使社会各界认识到

高职院校的人才培养成果,为地方经济做出的贡献,全方位提升高职院校的社会地位。其次,高职院校可以尝试引导学生客观、积极地认识社会环境,让学生拥有甄别消极、错误价值观念的能力,通过各种活动让学生感受社会的"正能量"最大限度地消除社会环境的负面影响①,增强学生的学习社会责任感和使命感,以此激发学生的学习动机。

2. 注重家庭教育方法,与学校合力,激发孩子的学习欲望

家庭是维系社会发展的重要组成部分,应充分重视高职学生的家庭教育,发挥家庭教育的优势促进学生的学习兴趣。企业员工大多是已成立家庭的,对于他们来说,工作就是生活的根本,是家庭经济的重要来源,只要工作中需要学习,需要提升技能,他们就不得不学。但是高职学生并没有如此迫切的生存需求,因为他们还未工作,仍然生活在学校这一象牙塔中,无法感受到生存的压力。基于这一点,家长在营造自由、平等、尊重、融洽的家庭环境的同时,也应该学会将孩子慢慢放手于社会,让其也感受到一定的生存压力,通过鼓励孩子走上社会,参加兼职锻炼,配合学校进行模拟情境性教学,积极参与学校的实践培训等方式,在真实的工作情境中激发他们内心的生存需求,从而引起强烈的学习欲望。其次,在此过程中,家长还应该充分做好倾听者的角色,面对学习中的失败、未来的就业压力等等,作为家长,不应加以斥责、嘲笑、讽刺,而应站在孩子的角度思考问题,与孩子沟通交流,一起分析原因,保证沟通渠道的畅通,与其构建良好的亲子关系。关于学习问题,家长应杜绝将自己的意愿强加于孩子身上,而是努力引导孩子正确地认识自我,厘清学习的价值与就业的关系,同时也要充分尊重孩子的想法,成功时给予充分的肯定和支持,失败时给予更多的包容与鼓励,做孩子学习、生活最坚强的心理后盾。

---

① 易佳.高职院校学生学习动力激发与培养对策研究[D].湖南大学,2015:37.

第九章

反思与展望

本章主要是对本书进行总体的反思与展望。第一部分在调查对象选取、样本全面性、研究解释等方面进行了深入的反思。由于本书的研究方法以质性研究为主，第二部分对本书的研究伦理又进行了特别解释与说明。第三部分针对本书研究中所存在的问题对未来的研究方向进行了展望。

一、研究的反思

本书力图在已有研究基础上，通过质的研究和量的研究相结合的混合研究方法探究企业员工职场学习动机的影响机制，寻求激发企业员工职场学习动机的有效策略，为企业人力资源开发和企业员工的个人成长提供理论参考和现实路径，为高职学生的学习动机激发与培养提供思路。囿于笔者的理论根基与研究能力，本研究在调查对象选取、样本全面性等方面尚存在一些局限。

1. 对高职学生学习动机的现状与问题缺乏深入的调查研究

本研究由于时间、精力等原因，只对企业员工的职场学习动机进行了大量的问卷调查，并没有对高职院校学生学习动机的现状进行深入、系统的问卷调查和访谈，只是引用了其他研究者现有的研究数据，从研究的科学性来说的确有所欠缺。

2. 问卷调查的样本对象存有一定的局限性

由于研究经费与研究力量的限制，问卷调查的样本选择主要通过关键人和私人关系选取愿意合作的企业，并且局限在苏南地区，因此本研究中问卷调查的结果，很难全面反映全国企业员工职场学习动机的现状。

3. 田野叙事研究观察对象的随机性

本研究的田野观察地点是一家企业,在不打扰公司正常生产的情况下进行田野观察,考虑企业员工的配合度等主客观因素,笔者只是采取了机遇式抽样,而且局限在一家企业,因此很难全面挖掘不同层次企业员工关于职场学习动机的背后故事,也无法证明研究结果的普适性。

4. 研究解释分析方面的局限

本研究的分析主要来源于国内外文献梳理、企业的问卷调查和实地田野观察等研究实践,由于能力有限,可能仍然存在文献的检索有所疏漏、个人研究经验的欠缺、理论储备的不够丰盈等问题,是否还存在其他影响企业员工职场学习动机的影响因素及相应的激发策略,还有待于进一步研究。

5. 质性研究的质量问题

如今,从实证主义的定量研究逐渐转向解释主义的质性研究或者是二者的有机结合,这在社会科学领域已然成为一种趋势。但是,对于质性研究成果的标准目前并没有得到充分的讨论和发展。一般来讲,人们判断质性研究成果的标准仍然寄希望于有效性和可靠性,而这显然是与解释主义的本体论和认识论背道而驰的。人类世界是一个经验的世界、情感的世界,是与有意识的主体相联系的世界。而本研究的研究聚焦于企业员工的职场学习动机,反映的就是企业员工的内在心理世界,人是具有自由意志的,其行为是无规律、无法预测的,因此带有强烈的主观性,进而对于研究成果的可推广性更无从谈起。

二、关于研究伦理

只要论文中采纳了质性研究的方法,那将不可避免地面对研究伦理的质问与反思。质性研究是自然情境下,通过对被研究者的观察、倾听、理解以及自己亲身的体验对被研究者的生活故事和意义建构做出解释,是对多重现实的探究和建构①。研究过程中必然涉及对被研究者的保护、关心等伦理问题。

本研究中,尽管没有向国外研究那样进行研究伦理委员会的申请和批准的程序,但是研究者本人是有充分的伦理考虑的。田野观察中,与研

---

① 陈向明.质的研究方法与社会科学研究[M].北京:教育科学出版社,2000:7-8.

究对象由陌生人到友好的合作者是一个曲折的过程,有被研究者的逃避、发难、误解等等都在所难免,最核心的一个问题就是被研究者的安全感问题,其次是遵循伦理研究程序,最后让他感受到你的真心和可能带来的好处。

关于被研究者的安全感问题,书面协议和口头解释告诉对方研究的真正目的是目前普遍采用的方法。研究者本人初次进入观察现场时首先就对被研究者进行了口头解释,心存戒备属于正常现象,因为进入该企业一线做调研尚属首次,更多的是领导检查、客户视察,他们习惯了这种带有距离感的接触。一旦研究者出现,往往是一哄而散的局面,或是各忙正事,这在初入现场阶段频频上演。后来才知道,他们竟然以为研究者是总公司派来调研的人。然而研究者需要进入他们的内心世界,所以必须给予被研究者足够的安全感。具体介绍研究者本人的身份,观察的目的……拉家常是必备的,同时一再申明,在车间看到的、听到的都不会和领导说一句,因为自己和领导也不是很熟。慢慢地,他们解除了戒备,笔者在车间认真地向他们请教各种专业知识,还会从细节处关心他们的工作,就这样,一步步拉近和他们的心理距离,寻找笔者的叙事对象。

其次,在研究程序上,本研究严格遵守基本学术研究规范的前提下,坚持尊重研究对象的意愿、个人隐私和保密原则。研究者在田野观察中观察合作者首先应该征得合作者的同意,让其对研究者一些行为具有知情权,比如录音、拍照等等。有些合作者不愿意录音,只能采用速记的方式,然后多次谈话、观察获得相关信息。在确定每一位叙事研究对象时都向其详细介绍本研究的研究意图,并征得他们的同意后才正式成为本研究的正式叙事对象。同时,还向他们承诺论文中都将隐去真实姓名。

最后,与合作者关系建立后的利益期待。一线企业员工他们并不关心研究的理论意义在哪里,只关注眼前的既得利益,比如薪酬待遇、工作条件等。他们有这样的期待是再正常不过了,因为他们觉得笔者是能和公司上层说得上话的人,而这份期待也就永远成为期待吧,至少比失望要好一些。其实,在这一份期待之下暗含着的是他们对笔者的真心,当他们对笔者掏心掏肺的时候,那种感觉竟然是如此沉重,唯有不忘初心,认真完成研究方是对他们的最好回报。

三、研究的展望

企业员工职场学习动机研究涉及心理学、教育学、管理学等多个学科，加上笔者能力和研究水平所限，时间、空间、人力、物力等外部因素的影响，虽然阅读了大量相关文献资料，在此基础上形成了一些突破与创新，但对于很多重要因素未能周详考虑，研究整体水平仍然有待在今后继续深入和提高。针对本研究存在的问题，对未来的研究方向提出下列几项建议：

（一）继续深入对高职学生学习动机的现状调查与问题探析

后续研究中很有必要对高职学生学习动机的现状进行深入的调查，了解目前高职院校学生学习动机的总体水平，了解不同地区、不同类型院校、不同专业、不同性别、不同年级高职学生的学习动机是否存在显著差异，并进行针对性的深度访谈，探析高职学生学习动机方面存在的问题。

（二）改善研究对象的抽样方法，扩大研究范围

本研究的抽样顾及样本配合的问题，尽管努力控制不同类型的企业样本配比，但是在抽样方法上采取了便利抽样的方式，尤其是叙事研究的样本选取仍然将会影响研究结果的一般化。同时本研究的研究对象只局限于苏南地区，并不能代表中国所有企业的员工职场学习动机状况，在不同地区企业文化、企业管理、社会经济形势等对企业员工职场学习动机的影响程度均可能有不同的情况存在，田野观察、叙事研究的对象只局限于一个企业，因此建议后续研究能改善抽样方法，扩大研究范围，以增加推论的效果。

（三）加强研究质量的管控能力

在今后的相关领域研究中，期待通过对更多的不同地区、不同企业类型、不同年龄段、不同岗位类别、不同学历背景企业员工案例的叙事研究和问卷调查研究，提升研究成果的可推广性，并尝试在高职院校进行高职学生学习动机培养策略干预研究实践，全面提升高职院校的人才培养质量。

附　录

附录1　职场学习动机访谈提纲

指导语：

　　您好，非常感谢您来参加这次访谈，您在工作以后肯定会遇到一些不会的东西需要学习，这就是职场学习。这次访谈问题是关于职场学习的，我们这里只要是与工作有关的学习就看作是职场学习，也就是说不一定要是在工作时间、工作的地点发生的学习，包括对知识、技能、安全意识、管理方面的东西的学习等等，以下问题中所说的学习都是职场学习。我将会对这次访谈录音，但是您可以放轻松，因为我的研究中将不会出现您的个人信息，希望您能放心地表达自己的意见和想法。

　　第一部分：访谈对象个人及所在企业的基本情况

　　1. 请您简单地描述一下您的年龄、教育背景及婚姻状况（性别、年龄、文化程度、婚姻状况）

　　2. 请您描述一下目前的职业状况（岗位类别、职位层次）以及您公司的性质及规模

　　3. 请问您参加工作多久了？经济收入如何？

　　第二部分：关于职场学习

　　4. 您认为职场学习重要吗？为什么重要或不重要？

　　5. 您对职场学习是如何理解的？都包含哪些内容？

　　6. 您认为职场学习给您带来了什么？有哪些好处？（你是如何看待职

场学习的?)

7. 请您描述一下印象最深的一次职场学习的历程。

8. 您觉得您在工作中学习和以前在学校学习有什么不一样的地方吗?请举例。

第三部分:关于职场学习动机

9. 您对自己目前从事的工作有什么想法吗?对自己从事的工作满意吗?对自己在工作中的表现满意吗?

10. 就目前的工作而言,您觉得还有必要学习吗?为什么?请举个例子。

11. 您觉得您的职场学习的效果如何?是如何评价的?为什么效果这么好/不尽如人意?

12. 您公司的学习氛围如何?公司领导对员工学习培训的态度是怎样的?请举例。

13. 单位的有关规章制度、领导的鼓励和要求会影响到您的学习动机吗?请举例说明。

14. 同事的学习状态、亲属朋友的鼓励/刺激会影响到您的学习动机吗?请举例说明。

15. 促使您进行职场学习的主要原因是什么?还有其他原因吗?(个人、家庭、工作、社会环境等)

16. 一般在什么情况下,自己的职场学习动机比较强?能说说具体原因吗?请举例说明。

17. 在繁重的工作压力之下,您是如何保持职场学习的动力的?请举一个具体的例子。

附录2　企业员工职场学习动机调查问卷

　　您好！非常感谢您抽出宝贵时间接受这次问卷调查。在您的工作中，可能会遇到一些以前不会的东西或难以解决的问题，需要学习，凡是与工作有关的学习都是本次调查的内容。本调查问卷只用于学术研究，以不记名的方式填写，不会给您带来任何不利影响。谢谢支持！

第一部分：个人基本信息（请在相应选项的□中打"√"或在相应横线上填写。）

　　性别：□男　　　□女

　　婚姻状况：□已婚　　□未婚　　□其他_____

　　年龄（岁）：□20岁以下　　□20—29岁　　□30—39岁　　□40—49岁
　　　　　　　　□50岁及以上

　　学历：□初中及以下　　□高中或中专　　□大专　　□本科
　　　　　　□硕士及以上

　　所在企业类型：□国有企业　　□外资企业　　□中外合资企业
　　　　　　　　　□民营企业

　　职务：□普通员工　　□基层管理人员　　□中层管理人员
　　　　　　□高级管理人员

　　月均收入（人民币）：□3 000元以下　　□3 000—5 000元
　　　　　　　　　　　　□5 000—7 000元　　□7 000元以上

　　日均工作时间：□6小时以下　　□6小时　　□8小时　　□10小时
　　　　　　　　　□12小时及以上

　　岗位类别：□生产类　　□技术类　　□管理类　　□营销类
　　　　　　　□其他_____

　　工作年限：□1年及以下　　□1—3年　　□3—5年　　□5—10年
　　　　　　　□10—15年　　□15以上

第二部分：请根据您的实际情况作答。在相应的数字上打"√"。谢谢！

一、关于学习动机的基本现状

1. 您认为学习对自己职业发展的作用：

[5]非常重要　[4]重要　[3]一般　[2]不重要　[1]根本不重要

2. 你的学习态度是否积极？

[5]非常积极　[4]积极　[3]一般　[2]比较消极　[1]非常消极

3. 工作中,您觉得您的学习动力：

[5]非常强　[4]比较强　[3]一般　[2]稍微有点　[1]一点也不强

4. 在工作之余,您是否会坚持学习？

[5]一直都是[4]经常是　[3]偶尔会　[2]基本不会　[1]从不会

二、请您根据直觉判断下列所描述的情况与您在工作中进行职场学习活动的影响程度,请在相应的数字上打"√"。

因　素	影响很大	影响较大	影响一般	影响较小	无影响
1. 工作有挑战性。	[5]	[4]	[3]	[2]	[1]
2. 提高自己的工作能力。	[5]	[4]	[3]	[2]	[1]
3. 增加家庭收入。	[5]	[4]	[3]	[2]	[1]
4. 公司要求员工学习。	[5]	[4]	[3]	[2]	[1]
5. 看到别的同事、同学或朋友学习。	[5]	[4]	[3]	[2]	[1]
6. 对自己的工作很感兴趣。	[5]	[4]	[3]	[2]	[1]
7. 工作中,我是一个好强的人。	[5]	[4]	[3]	[2]	[1]
8. 工作中遇到难题时常能得到别人的帮助。	[5]	[4]	[3]	[2]	[1]
9. 公司对学习或考证有相应的奖励制度。	[5]	[4]	[3]	[2]	[1]
10. 工作中认真学习可以得到家人的认可。	[5]	[4]	[3]	[2]	[1]
11. 工作比较自由,有学习的时间。	[5]	[4]	[3]	[2]	[1]
12. 工作业绩与能力得到领导的肯定。	[5]	[4]	[3]	[2]	[1]
13. 通过我的学习可以为公司提高绩效。	[5]	[4]	[3]	[2]	[1]
14. 害怕工作出现失误被领导批评。	[5]	[4]	[3]	[2]	[1]
15. 满足自己的兴趣或好奇心。	[5]	[4]	[3]	[2]	[1]
16. 新的内容一般都能学会。	[5]	[4]	[3]	[2]	[1]
17. 社会就业形势不好,竞争大。	[5]	[4]	[3]	[2]	[1]
18. 为了换一份更好的工作。	[5]	[4]	[3]	[2]	[1]

因　　素	影响很大	影响较大	影响一般	影响较小	无影响
19. 工作的要求与规范不断发生变化。	[5]	[4]	[3]	[2]	[1]
20. 我有很好的学习习惯。	[5]	[4]	[3]	[2]	[1]
21. 能够得到更多人的认可与尊重。	[5]	[4]	[3]	[2]	[1]
22. 为了获得公司的重用或提拔。	[5]	[4]	[3]	[2]	[1]
23. 别人告诉我学习的好处。	[5]	[4]	[3]	[2]	[1]
24. 为了保住目前的工作。	[5]	[4]	[3]	[2]	[1]
25. 保持和提高自己的岗位竞争能力。	[5]	[4]	[3]	[2]	[1]
26. 可以帮助解决工作中的问题。	[5]	[4]	[3]	[2]	[1]

附录3　田野日志节选

年后第一天来公司,一切都还是那么地井然有序。八点上班,七点四十五时领导们都陆陆续续地来了,也许这就是集中办公带来的良好现象,领导做好表率,员工对工作自然很有积极性。在集中办公的大氛围下,领导的一言一行对员工的职场学习的积极性有着重要的影响。

重新开启职场学习的动机研究似乎有些陌生,担心原来已经熟悉的一线员工不认识自己了,担心自己的论文无法继续下去,担心⋯越来越多的担心也导致了我对自己选题的质疑,究竟该如何继续下去? 到底要不要换题目? 如果换题目换什么题目呢?

九点半去车间,很庆幸,一线员工们都很热情友善,有些还能记得,我只能尝试从他们的胸牌上识别,生产部里不同职位的员工胸牌的颜色设置是不一样的,比如黄色的是班长,上面还有值班长,他们都是三班工作制,生产部分设着色、造管、成缆等车间,还有检验部、维修部。其他工作人员都是白天上班和双休。因为着色车间要求较高,一般外来人员是不可以进入的,正好着色的一个员工被临时提拔到包缚机上面,她就是雷姐,贵州人嫁到浙江来,(公司在 318 国道上,过条河就是浙江嘉善县。)因为着色车间需要密闭,再加上油漆的污染,空气质量自然很糟糕,所以她比较向往到别的车间来工作。她和老公都在公司,她老公在成缆,两人不同班方便照顾孩子和家。说起职场学习,可以看出她的反感,她自称自己不爱学习,害怕学习,学习困难,大概就是学习的动力不够吧,自然就没有兴趣,安于现状了。正如成缆的吴班长所言,一般来说,家庭条件优异的年轻人学习动机不强,工作可有可无,没有生活紧迫感。而那些生活压力比较大,家庭条件一般的人工作起来比较认真,学习动力自然很强,工作的成效自然也是天壤之别。

造管车间铝管造管开始运作,一般一年运作三四个月,就是在 op 管外面再包一层铝。一般是出口电缆订单的要求。董总说今年公司的订单挺多的,年后初四就上班了,公司限招长居本地人的道理就在这里,随叫随到。

年前在绕包机上工作的朱班长被临时调到铝管造管车间,一大早就开始忙碌铝带连接,试机,听他说一天都不一定能调试好呢。一边说着一边慢条斯理地整理着,从他的行为上倒是丝毫看不出紧张来。又碰到凌姐了,现负责造管车间的 op 管修补,一开始在造管车间后被调任到着色车间。已不是第一次和她交谈,谈起学习,她倒起了苦水,刚进车间时,算余长她一直不会,因为机器上不显示,会的人都在心里算,人家不愿意告诉她,直至昨天工艺部的冯姐教了她一小会就学会了。刚进公司时,因为家里的条件并不是很好,所以她一个劲地在心里告诉自己速度要快,要加油,争取多完成一些工作量,这样就可以多拿一些工资。常常忙得浑身是汗(因为要换盘,有时里数少就换得更加频繁,这对于一个女人来说的确很累),即使累也很开心,干劲满满。但是自己感觉自己的努力似乎没有得到公司领导的肯定,随着年龄的增长,周围朋友观念的影响,她开始慢慢改变,工作中对自己的要求慢慢降低,考虑到自己的身体因素,她不再赶进度,赶工作量。学习的欲望也逐渐减退。一个人的职场学习动机是受多种因素影响的,公司的环境氛围,领导的风格,朋友的观念等等,无形之中都影响着她的对工作的认识。

来到检验科,一群年轻的小伙子都在低着头忙着看手机,不时地和我搭上几句话,抱怨自己工作的辛苦,报酬的不公平,楼上的天天坐办公室拿得太多,哈哈,我来调研,他们把我当成倾诉对象了,都以为跟我说就能解决问题的。虽然爱发牢骚,但干起活来还是很认真的,作为一个职场人,该做事的时候认真做,也许这就够了吧。

2016 年 2 月 25 日

一早来到车间,正好碰到公司赵翻译,她不仅承担着公司日本方面的翻译工作,还负责公司车间的 5S 管理。此时,她正和陈部长、车间沈主任忙着检查各生产车间的卫生情况,以此迎接 3 号的董事会。很多细节上的事情因为工人在忙于生产,不屑于此类事情,他们只能亲力亲为。趁间隙时和赵翻译闲聊,谈起她刚进公司的那两年很是感慨,本身是日语专业,来到公司很多设备机器涉及太多的专业术语,从一开始的一窍不通到有个主管设备的领导一点一滴耐心地指导,才慢慢适应这份工作。

设备维修部好几个工人刚上班,暂时还没有维修任务,本想走进去和他们聊聊，结果刚走进去气氛就变了，他们开始走开各干各的，有的去收拾零件，有的去卫生间，有的去喝水，总之逃避我，听吴经理讲才知道，虽然跟他们说是调研，但在他们看来远没有这么简单，这是我课题调研最害怕的情况了。也罢，既然如此反感，也就作罢吧。

设备维修部顾师傅，四十多岁，被同事们一直笑话，电工证连考五年都没有过，一直学习，周末还出去培训，整天穿着沾满油污的工作服忙碌着，笑眯眯的，一副与世无争的样子，独独对维修存有偏爱，沉迷其中，不可自拔。于是一直坚持着学习，学习，再学习。所以，不管一个人的学历起点有多低，只要他对自己的工作有着浓浓的兴趣，职场学习就会发生，学习动力就足够强劲。兴趣是职场学习的原动力。

2016 年 2 月 26 日

春天迎来了大学生招工潮，公司最近接连招收新员工，既包括一线的操作工，又包括二楼的办公室人员。操作工招聘一般是先给相关资料学习两天，书面考核，然后进入车间跟师傅学习具体的操作规范，一般情况下，一个月基本熟悉业务。以招收本地人为主，听工艺部的吴经理介绍，公司以前也招收过几批外地员工，也有本科大学生，但是因为待遇问题，以及公司大部分是本地人对他们造成了巨大的心理压力，基本都留不住人，或者待上一两年就走了，这就形成了目前的这种现状。

由于座位在销售部，临近销售部丁经理处，听他介绍，公司一直处于缺人状态，一个人做着原本几个人做的事情，很是累人。由于工资待遇比较低，再加上目前出差生活开销比较大，成了家的人忙于照顾家庭，没成家的忙着个人谈恋爱，所以销售人员一般都不愿意出差。听着他的叙说，一脸的倦意，一脸的无奈，一脸的不满。丁经理，湖北人，大学学的是旅游专业的日语，因为在大学实习期间经常出去带团，就放弃了日语导游的工作计划，来到了古河公司。

2016 年 2 月 29 日

新的一周又来临了，热情的董总依旧早早地坐在办公室迎接着每一位员工的到来，很是温馨。因为销售部来了个新员工，我的临时座席又调整了一下。三班制的员工又换了新面孔，一切依旧。之前接触的三班倒的工人这周轮到了夜班,又要认识许多新的面孔,他们的职场学习动机也是如此吗? 我充满着重重疑虑。

首先跑到设备检修部找那个好学的顾师傅,无果,他这周上中班,原先计划这周跟踪他的,可是意识到的太迟了,一切都还得趁早打算才是。成缆老车间一台机器上几个人聚在一起聊天,另一台机器上有一个工人笔直地站在那里,很是认真,于是和他聊天的欲望来了。他,27 岁,独生子女,初中文化,在西藏当过两年兵,未婚,2015 年 4 月进公司,成缆操作工,每月的经济收入与本月加班时间的多少有关,一般情况下每周有双休,但是基本周末都会加班,工资 4 000 左右。之前在派出所做过,他虽然进公司快一年了,但新员工的一些好传统依然可见。他目前负责的这台成缆机器主要是修复,因为每一台成缆机器都不同,所以谈到职场学习,他觉得还是很有必要,上盘都一样,主要是调试,这是一门技术活,还需要学习。和他的聊天中,可以看出他还是有一定的学习动机的,但是因为未婚,无经济压力,所以并不是太强。

隔壁检验科的小伙伴们正在忙碌着,原材料和成品每周轮着分配人员检查,去到这里正常的状态就是一边做事一边抱怨,要么就是一边玩手机一边吐槽。

专业知识:铝包钢原材料检验一般是先取样,再进行破坏实验,测它的强力、电阻、铝钢比例及扭转后铝的脱落情况。

2016 年 3 月 1 日

一早忘记带本子了,向总务陈姐求救,很多时候形成习惯了,进车间不带笔和本子就感觉很不舒服。来到车间,第一眼就看到值班长邱文浩,他在巡检,虽然个子不高,但很灵活,眼睛不大但很有神。转了一圈回来,看见检验室外面站了好几个领导,工艺、生产部领导,连忙凑过去看个究竟,原来这一捆成缆检验出白色光纤打环不合格,生产部吴经理带头剪掉 10 米再看看光纤的情况。几个人合作不一会儿就好了,扒开里面的光纤,找出白色打三环的那一根,情况良好,后来又把剪下来的十米成缆光纤全部抽了出来检查也是很好的,原来检验时只是剪前面的一点点,这就发现了检验中的一些做法的不完善,如果第一次检验发现问题,往前面再剪掉一些看看情况如何,如果还是不行再下发不合格报告,这样就可以避免很多不必要的麻烦。

今天计划是跟着值班长邱干一天,想看看他一天的工作流程,他习惯于笑眯眯地跟你抱怨,值班长什么都要管,太累了,就比班长多200元,做的事情多多了,弄得不好还要承担责任,能明显感觉到他的压力山大。转了一会,他主动提出去吸烟室抽支烟,于是开始讲起他的传奇经历:他只有高中文凭,因为私人原因未能继续读书深造。家庭经济比较宽裕,父亲搞房产开发,承担项目。与妻子都是独生子女,妻子家专搞水产养殖,并且两家都有几处拆迁。一点经济压力都没有。高中毕业后先去莘塔宾馆做大堂经理助理,因为本身性格比较外向,又离家很近,所以来吃饭的人基本都认识,也为公司迎来了很多顾客。深受当时的酒店经理喜欢,后来经理到市里开分店,邀请他一起过去专门负责厨房,厨房是饭店的重要地方,足见他在经理心中的地位。因为离家太远,不太方便,存在一定的职业倦怠,毅然辞职回家。02年公司第一批招工就参加了,当时还组织物理、化学、数学考试,也顺利通过了,但是因为自己个子不算太高,偏瘦,面试人员担心他干不了公司的重体力活,以备选人员的推脱宣告失败。直至2003年公司电话通知参加第二次面试才得以成功。后来当了班长,人比较善于交际,和工人的关系比较好,因为单位有叉车,需要应对上面的检查,他考了叉车证,航车证。2015年荣任生产部值班长,是三班制的最高领导。需要管理着色、造管、成缆、复绕几个车间,出了问题他是第一责任人。所以他说得最多的就是值班长太累了,管得太多了,太杂了。人员分配,车间调控,出了问题要处理等等,上班期间需要不停地巡检。

听着他的抱怨,好像根本无法和他忙碌的身影结合起来,一个外表阳光灿烂、积极向上的人,内心却充满了沧桑,兴许是因为他一边抽烟一边诉说的缘故吧!

2016 年 3 月 2 日

步行去公司路上看见顾师傅,穿着黑衣服,骑着电动车,回过头看了我一眼,再跟穿上沾满了油污的工作服的他一对比,感觉差距好大。做设备维修的确不是轻松活。九点进车间,昨天坏掉的华新(三)号成缆机又坏了,这台机器是整个老车间里运作速度最快的一台,所以磨损率很高。滚轮需要换新,机长张师傅忙着做好配合工作,根本来不及理睬我,工作状态的人儿是最最值得尊敬的,我站在一边看着他们忙碌着,不忍心打扰。跟顾师傅开起玩笑来,你再过几年还会愿意考高级技师证吗?肯定不愿意,说起自己去年一年工作之外的外快赚了一万多,自己很是开心。原来他的儿子还在西藏当兵,没有成家,所以他的经济压力挺大的。

"你儿子成家了,你还会这么拼命吗?"

"那肯定不会了啦!"

瞧,这样的家庭责任感竟也能激发他学习的欲望,让我始料未及!

中午休息的时候,顾师傅用 qq 传了两份文件给我,让我很是惊讶。下午去车间顺便问了他,他笑着说"留给你写论文用用""我们培训班的照片你要吗?"其实没用,但为了满足他的那份自豪感,我连忙应声道:"好啊好啊!"他很开心,我也很欣慰。对于他来说,培训班学习是一个高于别人的体验,我必须珍视它。正好设备部的蒋工来让他维修造管车间的灯,他连忙跟我说"要不要去看看"昨天感觉他还有支走我的意思呢,所以,努力寻找观察对象的话语体系很重要,不然无法深入调查下去。造管车间的凌姐是个虔诚的基督教教徒,说话声音不大,但是做事有板有眼。说到教育女儿她很自豪,女儿很听话,然后就开始讲起基督教的教义,她所学到的做人的道理,滔滔不绝,一发不可收拾。突然间觉得有信仰的人好可爱,只要正确应用,心地善良都会越来越好。

临近下班,造管车间的灯只能等到明天修了,顾师傅倒了一把洗衣粉放在手里去洗手,然后拿起他用 1 000 元买来的二手 IPAD,主动要求给我介绍起之前传给我的那张培训班的照片,老师、同学的情况他都记得很清楚,还具体介绍哪个老师讲得好,同学是哪里的,哪些人和他年龄相仿等等,他又一次地沉浸在他的快乐世界里,我想他一定是以这次的培训学习历程而感到自豪的。他也觉得,在这样的一个工作情境中,似乎只有我能和他一起分享这种喜悦。好感动!

附录 4　部分田野照片

图附录 4-1　公司一楼办公大厅内景

图附录 4-2　公司员工午休时间正在操场上打篮球

图附录 4 - 3　多人集体办公的办公室一角

图附录 4 - 4　人事部放满各种文件的办公桌掠影

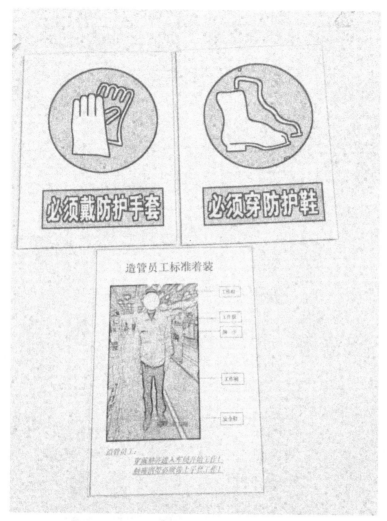

图附录 4 - 5　造管车间入口处的安全着装提示

图附录 4‑6　生产部相关事项通知

图附录 4‑7　设备部师傅正在讨论机器故障原因、维修机器

图附录 4-8　员工 OPGW 管修补、造管车间全貌

图附录 4-9　检验员检验成缆、光纤的衰减度

图附录 4 - 10　员工操作着色机器、各种等待着色的光纤

图附录 4 - 11　等待上盘的 OPGW 管、成缆员工上盘

安全指导具体内容（九月份）

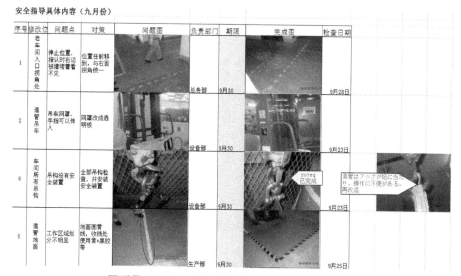

序号	修改位置	问题点	对策	问题图	负责部门	期限	完成图	检查日期
1	老车间入口拐角处	停止位置时,指认时右边被墙挡着看不见	位置往前移到,与右面拐角统一		总务部	9月30		9月28日
2	造管吊车	吊车网罩,手指可以伸入	网罩改成透明板		设备部	9月30		9月23日
4	车间所有吊钩	吊钩没有安全装置	全部吊钩检查,并安装安全装置		设备部	9月30	roteq 已完成	9月23日
5	造管地面	工作区域划分不明显	地面画管线,收线处使用黄+黑胶带		生产部	9月30		9月25日

图附录 4 - 12 公司 5S 安全生产具体内容(节选)

日期:2015.12

内容:废料箱内 OP 管或单丝太长

目的:教育员工放入废料箱内有安全隐患的物品要处理后再放入。

案例如下:

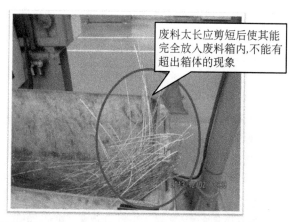

废料太长应剪短后使其能完全放入废料箱内,不能有超出箱体的现象

图附录 4 - 13 公司 5S 安全生产每月重点改善事项(节选)

参考文献

一、中文文献

1. ［匈］阿格妮丝·赫勒著,衣俊卿译.日常生活[M].重庆:重庆出版社,2010.

2. ［美］阿尔温.托夫勒.未来的震荡[M].任小明译.北京:教育科学出版社,1985.

3. 艾米娅·利布里奇里弗卡·图沃等著,王红艳译.叙事研究:阅读、分析和诠释[M].重庆:重庆大学出版社,2008.

4. ［英］安东尼·吉登斯著,田禾译.现代性的后果[M].南京:凤凰出版传媒集团,2011.

5. 安黎黎.混合方法研究的理论与应用[D].华东师范大学,2010.

6. 彼得·圣吉.第五项修炼—学习型组织的艺术与实务[M].上海:上海三联书店,1998.

7. ［美］伯纳德·韦纳著,孙煜明译.人类动机:比喻、理论和研究[M].杭州:浙江教育出版社,1999.

8. 蔡东伟.社会信息论域下的社会真相[M].北京:社会科学文献出版社,2013.

9. 陈昌华.大学生就业压力大与学习动力不足的矛盾分析与对策[J].重庆工程学院学报:社会科学版,2007(9).

10. 陈向明.质的研究方法与社会科学研究[M].北京:教育科学出版社,2000.

11. 陈伟萍.熟练型教师职场学习动机的研究[D].苏州大学,2010.

12. 陈建成,王立飞主编.总部经济与农业科技园区发展[M].北京:知识产权出版社,2008.

13. 陈继红.企业管理制度的伦理视角[J].河北学刊,2003(6).

14. 陈珺霞.我国高职课程设置的问题与思考[J].教育与职业,2015(28).

15. 陈杏莉.苏州地区高职院校课程设置的现状研究[J].重庆电子工程职业学院学报,2012(2).

16. 程薇,杨现民,余胜泉.基于知识生成的工作场所学习[J].现代远程教育研究,

2013(4).

17. 迟丽萍,辛自强.大学生学习动机的测量及其与自我效能感的关系[J].心理发展与教育,2006(2).

18. 大卫·费特曼著,龚建华译.民族志:步步深入[M].重庆:重庆大学出版社,2007.

19. [美]达肯沃尔德,梅里安,刘宪之译.成人教育实践的基础[M].北京:教育科学出版社,1986.

20. [美]戴尔·H.申克著;何一系,钱冬梅,古海波译.学校理论第6版[M].南京:江苏教育出版社,2012.

21. 邓志建.成人学习动机研究现状及展望[J].当代教育论坛,2011(7).

22. 丁波主编,袁基瑜,韩明辉副主编.管理学[M].北京:科学出版社,2013.

23. 丁钢.教育叙事的理论探究[J].高等教育研究,2008(1).

24. 丁洁.90后高职学生学习动力现状及原因探析[J].现代企业与教育,2014(2).

25. 丁孝智,刘浏等.精神动力论:企业价值观及其作用机理[J].经营管理者,2016(25).

26. 窦炎国.现代企业伦理导论[M].长春:吉林人民出版社,2002.

27. 杜芳.激发成人英语学习者内部动机的实证研究[D].首都师范大学,2014.

28. [美]弗兰肯.人类动机[M].西安:陕西师范大学出版社,2005.

29. [俄]P.K.马林那乌斯克斯著,蓝瑛波译.不同阶段大学生的学习动机[J].社会学研究,2005.

30. 房三虎.农业院校大学生学习动机调查与分析[J].教育与职业,2013(15).

31. 甘露.高职大学生学习习惯及其与学习动机的关系[D].西南大学,2012.

32. 高宏涛.关于高职学生学习动机及其成因分析[J].辽宁高职学报,2014(10).

33. 高志敏.国外成人学习动机指向研究[J].黑龙江教育学院学报,1990(1).

34. 高潇仪等.论混合方法在高等教育研究中的具体应用—以顺序性设计为例[J].比较教育研究,2009(3).

35. 顾明远主编.教育大辞典[M].上海:上海教育出版社,1998.

36. 顾琴轩主编.组织行为学新经济新环境新思维[M].上海:格致出版社,2011.

37. 关世雄主编.成人教育辞典[M].北京:职工教育出版社,1990.

38. 郭达.芬兰工作场所学习研究[D].辽宁师范大学,2012.

39. 郭占元.管理学理论与应用[M].北京:中国经济出版社,2011.

40. 贺继明,蒋家胜主编.高职校园文化建设的探索与实践[M].成都:电子科技大学出版社,2009.

41. 何露露.成人学习动机的性别比较研究[D].华东师范大学,2008.

42. 何艳瑾.关于构建高职院校心理健康助人自助模式的思考[J].现代职业教育,2016(21).

43. 霍辉.中小企业员工工作场所学习的现状、问题及对策研究[D].广西师范大学,2015.

44. 蒋秀娟,赵小康.组织学习文化对员工组织承诺的影响研究[J].贵州社会科学,2011(2).

45. [英]海伦·瑞恩博德,艾莉森·富勒,安妮·蒙罗著,匡英译.情境中的工作场所学习[M].北京:外语教学与研究出版社,2011.

46. 黄彩娥.略论函授学员学习动机的激发[J].杭州大学学报,1996(4).

47. 黄飞英.成教大学生学习动机调查分析[J].浙江海洋学院学报,2002(2).

48. 黄健.工作—学习研究:教育的新疆域——西方工作—学习领域理论成果评述[J].开放教育研究,2011(2).

49. 黄立新.成人学习动机的类型[J].北京成人教育,1995(12):30.

50. 黄希庭,郑涌等.当代中国大学生心理特点与教育[M].上海:上海教育出版社,1999.

51. 黄希庭,徐凤妹.大学生心理学[M].上海:上海人民出版社,1995.

52. 黄辛隐,范庭卫主编.心理学教程[M].苏州:苏州大学出版社,2007.

53. 黄雪霞.高职院校课程商榷[J].邢台职业技术学院学报,2009(3).

54. [美]J.莱夫,E.温格著,王文静译.情景学习:合法的边缘性参与[M].上海:华东师范大学出版社,2004.

55. 贾馥茗总编纂.教育大辞书3[M].台湾:文景书局,2000.

56. 姜大源.高等职业教育的定位[J].武汉职业技术学院学报,2008(2):5-8.

57. [丹]克努兹·伊列雷斯著,孙玫璐译.我们如何学习[M].北京:教育科学出版社,2010.

58. 李春生.论大学生学习动机的形成机理及培养路径[J].中国成人教育,2016(4).

59. 李斌.成人学习动机调查研究[J].校园心理,2011(5).

60. 李斌.我国成人学习动机研究综述[J].成人教育,2004(9).

61. 李灿举.大家庭环境对125名大学生学习动机的影响[J].内江师范学院学报,2013.

62. 李飞龙.西方工作场学习:概念、动因与模式探析[J].外国教育研究,2011(3).

63. 李金波,王权.对成人参与高等教育的动机取向学习成就的分析[J].中国远程教育,2003(5).

64. 李兰巧.教与学的和谐高职院校师生关系构建艺术[M].北京:北京大学出版社,2013.

65. 李立群.《成人学习动机量表》的编制及初步应用[D].天津师范大学,2008.

66. 李茂荣,黄健.工作场所学习概念的反思与再构——基于实践的取向[J].开放教育研究,2013(2).

67. 李士辰.人力资源工作者工作场所学习研究[D].华东师范大学,2013.

68. 联合国教科文组织教育发展委员会.学会生存——教育世界的今天和明天[M].北京:教育科学出版社,1996.

69. 梁辉.运用暗示优化高职学生学习心理的研究[J].职业教育研究,2011(11):152.

70. 林克松.职业院校教师工作场学习动机的理论模型——实然状态与提升路径[J].职教通讯,2017(6).

71. 林克松.工作场学习与专业化革新——职业教育教师专业发展路径探析[D].西南大学,2014.

72. 林美珍,汪纯孝等.支持型领导与授权氛围对旅游企业员工角色压力和工作绩效的影响[M].广东:中山大学出版社,2010.

73. 刘淳松等.大学生学习动机的性别、年级及学科差异[J].中国临床康复,2005(20).

74. 刘丽红.动机的自我决定理论及其应用[J].华南师范大学学报(社会科学版),2010(4).

75. 刘文杰.破解我国技能短缺问题[J].职教论坛,2015(16).

76. 刘永中,金才兵.英汉人力资源管理核心词汇手册[M].广州:广东经济出版社,2005.

77. 刘燕,高艳等.大学生学习动力影响因素及作用机制研究[J].思想教育研究,2013(7).

78. 刘一村.高职院校学生积极学习心理培养策略研究[D].西北农业科技大学,2013.

79. 刘哲.基于高职学生学习动机分析的教学设计与评价研究[J].青岛职业技术学院学报,2015(5).

80. 梁欣茹,王勇.基于工作相关学习的类型与能力提高[J].研究与发展管理,2005(3).

81. 陆舟,吕峰.影响成人学习动机的因素分析[J].职业技术教育,2005(13).

82. 卢秋萍.学习型社会背景下成人自考生学习动机分析与对策研究[D].福建农林大学,2011.

83. 罗屏旗.关于高职院校校园文化建设的思考[J].现代职业教育,2016(15):181.

84. 罗纳德 L.雅各布斯.一个关于工作场所学习的建议性概念框架:对人力资源开发理论建设与研究的启示[J].李宇晴译.中国职业技术教育,2010(6).

85. 吕巾姣,刘美凤等.活动理论的发展脉络与应用探析[J].现代教育技术,2007(1).

86. 马小健.谢怡.影响成人学习的动机因素分析[J].成人教育,2003(11).

87. 马耀荣.如何提高企业员工归属感浅析[J].现代经济信息,2013(23).

88. 马颂歌.工作情境中医生团队的专业学习研究[D].华东师范大学,2014.

89. 牛学智.当代批评的本土话语审视[M].太原:北岳文艺出版社,2014.

90. [法]皮埃尔·布尔迪厄著,谭立德译.实践理性:关于行为理论[M].北京:三联书店,2007.

91. 车文博主编.心理咨询大百科全书[M].杭州:浙江科学技术出版社,2001.

92. 乔纳森主编,郑太年,任友群等译.学习环境的理论基础[M].上海:华东师范大学出版社,2002.

93. Ronald L. Jacobs.一个关于工作场所学习的建议性概念框架:对人力资源开发理论建设与研究的启示[J].李宇晴,译.中国职业技术教育,2010(6).

94. 冉汇真.大学生学习动机与社会责任心的相关研究[J].教育评论,2013(2).

95. 施良方.学习论[M].北京:人民教育出版社,2005.

96. 帅良余.创建学习型组织背景下的成人学习和成人个性发展研究[D].华东师范大学,2012.

97. 盛瑶环.大学生学习动机的调查分析及培养[J].教育与职业,2006(20).

98. 司研方,王芳.高等职业教育课程设置的要求及其原则[J].宿州学院学报,2007(2).

99. 宋锦韬.高职学生学习动机激发和培养对策[J].中国市场,2016(43):119-120.

100. 孙玫璐.工作场所学习的知识类型与学习途径[J].职教通讯,2013(4).

101. 孙文萍.成人学习动机的激发策略研究[D].南昌大学,2011.

102. 孙晓明.实习生的职场学习研究[D].华东师范大学,2014.

103. 孙艳超.网络环境下成人学习动机策略研究[D].南京师范大学,2006.

104. 唐敏.新员工工作场所学习及其影响因素[D].华东师范大学,2015.

105. 陶丽.工作场所学习研究的影响因素及障碍分析[J].职教通讯,2010(4).

106. 王炳照等.简明中国教育史[M].北京:北京师范大学出版社,1994.

107. 王水嫩主编.企业文化理论与实务(第2版)[M].北京:北京大学出版社,2015.

108. 王伟杰.成人参与教育的动机研究[D].华东师范大学,2002.

109. 王文静.情境认知与学习[M].重庆:西南师范大学出版社,2005.

110. 韦朝忠.高职学生就业压力下的心理健康塑造机制[J].教育与职业,2014(29):88-90.

111. 魏东红,吴节军主编.高职学生就业指导教程[M].北京:高等教育出版社,2011.

112. 魏光丽.工作场所实行自我导向学习研究[D].华东师范大学,2007.

113. 温泉.高职学生学习动机的调查与分析[J].辽宁高职学报,2004(4):51-52.

114. 吴刚.活动理论视野下的成人学习变革研究[J].教育学术月刊,2012(6).

115. 吴刚.工作场所中基于项目行动学习的理论模型研究[D].华东师范大学,2013.

116. 吴萍.实习中的学习[D].华东师范大学,2008.

117. 武婷婷.网络学习环境下成人学习动机激发策略研究[D].四川师范大学,2012.

118. 夏鸣.远程教育成人学习动机激发策略研究[D].上海师范大学,2013.

119. 奚从清.角色论:个人与社会的互动[M].杭州:浙江大学出版社,2010.

120. 席毅.建设高职特色文化,争创示范高职院校[J].湖南工业职业技术学院学报,2008(1).

121. 熊美凤.医务人员学习动机的影响因素与培养策略研究[D].南方医科大学,2011.

122. 徐坚.从教改角度看高职课程设置存在的问题及对策[J].高教学刊,2015(18):162-163.

123. 徐瑾劼.适应下的理想:工作场所学习在职业教育中的价值及策略[D].华东师范大学,2011.

124. 徐邦学主编.成人教育办学模式与管理体制及其规章制度实用手册(中卷)[M].银川:宁夏大地音像出版社,2003.

125. 徐冰鸥.叙事研究方法述要[J].教育理论与实践,2005(8).

126. 徐兴.文化视阈下的日本企业制度变迁研究[D].吉林大学,2014.

127. [加]许美德著,周勇等译.思想肖像:中国知名教育家的故事[M].北京:教育科学出版社,2008.

128. 亚里士多德.亚里士多德的宇宙哲学[M].北京:中国戏剧出版社,2008.

129. 闫鑫栩.新手的职场学习内容研究[D].苏州大学,2010.

130. 杨丽娟.活动理论与建构主义学习观[J].教育科学研究,2000(4).

131. 杨瑞姣.信息化环境下成人学习动机影响因素分析与策略研究[D].西北师范大学,2013.

132. 杨燕.IT行业软件工程师的工作场所学习研究[D].华东师范大学,2007.

133. 杨媛.高职学生一般自我效能感与学习动机的关系研究[D].天津大学,2012.

134. 叶绍灿.高校辅导员职业生涯规划研究[D].合肥工业大学,2015.

135. 易佳.高职院校学生学习动力激发与培养对策研究[D].湖南大学,2015.

136. 应方淦.论职场学习的基本问题及影响因素[J].职教通讯,2007(9).

137. 俞学明等.创造教育[M].北京:教育科学出版社,1999.

138. 余胜泉,毛芳.非正式学习——e-Learning 研究与实践的新领域[J].电化教育研究,2005(10).

139. 原慧敏.新生代农民工学习动机研究[D].四川师范大学,2014.

140. 袁油迪.高校校园文化激发大学生学习动机的研究[J].教育与职业,2011(15).

141. [美]约翰·W.克雷斯威尔著,崔延强等译.研究设计与写作指导:定性、定量与混合研究的路径[M].重庆:重庆大学出版社,2007.

142. [美]詹姆斯·L.杰克著,李伟译.西点的进取精神[M].北京:中国商业出版社,2014.

143. 张剑,郭德俊.企业员工工作动机的结构研究[J].应用心理学,2003(1).

144. 张立春.网络学习环境中高职学生的自主学习动机研究[D].西南大学,2016.

145. 张晓煜.中外成人学习动机研究综述[J].中国电力教育,2010(32).

146. 张艳萍,李海主编.成人学习心理与学习方法[M].哈尔滨:哈尔滨工程大学出版社,2003.

147. 张建芹.职业女性工作场所学习研究[D].曲阜师范大学,2013.

148. 张译文.中美成人学习动机的比较研究[J].继续教育研究,2010(3).

149. 赵蒙成.职场中影响员工自主学习的环境因素调查研究[J].职教通讯,2014(13).

150. 赵蒙成.非正式学习论纲[J].比较教育研究,2008(10).

151. 赵蒙成,朱苏.职场学习研究的问题域[J].苏州大学学报(社会科学版),2015(4).

152. 赵健.学习共同体——关于学习的社会文化分析[M].上海:华东师范大学出版社,2006.

153. 赵蒙成.工作场的学习:概念、认知基础与教学模式[J].比较教育研究,2008(1).

154. 赵蒙成.职场学习的优势与理论辩护[J].教育与职业,2010(3).

155. 赵蒙成.职场中非正式的、偶发学习的框架、特征与理论基础[J].职教通讯,2011(5).

156. 赵蒙成.论职场学习的建构性品质[J].职教通讯,2015(22).

157. 赵蒙成,严晓芳.影响职场学习的环境要素探微[J].职教通讯,2011(10).

158. 赵兴国.学习型社会下的成人学习策略运用研究[D].西南大学,2008.

159. 赵燕梅.自我决定理论的新发展述评[J].管理学报,2016(7).

160. 中共中央马克思恩格斯列宁斯大林著作编译局编.马克思恩格斯选集第 1 卷[M].北京:人民出版社,1995.

161. 周玲.成人学习动机的调查研究[D].广西师范大学,2003.

162. 周涛.工作场所学习概念的解读与思考[J].职业技术教育,2011(7).

163. 周宏,高长柏,白昆荣主编.学校心理教育全书[M].北京:九州图书出版社,1998.

164. 朱新蒙.关于成人学习动机的研究[J].中国成人教育,2013(2).

165. 朱瑜.高职学生学习厌倦问题的调查研究[J].陕西广播电视大学学报,2016(4).

166. 朱召萍.工作场所学习过程及其影响因素分析[J].当代继续教育,2014(6).

167. 朱志敏.技能人才短缺状况为何难以改变[J].中国人才,2013(7).

168. 朱苏,赵蒙成.企业员工职场学习动机的叙事分析[J].职教通讯,2016(31).

169. 朱苏,赵蒙成.企业员工职场学习动机的影响因素探析[J].职教论坛,2017(4).

170. 邹为民."90后"文科高职大学生学习动机调查[J].教育理论与实践,2013(30).

二、英文文献

1. Amanda Sterling & Peter Boxall. Lean production, employee learning and workplace outcomes: a case analysis through the ability-motivation-opportunity framework[J]. Human Resource Management Journal,2013,23(3).

2. Billett, S.R. Authenticity and a culture of practice [J]. Australian and New Zealand Journal of Vocational Education Research,1993(1).

3. Billett, S.R. Learning through work: workplace affordance and individual engagement [J]. Journal of Workplace Learning,2001,13(5).

4. Billett, S.R. Workplace learning: its potential and limimtions[J].Education & Training, 2002,37(5).

5. Billett, S.R. Learning throughout working life: a relational interdependency between personal and social agency[J].British Journal of Educational Studies, 2008, 56(1).

6. Boshier, R. Motivational orientations revisited: Life space motives and the education participation scale [J]. Adult Education,1977,27(2).

7. Cunningham, J. The workplace:a learning environment[C]. Sydney: the First Annual Conference of the Australia Vocation and Training Research Association, 1998(2).

8. Cunningham,J. & Hillier,E. Informal learning in the workplace: key activities and processes [J].Education & Training,2013,55(1).

9. Christian Helms Jorgensen, Niels Warring. Learning in the Workplace [J]. University of tampere,2003.

10. Houle, C.O. The inquiring mind [M]. Madison: University of Wisconsin Press,1961.

11. Frank Coffield. Differing visions of a learning Society[M].Bristol Policy Press,2000.

12. Eraut, M. Informal learning in the workplace [J]. Studies in Continuing

Education，2004，26(2).

13. Eraut，M. Learning from other people in the workplace[J]. Oxford Review of Education，2007，33(4).

14. Eraut，M. & Alderton，J. & Cole，P. Senker. The development of knowledge and skills at work[R]. International Electron Devices Meeting，1998.

15. Eraut，M. Non-formal Learning and tacit knowledge in professional work [J]. British Journal of Educational Psychology，2000(70) .

16. Eraut，M. Transfer of knowledge between education and workplace settings [A]. in Rainbird，Fuller & Munro (Eds.) Workplace Learning In Context [C]. London：Routledge，2004.

17. Evans，G. Learning in apprenticeship course. In J. Stevenson (Ed.)，Cognition at work：The Development of Vocational Expertise. Adelaide，South Australia：National Center for Vocational Education Research，1994.

18. Hager，P. Lifelong learning in the workplace? Challenges and issues [J]. Journal of Workplace Learning，2004，16(1/2).

19. Genevieve Armson & Alma Whiteley. Employees' and managers' accounts of interactive workplace learning[J]. The Journal of Workplace Learning，2010，22(7).

20. Haimovitz，Kyla & Henderlong Corpus，Jennifer. Effects of person versus process praise on student motivation：stability and change in emerging adulthood [J]. Educational Psychology，2011(31) .

21. Jams，A. Eager to learn and work[J]. Performance Improvement，2015，54(4).

22. Johnson，R. B. & Onwuegbuzie A J. Mixed methods research：a research paradigm whose time has come[J]. Educational Researcher，2004，33(7).

23. Johnston，R. & Hawke，G. Case studies of organizations with established learning cultures[R]. Research Report for National Centre for Vocational Education Research，Adelaide，2002.

24. Jordan，S. Workplace learning：a critical introduction[J]. Canadian Journal of Education，2005，28(3).

25. Hsiu-Ju Chen & Chia-Hung Kao. Empirical validation of the importance of employees' learning motivation for workplace e-learning in Taiwanese organisations. [J] Australasian Journal of Educational Technology，2012，28(4).

26. Knud Illeris. Workplace learning and learning theory[J]. Journal of Workplace learning，2003，15(4).

27. Knud Illeris. Learning in working life[M]. Roskilde University Press，Learning

Lab Denmark,2004.

28. Martin Fischer & Nick Boreham.Work Process Knowledge.From handbook of technical and vocational education and training research. Springer Science + Business Media B.V,2008.

29. Mansfield, R. Deriving standards of competence. In E. Fennel（Ed）, Development of Assessable Standards for National Certification［M］.London：Department for Education and Employment，1991.

30. Mezirow, J. Transformative dimensions of adult learning［M］. San Francisco： Jossey-Bass,1991.

31. Peter Jarvis.Adult and continuing education［M］.London： Routledge, 1995.

32. Ray Smith. Epistemological agency：a necessary action-in-context perspective on new employee workplace learning［J］. Studies in Continuing Education,2006,28(3).

33. Sheffield,S.B. The orientations of adult continuing learning［C］. D. Soloman （Ed.）. The Continuing Learning［A］. Chicago：Center For the Study of Liberal Education for Adults,1964.

34. Tara Fenwick, Kjell Rubenson, Taking stock：a review on learning in work 1999—2004，4th International Researching Work and Learning Conference, Sydney, 2005.

35. Yoo, Sun Joo；Huang, Wenhao David. Engaging online adult learners in higher education：motivational factors impacted by gender, age, and prior experiences［J］. Journal of Continuing Higher Education,2013(61) .

三、网络文献

1. 阿里巴巴.阿里巴巴集团公布 2016 财年全年业绩［EB/OL］. http://it.sohu. com/20160505/n447833897.shtml.

2. 国务院.中国制造 2025，［EB/OL］.https： //www.gov.cn/zhengce/content/2015 - 05/19/content_9784.htm,2015 - 06 - 17.

3. 中华人民共和国教育部. 教育部关于全面提高高等职业教育教学质量的若干意见［EB/OL］.http：//www. moe.gov.cn/publicfiles/business/htmlfiles/moe/moe_1464/ 200704/21822.html.

4. 2016 年全国高校毕业生人数 765 万,史上"更难就业季"大学生就业形势分析 ［EB/OL］. http://www.eol.cn/html/c/2016gxbys/index.shtml.

后　记

　　本书所讨论的主题是职场学习，回想当时，为了收集研究的资料，可谓是几经波折。先是选择了一家房屋建筑公司，戴着安全帽，辗转于多个施工现场，与钢筋混凝土为伴，与风吹日晒形影不离，但是收集资料的过程并没有想象的那般顺利。一个多月后，有幸参加了一次博士论坛，并进行了该主题的发言，得到了与会专家博士们的宝贵意见，重新思考了自己的研究问题和研究对象，其中包括收集资料、研究重点等问题。在导师的指导与帮助下，最终又选择了 GHDL 光缆有限公司，这是一家世界五百强中日合资企业。研究则以制造业为基点，这主要是从国家的整体布局考虑的。在新一轮工业革命的浪潮下，2015 年 5 月，国务院正式发布了《中国制造 2025》，其核心目标就是推动产业结构迈向中高端，将坚持创新驱动、质量为先、绿色发展、结构优化、人才为本的五项基本方针。其中，作为核心词的"制造"共出现了 262 次，引领"制造"的"创新"共出现了 100 次，预示着我国制造业瞄准高端、追求卓越的发展思路，也折射出现代制造业对创新型、智慧型、生态型、高端型和卓越型人才的强烈需求，由此可见，新工业革命背景下，人才是建设"中国制造 2025"的重要基础，企业要想发展，必须具有更高技能、更专业、更职业化、更具创新性和灵活性的劳动力。新时代对企业员工提出了更高要求，职场学习已刻不容缓。而本书所关注的职场学习动机是企业员工职场学习的重要驱动力。任何一个个体的学习，如果没有学习动机的驱动，一切都将是空谈，而承担着多重社会角色的企业员工，更是如此。

　　笔者在写作本书的过程中，尤其是在 GHDL 光缆有限公司做田野调查期间，得到了很多至今都难以忘怀的帮助，苏州东方建设集团的吕董事长、曹总经理为我安排食宿,感谢陈总经理、靓靓、雪儿、张姐等,他们看我是一位女同志,更加关怀备至,嘘寒问暖,至今回想起仍然涌起一股股暖流。由于职场学习动机是一个颇为隐性的研究内容,如何挖掘和捕捉企业员工的职场学习动机是一件颇有挑战性的事情,这需要研究者和研究对象双方的配合。刚进入企业时,由于是公司领导推荐,并没有一一向员工们介绍我此番调查的目的。因此,刚开始的调查并不是很顺利,员工们对我的躲闪我都能理解。敞开心扉,与他们像朋友一样的相处,慢慢地,我的调查得到了转机,那一刻,每一天都期待着早些见到他们,有些三班倒的员工要等上两三个星期才能见到,还真是挺想念的呢!虽然很辛苦,但是很享受与他们相处的时光,收获的实在太多,远远超出了课题研究本身,这将是我人生中一笔宝贵的财富。衷心感谢 GHDL 光缆有限公司的董总经理、总务部的孟经理、陈姐等,销售部的丁经理、小顾、倩儿等,资材部的潘经理、小李,设计部的费经理、小苏等,生产部的吴经理、赵翻译、邱班长、赵班长、朱师傅、凌师傅、张师傅等,设备部的蒋经理、顾师傅、钱师傅等,工艺部的陈部长、冯姐等,质量检验部的李科长、钱师傅、小徐、小李、晓康等,感谢联通公司苏州片区沈经理、朱经理、杨经理,感谢热情的 HR Manager 王惠姐姐,感谢王晓东师兄、康乐师姐,感谢老同学凌绍清、闫鑫栩、濮筠、朱晓、小郑、学妹金欢、宋妍……感谢所有在田野观察和问卷调查中给过我无私帮助的朋友们!感谢可爱淳朴的你们给了我学术研究中最为珍贵的精神养料与无私帮助,感恩铭记……

学术研究本是一个自我不断反思与超越的过程,在这其中必然要致敬前辈。拙著所关注的议题是我刚刚踏入学术门槛时就已经有所耳闻,如今十年过去了,笔者已到不惑之年,这本书无疑是我求学历程的一个小结。硕士期间,因为各方面的原因,毕业论文并没有涉及职场学习方面,但当时同门两位做职场学习方面论文的同学甚是苦恼,几经波折,笔者很是好奇,职场学习的研究领域竟如此不易?2014 年如愿再次考入导师门下,攻读博士学位,这些年,导师赵蒙成教授一直坚持着对职场学习的研究,已经有所建树,且热情不减。在他的肯定和鼓励下,我确定了研究方向。在我眼中,业师学术很严谨,待人很宽容,对我后来的从学从教带来了极为深远的影响。至今还记得,读研时与老师的第一次见面是他从美国访学归来,顾不得休息便忙着三位师姐的毕业论文;还记得老师兴致颇高时和我们滔滔不绝地分享他的已故恩师王承绪先生的高风亮节;还记得办公室里、会议室中老师与我们的推心置腹、谆谆教诲;还记得田野调查时老师的悉心关照,同时还不忘电话时时嘱咐我做好田野调查的相关记录;还记得老师帮助修改论文的事无巨细和无数次的反复斟酌指导……每每回忆起这些点点滴滴,总有一种想重新来过的冲动,因为相对于老师倾注全力的付出,我亏欠太多!硕士毕业后的几年里由于从事的工作关系并没有涉及学术研究,以至于再次读博时竟然跌落到功力尽失的尴尬境地,后来种种不该有的私事为我的读博生活又平添了几分阻碍。所幸老师并没有将此放在心上,而是不厌其烦地耐心指导,这样幸福的读书生活真想再来六年!饮其流者思其源,学其成时念吾师。尽管我的努力远未达到老师的要求和期望,但是完成拙著却是我感恩和致敬老师最为诚恳、最为朴素的方式。

拙著付梓之时,诚心感谢很多学术前辈和学友的关心和帮助。感谢母校周川老师、母小勇老师、许庆豫老师、崔玉平老师、唐斌老师、尹艳秋老师对拙著部分内容提出了有价值的意见,浙江工业大学刘晓教授、河北邢台职业技术学院张弛博士对写作思路给予了诸多指导,使我深受启发。学友王会亭、高慧、徐承萍、夏倩、姜晓磊、张桐、李东琴、濮筠、孔晓明、焦晓骏、查德华、赵中、马成凯、张琦英等,感谢他们在不同时间、不同场合对拙著提出过中肯的意见,还有很多学者和同仁们,感谢他们的研究成果给我本书的写作助了一臂之力!我尽可能注明,但难免有所遗漏,在此我对本书写作有所贡献的学者和同仁们(包括注明和未注明的)致以最衷心的谢意!

此外,我要感谢我最敬、最爱的亲人们!感谢给了我生命的父亲、母亲,他们一生勤俭节约,朴实善良,倾尽所有供三个孩子读书上学,感谢他们无尽的爱和支持!感谢我的公公、婆婆宽厚仁良,欣然挑起了照顾家庭所有生活起居的重任,做我最坚强的后盾。我的爱人顾羊林先生在繁忙的工作之余还不忘给予我最为强大的精神支持,正是他的理解和支持使得我们的生活处处洋溢着幸福的味道。

如今,我就职于无锡职业技术学院无锡现代职业教育研究中心,部门内积极、自由、宽松的学术氛围让我获益匪浅。校领导很关心本书的出版,给予了极大的帮助,并希望本书及后续研究工作能够为学校"双高"建设教改工作提供一定的理论指导。在此对给予我关心和温暖的单位领导和同事深表谢意!

最后,拙著的出版得到了南京大学出版社编辑的关照和帮助,感谢您为本书的出版所做的努力!

明天依然是个艳阳天,不忘使命,心怀感恩,继续前行!

作　者

2020 年 1 月